JN272462

速水敏彦 監修 Toshihiko Hayamizu
陳 惠貞・浦上昌則
高村和代・中谷素之 編
Chen Huei-Chen, Masanori Urakami,
Kazuyo Takamura & Motoyuki Nakaya

Competence
コンピテンス

個人の発達と
よりよい社会形成のために

ナカニシヤ出版

監修者の言葉

　本書は私が名古屋大学を定年退職する記念として25年間，名古屋大学大学院で指導した人たちにより構成されたものです。特に編者である先輩格の4人が音頭をとって本書の内容を計画し，全体の調整もしていただきましたので私は名ばかりの監修者ということになります。

　さて，指導生諸氏がこうして本まで作って私を送り出してくれることになりましたが，私自身は大学院生の指導者として決してほめられる存在ではなかったように思います。周りの先生方の研究室には毎日のように院生が訪れて，それに対して懇切丁寧に指導をしておられる姿を目にします。その点，私は大学院生のための指導会というような時間を定期的につくり集団的に指導はしてきましたが，微に入り，細に入り指導したわけではありません。面倒見の良い温かい指導教員ではなく，指導生からすれば「もっと親身になってほしい」という思いをもっていた人が多かったのではないかと推察しています。生来，利己主義的で無口な私は指導生たちに優しい励ましの言葉をかけるようなこともせず，自分の研究を優先させ，教育や指導を二の次にしてきたことは否めません。

　ただ，私には以前から理想の指導者像というものはありました。それはかっこよくいえば研究という戦場で自ら馬に乗って先頭をきって走る大将です。指導生には自分が戦う姿をみてほしい，そして，たとえ無様に斬られて落馬するようなことがあってもそこから何かを学んでほしい，などとキザなことを考えていました。

　けれども何年か前から，自分は戦場から離れて身の危険が及ばない安全な陣地の奥に構えて「行け，行け」と采を振ったり，進軍ラッパを吹いたりする号令だけは勇ましい愚かな大将になり下がっていることに気づきました。いや，最近では自分で鎧や兜も身につけることができず，いざ出陣となると指導生の人たちに「英文要約を作ってくれ」だの「パワーポイントを準備してくれ」だの援助ばかりを求める始末です。これではもうどちらが師匠でどちらが弟子かわ

かりません。

　しかし，怪我の功名というべきでしょうか，あるいは私の欲目でしょうか，指導生諸氏はそれなりにたくましく研究者として育ってくれたように思います。頼りなく，身勝手な師匠だから自ら努力してコンピテンスを形成せねばと想い至ったのでしょう。

　本書には指導生諸氏の自分の研究課題と格闘するプロセスや結果が凝縮されています。大学院生の頃からの同じ道を着実に上っていこうとしている人もいれば，新しい地に足を踏み入れ，独自の道を切り開こうという人もいます。

　だが，いずれの人たちの論考も特にこれから心理学を目指そうとする人たちが研究テーマを選択したり，どう取り組んだらよいかを考える際に大いに役立つものと確信しています。

　私のもとを巣立っていった人たちのコンピテンスが次の時代の心理学徒たちのコンピテンスを刺激する様を勝手に想像して，私は今一人悦に入っています。

平成 24 年 1 月 25 日　最終講義の日に
速水敏彦

はしがき

　阪神・淡路大震災がおきた1995年1月17日，私たち編者は同じ名古屋大学大学院の学生でした。当日，私たちが住んでいた名古屋地方も，明け方に大きく揺れました。しかし，大きな地震だという以上の感覚はその時にはありませんでした。ところがその後，メディアを通して，また実際に，私たちは想像したこともないような現実を目にすることとなります。そして「何か私たちにできることを」という思いで他の大学院生も含めて話し合い，援助物資を募り，現地に送らせていただきました。

　1995年当時，我が国のこのような惨憺たる現状を目にすることは，私たちの短い生涯において二度とないだろうと思っていたのですが，その楽観的な思いは大自然の力によって簡単に覆されてしまいました。ご存知のように，昨年2011年3月11日，またもや大自然に翻弄される人間の現実を目にすることになりました。

　もちろんこれらの出来事は，ニュースでも頻繁に取り上げられるような，身近で大きな出来事として私たちの記憶に強く残っているものです。しかし，我が国でも各地域に目を向けたり，また広く世界を見渡したりすれば，私たち人間がうなだれ，打ちひしがれ，絶望するような状況は日々起こっているといえるでしょう。またひとりの人間に目を向けても，事の大小はあるものの，一生涯には何度も挫折や苦悩，失意を経験すると思います。

　ところが人間は，たとえそのような状況に陥っても，そこから立ち上がる力をもっています。このことは，これまでの人類の歴史や，何よりも被災された方々のその後の姿をみれば明らかでしょう。人間がもつ，自分自身に働きかけられる力，周りの人々や環境に働きかけられる力をコンピテンスとよびます。本書は，このコンピテンスに関連する心理学の知識を紹介しています。

　阪神・淡路大震災の後も，そして昨年の東日本大震災の後も，復興に向け立ち上がる力強い人間の姿が繰り返し報道されました。これは人のコンピテンス

が具現化した姿といえるでしょう。人間は誰しもがコンピテンスをもっています。ところが，他方でそれを疑いたくなるような人の姿が見受けられることもまた明らかです。

　たとえば私たち大学教員にとっては，一部の学生に見られる姿が懸念されます。入学当初から学ぶことを放棄しているような者，友人をはじめとする他者との関わりを避けようとする者，卒業をひかえているにもかかわらず自らの人生から逃げ出すかのように見える者，そして自分自身を過剰に悲観視する者などです。客観的に見れば，どうしてそこまで自分の力，すなわちコンピテンスを信じられないのか，使おうとしないのかと不思議に感じることもしばしばです。

　これを異なった視点からみると，私たち大学教員は多くの面でコンピテンスを発揮する，意欲的で積極的な学生を望んでいるといえます。もちろんこれは大学に限ったことではありません。たとえば企業は意欲的で積極的な従業員を求めています。なぜなら，そのような従業員は企業活動にプラスに作用するからでしょう。また，町内会などの小さな地域社会でも，率先して役割を担おうとする意欲的で積極的な住民を求めています。これは，そのような住民が地域社会を活性化するからでしょう。社会は個人に自らのコンピテンスを十分に活用し，意欲的，積極的に活動することを望んでいるのです。それゆえ先にあげたような学生の姿勢は，大学でも，また社会でも問題として指摘されるのでしょう。コンピテンスの問題は，単に個人の問題ではなく，社会全体の問題として考えていくべき課題なのです。

　さてこのような人間の姿には，さまざまなことが影響しているといえます。人間は誰もがコンピテンスをもっているとすれば，そのように見えない姿が具現化している背景には，個人が自らのコンピテンスを実感したり，それを活用する姿勢を妨げるような何かが存在していると考えられます。子育ての方法や学校教育はもちろん，経済情勢や社会情勢，思想，制度など，多くの環境要因が関連しているのでしょう。心理学では，これを人間の内面，すなわち心との関係からとらえます。

　科学的な心理学は百数十年ほどの歴史をもっています。その中で，コンピテンスに関連する多様な研究が活発に行われてきました。そして現在でも探究が

進められています。本書はこれを大きく3章から構成しました。第1章は，自分自身にかかわる，自分自身とかかわる場面に関連するコンピテンスについて取り上げています。さらに第2章では，身近な人たちとかかわる場面と関連するもの，第3章では広く社会とかかわる場面と関連するものを紹介しています。

　本書では，人間がもつ，自分自身に働きかけられる力，周りの人々や環境に働きかけられる力を総称してコンピテンスとよんでいます。いずれの節でも，コンピテンスという用語自体はあまり出てきませんが，それぞれで取り上げられている概念はコンピテンスの一側面といえるものです。本書は多様な側面からコンピテンスにアプローチし，理論や研究の裏付けとともに簡潔に紹介することを目指しています。自分自身について考える際，さらにコンピテンスに関する支援・指導を検討する際の一助になればと期待しています。またこれから心理学の研究をしようと考えている人に向けては，これまでの研究の概要とともに今後に望まれる研究の方向性を示唆することを意図しています。

　さらに本書には，もう一つの企画意図があります。私たち編者そしてすべての執筆者は，名古屋大学大学院の同窓生です。そして本書の監修者である速水敏彦先生にご指導をいただきました。その速水先生が，2012年3月をもって名古屋大学を退職されるにあたり，学恩を受けた者として何かできないかという私たちの思いを形にしたものでもあります。

　長い教員歴の間で速水先生ご自身の変化はあるのでしょうが，私たち編者が学生の頃のご指導を一言で表現するならば，「バッサリ」です。研究計画や論文を持ってご指導を受けに行くと，いきなり本質的な部分をつかれます。何とか形に仕上げたものが，バッサリと叩き切られるという共通の印象があります。今となってはそれが研究の世界の当たり前かつ最も重要な部分であるということが理解でき，懐かしい思い出ですが，当時はかなり「痛い」思いをしたものです。しかし，そういう経験をさせていただいたからこそ，今私たちが曲がりなりにも研究者としての人生を送ることができているのだと思います。その恩師に，私たちの謝意と，それぞれの歩みをお伝えするということが本書のもうひとつの企画意図でした。

　本書の作成は，執筆者にとって自分のこれまでの足取りを確認することでもあり，また人間にとって，社会にとっての自分の研究を再検討する機会でもあ

りました。そのため，研究者としてはもちろんですが，人としてどのようなものを理想とし，何を大切に考えているかということを本書の文面に表すこともあえて避けませんでした。従来の研究知見はもちろん，人間観や社会観といった点に関しても，読者賢者と共有できれば幸いです。

2012年3月
編者一同

目　次

監修者の言葉　　i
はしがき　　iii

第1章　自分とかかわる

1　学びのセルフ・コントロール ──────────── 伊藤崇達 ── 3
　　1．重要な概念　3
　　2．これまでの研究　6
　　3．自己調整学習力を育むために　9

2　自律的な学びを目指して ──────────── 安藤史高 ── 12
　　1．重要な概念　12
　　2．これまでの研究　15
　　3．自律的な学びを促すために　17

3　成功や失敗経験の影響 ──────────── 中西良文 ── 20
　　1．重要な概念　20
　　2．これまでの研究　23
　　3．「原因の振り返り」をよりよいものにするために　27

4　自分を好きになる ──────────── 小塩真司 ── 30
　　1．重要な概念　30
　　2．これまでの研究　33
　　3．精神的に健康な生活を送るために　36

5　青年期の悩みとその意義 ──────────── 高村和代 ── 38
　　1．重要な概念　38
　　2．これまでの研究　42
　　3．悩みを意義あるものにするために　45

6　自己のイメージと上手に付き合う ──────── 小平英志 ── 47
　　　1．重要な概念　48
　　　2．これまでの研究　50
　　　3．自己のイメージと上手に付き合うために　54

　7　「歳をとること」のマネージメント ──────── 松岡弥玲 ── 56
　　　1．重要な概念　56
　　　2．これまでの研究　59
　　　3．歳をとることをマネージメントするために　62

　　コラム1◆コンピテンス　66

第2章　他者とかかわる

　1　やる気を育てる保育・教育 ──────── 陳　惠貞 ── 71
　　　1．重要な概念　72
　　　2．これまでの研究　74
　　　3．子どものやる気を育てるために　78

　2　「ほめられる」と「ほめる」 ──────── 青木直子 ── 81
　　　1．重要な概念　81
　　　2．これまでの研究　83
　　　3．「ほめ」をコミュニケーションとしてとらえるために　87

　3　愛着からみた青年期の親子関係 ──────── 丹羽智美 ── 90
　　　1．重要な概念　91
　　　2．これまでの研究　93
　　　3．青年期の親への愛着を補償するために　98

　4　友人とかかわる ──────── 岡田　涼 ── 100
　　　1．重要な概念　100
　　　2．これまでの研究　103
　　　3．親密な友人関係を築くために　106

　5　社会的スキルと社会的コンピテンス ──────── 久木山健一 ── 109
　　　1．重要な概念　109

2. これまでの研究　113
　　3. 社会的スキルを高めるために　115

6　苦手な人とかかわる　――――――――――――――― 高木邦子 ― 119
　　1. 重要な概念　119
　　2. これまでの研究　122
　　3. 苦手な人と上手にかかわるために　126

7　他者への怒りを表明する　―――――――――――― 木野和代 ― 129
　　1. 重要な概念　129
　　2. これまでの研究　131
　　3. 怒りを建設的に利用するために　135

8　他者に共感する　――――――――――――――――― 鈴木有美 ― 139
　　1. 重要な概念　139
　　2. これまでの研究　143
　　3. 他者に共感しながら健やかに過ごすために　145

　　コラム2◆レジリエンス　149

第3章　社会とかかわる

1　社会的な意欲を育てる　―――――――――――――― 中谷素之 ― 153
　　1. 重要な概念　153
　　2. これまでの研究　157
　　3. 社会的目標と学業的目標の両面を高めるために　159

2　学習意欲と職業　――――――――――――――――― 伊田勝憲 ― 163
　　1. 重要な概念　163
　　2. これまでの研究　166
　　3. 価値に根ざした学習意欲をはぐくんでいくために　170

3　目的をもった集団へのかかわり　―――――――― 難波久美子 ― 172
　　1. 重要な概念　172
　　2. これまでの研究　175
　　3. 目的をもった集団での経験を有意義なものにするために　179

4 「働くこと」の価値観を形成する ─────────── 杉本英晴 ── 182
    1. 重要な概念　182
    2. これまでの研究　185
    3. ライフ・キャリアをデザインするために　189

5 社会へのかかわりとしての就職活動 ─────── 浦上昌則 ── 192
    1. 重要な概念　192
    2. これまでの研究　195
    3. 進路選択に対する自己効力感を高めるために　197

6 成人期のライフスタイルと心理的発達 ─────── 西田裕紀子 ── 201
    1. 重要な概念　202
    2. これまでの研究　205
    3. 社会の中で自分らしく生きていくために　208

    コラム3◆ 仮想的有能感　211

文　　献　213
尺　度　集　241
索　　引　257

●尺度集
＊自己動機づけ方略尺度　241
＊児童用学習動機づけ尺度　242
＊自己愛人格目録短縮版（NPI-S）　244
＊自己不一致測定票　245
＊友人関係への動機づけ尺度　247
＊多次元共感性尺度　248
＊社会的責任目標尺度　250
＊課題価値測定尺度（課題価値希求尺度／課題価値評定尺度）　252
＊進路選択に対する自己効力尺度　253

本文中，★尺度集という注のあるものは，尺度集に項目等の収録があることを示す。

# 第1章
自分とかかわる

1 学びのセルフ・コントロール

　学びのセルフ・コントロールとは，どのようなことをいうのでしょうか。教室をみると，なかなか勉強に集中できず，落ち着きのない子どもや，すぐにあきらめてしまう子どもなど，学習においてさまざまな困難を示す子どもたちがいます。その一方で，人から言われなくても自ら進んで取り組める子どもや，粘り強く学習を進めていける子どもがいます。後者の子どもたちは，学びをセルフ・コントロールする力の高い，すなわち「自ら学ぶ力」のある子どもたちといってよいのかもしれません。こうした子どもたちの「自ら学ぶ力」を伸長していくためにはどのようなことが求められるでしょうか。

　「自ら学ぶ力」を育んでいくことは，学校教育における理念としても重視されるようになってきています（中央教育審議会, 2003 など）。変化の激しい現代社会において，学校の中で学ぶ知識や技能だけでは不十分であり，生涯学習の基盤となる「主体的に学び続ける力」，社会生活の場面に応じて自らの学びを自ら方向づけしていく力を育むことの重要性が強調されるようになってきています。本節では，学びを自らコントロールする力はどのような要素から成り立っており，どのようなメカニズムを内包しているのか，こうした力を育成していくために求められることは何かについて，近年，欧米を中心に注目を集めている「自己調整学習（self-regulated learning）」に関する理論や実証研究に基づいて考えていきたいと思います。

1. 重要な概念

[1] 自己調整学習を支える3要素

　学習者が目標達成に向けて自らの思考，感情，行為をコントロールするプロセスを自己調整学習といいます。欧米をはじめとして，我が国においても理

論的,実証的な検討が盛んに進められるようになってきています（Schunk & Zimmerman, 2008; 伊藤, 2009）。

この研究領域を先導してきているジマーマン（Zimmerman, 1989）は，自己調整学習を支えている重要な3要素として「自己効力感」「自己調整学習方略」「目標への関与」について強調しています。ここでは，特に，この3要素に着目して「自ら学ぶ」ということを考えていきたいと思います。

「自己効力感」とは，バンデューラ（Bandura, 1977）によって提起された期待に関する概念ですが，ある結果を生み出すために必要な行動をどの程度うまくできるかという個人の確信のことを表しています。自ら学ぶ力のある学習者は，「自分はできる」という強い確信をもっている人のことであるといえます。

「自己調整学習方略」とは，学習を効果的に進めるために個人内の認知過程，学習行動，学習環境といった側面を自己調整する方略のことをさしています。自分自身や周りの環境をうまくコントロールする学習の方法をもっているかどうかということです。ジマーマンは，実証的な研究の結果に基づき，表1-1-1

表1-1-1 自己調整学習方略のリスト
（Zimmerman, 1989; Zimmerman & Martinez-Pons, 1990 をもとに作成）

方略のカテゴリー	方略の内容
自己評価	取り組みの進度と質を自ら評価すること。
体制化と変換	学習を向上させるために教材を自ら配列し直すこと。
目標設定とプランニング	目標や下位目標を自分で立てること。目標に関する活動をどのような順序，タイミングで行い，仕上げるのかについて計画を立てること。
情報収集	課題に関する情報をさらに手に入れようと努めること。
記録をとることとモニタリング	事のなりゆきや結果を記録するように努めること。
環境構成	学習に取り組みやすくなるような物理的環境を選んだり整えたりすること。
結果の自己調整	成功や失敗に対する報酬や罰を用意したり想像したりすること。
リハーサルと記憶	さまざまな手段を用いて覚えようと努めること。
社会的支援の要請	(a) 仲間，(b) 教師，(c) 大人から援助を得ようと努めること。
記録の見直し	授業やテストに備えて，(a) ノート，(b) テスト，(c) 教科書を読み直すこと。

に示すような自己調整学習方略のカテゴリーを見出しています（Zimmerman, 1989; Zimmerman & Martinez-Pons, 1990）。

3つ目の「目標への関与」ですが，自ら学んでいくためには，自分なりに達成しようとしている目標を明確にもっている必要があることはいうまでもないことでしょう。

「自己効力感」「自己調整学習方略」「目標への関与」の3要素は，相互にかかわりをもちながら自己調整学習の成立を支えています。学業上の目標の達成に向けて，自己調整学習方略を適用し，その結果として，遂行レベルが向上すれば，自己効力感が高まることになります。そして，その自己効力感が動機づけとなって，学習者は，さらに知識や技術の獲得をめざして，自己調整学習方略を適用し続けようとするという関係ができあがるのです。

[2] 自己調整学習方略のカテゴリー

ジマーマンをはじめ，多くの研究者によって因子分析などの統計手法を用いてさまざまな自己調整学習方略のカテゴリーがこれまでに見出されてきました（伊藤, 2009）。

先行研究では，主に「認知的方略」に加えて「メタ認知的方略」といった認知的側面の自己調整学習方略が取り上げられてきています。「認知的方略」とは，記憶の際にリハーサルを行ったり，理解が進むように情報を体制化したり変換したりすること，すなわち，記憶や思考などの自己の認知過程を調整することで効果的な学習を促す方略のことです。

「メタ認知的方略」とは，学習の計画を立て（プランニング），学習の進み具合をモニターし（自己モニタリング），その結果を自己評価するなど，メタ認知機能を通じた自己調整によって学習の効率化を図る方略のことです。こうしたカテゴリーが強調されるのは，当該領域の研究が，認知心理学の進展による影響を強く受けているためであると考えられます。

2. これまでの研究

[1] 自己調整学習方略の諸側面

　これまでの研究では，主として，上述のように認知的側面に焦点があてられてきました。学習過程の自己調整ということを考えると，認知的側面も大切ですが，同時に，認知的側面以外の自己調整についても検討の視野に入れていく必要があるでしょう。とりわけ，自らのやる気の状態をどのように自ら調整するかという自己の動機づけの側面に対する自己調整の問題は，従来の研究ではほとんど検討がなされてきませんでした。

　伊藤・神藤（2003a）は，学習を効果的に進めていくために自らのやる気を自らの力で高めたり維持したりする工夫，すなわち，自己の動機づけの側面を自己調整する方略について検討を試みています（当該論文では「自己動機づけ方略」と呼称）。中学生を対象とした調査をもとに，表 1-1-2 にあげるような「自己動機づけ方略」のカテゴリーが明らかにされています。★尺度集

　これらの学習方略はさらに上位のカテゴリーにまとめられることが検証されています。「整理方略」「想像方略」「めりはり方略」「内容方略」「社会的方略」

表 1-1-2　自己動機づけ方略のリスト（伊藤・神藤，2003 をもとに作成）

上位カテゴリー	下位カテゴリー	方略の内容
内発的調整方略	整理方略	ノートのまとめ方，部屋や机などの環境を整えることで動機づけを調整する。
	想像方略	将来のことを考えたり，積極的な思考をしたりすることで動機づけを高める。
	めりはり方略	学習時間の区切りをうまくつけて集中力を高める。
	内容方略	学習内容を身近なこと，よく知っていることや興味のあることと関係づける。
	社会的方略	友だちとともに学習をしたり相談をしたりすることで自らを動機づける。
外発的調整方略	負担軽減方略	得意なところや簡単なところをしたり，飽きたら別のことをしたり，休憩をしたりするなど，負担の軽減を図る。
	報酬方略	飲食や親からのごほうび，すなわち，外的な報酬によって学習へのやる気を高める。

は，賞罰のような外的手段に頼るというよりは，課題や学習そのものや，それへの取り組み方を工夫したり調整したりすることで自らの動機づけの生成，維持，向上を図ろうとする方略であり，「内発的調整方略」として位置づけられています。

一方，「負担軽減方略」や「報酬方略」は，学習や課題自体に積極的に取り組んでいくというよりは，学習上の負担をうまくかわし，報酬などによって外側から自らの動機づけを維持したり高めたりしようとする方略であり，「外発的調整方略」としてカテゴリー化されています。

「外発的調整方略」に含められる方略は，叱られないように勉強するといった「外発的動機づけ」と関連を示しており，それに対して，「内発的調整方略」に含められる方略は，おもしろさや楽しさから学ぶといった「内発的動機づけ」と関連を示していることが明らかにされています。自己決定理論（Ryan & Deci, 2000）をはじめ，動機づけを外発から内発までの連続体で捉える理論（速水，1998）では，質の高い学び，自己の成長といった面で内発的動機づけの重要性を示してきています。これをふまえると，身近なことや興味のあることと関係づける方略をはじめ，課題や学習そのものや取り組み方を工夫したり調整したりする「内発的調整方略」が鍵を握っているといえそうですが，このことについて次項でさらに考えたいと思います。

[2] 認知的側面と動機づけ的側面の自己調整学習方略が学習過程において果たす役割

自己調整学習方略に認知的側面と動機づけ的側面があることをふまえると，子どもたちの自己調整学習力を育んでいくためにこれらの両面から支えていく必要があるといえます。そして，こうした支援を試みていくためには，それぞれの自己調整学習方略が学習過程においてどのような役割を果たしているのかについておさえておく必要があるでしょう。

伊藤・神藤（2003b）は，試験の1ヶ月前の時点での自己効力感，不安感の程度，試験3週間前から1週間前までの認知的側面と動機づけ的側面の自己調整学習方略の使用程度，試験1週間前の時点での学習の持続性について調べ，これらの因果モデルの検証を行っています。主な結果として，まず，自己効力感

が，認知的側面の自己調整学習方略だけでなく動機づけ的側面の自己調整学習方略のひとつである内発的調整方略の使用を促していました。そして，内発的調整方略をよく使用しているものほど学習における持続性が高いということが明らかにされています。一方，認知的側面の自己調整学習方略は，持続性に対してほとんど影響を示していませんでした。

さらに，伊藤（2009）では，①自己決定理論（Ryan & Deci, 2000）に基づき外発から内発の次元で測定される「自律的動機づけ」の程度，②認知的側面の自己調整学習方略（当該論文では，公式の意味を考えたり理解したりして用いようとする算数の認知的方略），動機づけ的側面の自己調整学習方略の使用程度，③学習成果のひとつの指標としての思考力（算数の推論領域の学力テスト），これらを取り上げて因果モデルの検討を試みています。結果として，学習における認知的活動とかかわりの深い思考力には，動機づけ的側面の自己調整学習方略よりも認知的側面の自己調整学習方略の方が大きな役割を果たしている可能性が示唆されています。

先行研究においても，学習成果の指標として試験の成績が取り上げられ，認知的側面の自己調整学習方略との関係が調べられ，成績を直接的に規定していることが示されています（たとえば，Pintrich & De Groot, 1990; Pokay & Blumenfeld, 1990）。これまでの諸研究をまとめて整理すると次のような図式化が想定できるのではないかと考えます（図1-1-1）。

認知的側面の自己調整学習方略は，動機づけの調整というよりむしろ認知的活動自体を効率化するものであり，その成果である学業成績をより直接的に規

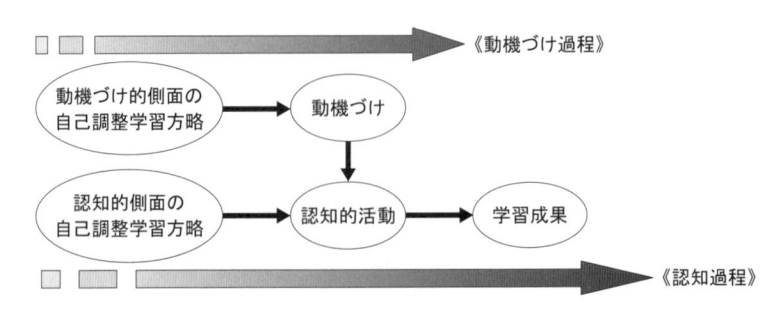

図1-1-1 学習過程における認知的側面と動機づけ的側面の自己調整学習方略の機能

定している可能性が考えられます。その一方で，内発的調整方略といった動機づけ的側面の自己調整学習方略は，学習への動機づけを高めることで積極的な取り組みを促し，その結果として認知的活動が活発なものとなり，学習成果へと結びついていくのではないかと考えられます。動機づけ的側面の自己調整学習方略は，間接的ではありますが，側面から学習過程を支えながら自ら学ぶプロセスにおいて大きな役割を果たしているものと思われます。

3. 自己調整学習力を育むために

[1]「自己調整学習方略」と「自己効力感」への働きかけ

　ジマーマン（1989）の研究をはじめ，上に紹介した諸研究をふまえると，子どもたちの自己調整学習力を育んでいく上で，「自己調整学習方略」と「自己効力感」の相互の連関をしっかり支えていく必要があるものといえます。学習が進んでいく過程において，「自己調整学習方略」と「自己効力感」は相互不可分の役割を果たしていることが考えられます。学習に対して高い自己効力感をもって意欲的に取り組んでいても，学び方を知らなければ，すなわち，自己調整学習方略をもっていなければ，実際の学習成果にまでつながりにくく，また，そのことが反対に自己効力感を低下させてしまうこともあるでしょう。一方，自己調整学習方略についても，知識としてもっているだけでは不十分であり，それらが実行されるためには，できそうだという自己効力感が必要となってきます。このように両者は，相互に支え合う関係にあるといえます。自己調整学習方略の獲得を促すことで，どう学んでいけばよいかという見通しがもてるようになり，うまく学べそうだ，もっと学んでみようと意欲にもつながっていくことが考えられます。自己効力感が高まれば，さらに自己調整学習方略を用いて学習に取り組んでいこうとするでしょう。「自ら学ぶ」というのは，このように「自己調整学習方略」と「自己効力感」が不可分に支え合うように連関した状態をいうのでしょう。

　そして，さらに，前の節で紹介したこれまでの研究（伊藤・神藤，2003a; 伊藤・神藤，2003b）をふまえると，以下のような働きかけが大切になってきます。自己調整学習方略にはさまざまな側面とそれぞれの役割があり，それらを

ふまえながら，学習を支援していく必要があるだろうということです。自分なりに効果的に覚えたり考えたりする工夫に相当する認知的側面の自己調整学習方略だけでなく，やる気が下がらないように自らを鼓舞したり，やる気をうまく持続させたりする工夫にあたる動機づけ的側面の自己調整学習方略に対してもアプローチしていく必要があるということです。そして，動機づけ的側面の中でも，とりわけ，「内発的調整方略」が鍵を握っているといえるでしょう。これまで，自己調整学習方略に対して学習支援を行う場合，主として認知的側面に集中してなされることがほとんどでした。自己調整学習方略の認知的側面への働きかけによって学習における認知的活動の効率化をめざしながら，同時に，動機づけ的側面へも働きかけを行うことで，やる気を維持したり，さらに高めたりするような有機的・連関的な自己調整学習方略の支援が求められているといえます。このように自己調整学習方略を両面から支えていくことで，先に述べた「自己調整学習方略」と「自己効力感」の相互の連関はより確実なものとなっていくのではないでしょうか。

　なお，ジマーマンの指摘に基づけば，自己調整学習には「目標への関与」も不可欠です。本節では自己調整学習方略や自己効力感を中心に検討したため詳しく取り上げませんでしたが，自己調整学習力を育んでいく上で，「目標への関与」を含めて働きかけを行っていく必要があるということはいうまでもないことです。

[2] 今後に向けて

　ここでは，学びのセルフ・コントロールのあり方について，自己調整学習に関する研究をもとに「自己調整学習方略」と「自己効力感」の相互の連関によって支えられているという観点から考えてきました。すぐにあきらめてしまう子ども，根気強く取り組んでいけない子どもに対して，もともとの性格がそうだからと安易に捉えてしまうのでなく，一人ひとりの学び方をしっかり支えていく必要があるでしょう。実践の中では，やる気を高めるために，とにかく「がんばれ！　がんばれ！」と励ますだけであったり，あるいは一方で，ノートの取り方や調べ方，まとめ方などの学習スキルを単なる技術として指導するだけであったりすることが多いのかもしれません。自己調整学習方略をしっかりと

身につけ，効果的な学び方で取り組んでいくことで，学びの手ごたえが実感として得られ，自己効力感となり，そして，そうした実感からさらに学んでいこうとするやる気につながっていくような支援のあり方を考えていくことが，子どもたちの「自ら学ぶ力」をよりよく育んでいく上で求められることではないでしょうか。

　日本の教育においては「自ら学ぶ力」の育成が大きな目標とされ，現場ではさまざまな多くの取り組みがこれまでになされてきましたが，理念的なものにとどまってきたところがあるように思います。本節で紹介した研究をはじめとして，教育心理学研究では，「自ら学ぶ力」のあり方について理論的，実証的な検討が盛んに進められてきています（Schunk & Zimmerman, 1998; Zimmerman & Schunk, 2001）。ここでは，学習過程において認知的側面と動機づけ的側面の自己調整学習方略が一定の役割を果たしていることを明らかにしてきましたが，学校教育において授業を進めていくプロセスとどのようなかかわりがあるかといったことはひとつの大きな研究上の課題となるでしょう。「自己調整学習方略」と「自己効力感」の相互の連関を支えていくような授業の展開のあり方や，学びの振り返りや評価のあり方について検討が求められます。今後，こうした心理学的メカニズムやプロセスに関する検証と実証的な知見に基づいて，授業をはじめとした教育実践のあり方を構想していくことが求められ，また，現場の実践の中からみえてくる研究上の課題についてさらに取り組んでいく必要があるでしょう。

2 自律的な学びを目指して

　人が行動するときに，どのような「やる気」をもって取り組むかということは重要です。やる気をもって意欲的に取り組む場合と仕方なく取り組む場合とでは，その結果が大きく違うでしょう。行動に対する意欲・やる気を心理学では「動機づけ」と呼び，意欲的になっている状態を「動機づけられている」といいます。ある行動がどのように動機づけられるかは，その行動によって，また人によってさまざまに異なるといえます。

　では，学校での勉強はどうでしょうか。学校の勉強といっても面白く興味をもって勉強できた教科もあるでしょうし，勉強しろといわれたから勉強したものの，できればしたくなかったという教科もあるかもしれません。では，どちらが勉強の成果があがったかを考えると，やはり自分からやりたい，やろうと考えて勉強したものの方が身についているのではないでしょうか。

　このように，人にいわれるのではなく，自分からやろうと思って行動するような動機づけを自律的な動機づけと呼びます。自律的な動機づけをもって取り組むことで，より効果的な勉強ができると考えられます。では，どのようにしたら自律的に学びに取り組むことができるのでしょうか。デシとライアンは，自己決定理論（Self-determination theory: Deci & Ryan, 1985; Ryan & Deci, 2000）において，動機づけを統合的に捉える概念として自律性（自己決定性）を用いています。本節では，自己決定理論の枠組みを用いて，自律的な学びを導く要因について考えていきたいと思います。

1. 重要な概念

[1] 自己決定理論における動機づけモデル

　学習意欲を捉える考え方として，内発的動機づけと外発的動機づけという2

つの概念が広く知られています。

内発的動機づけとは，その行動に対する興味・関心によって動機づけられている状態のことをいいます。勉強することが面白いであるとか，内容に興味があるから勉強するという場合が内発的動機づけになります。この内発的動機づけは，行動そのものが目的であるという目的性をもった動機づけであるとされています。一方，外発的動機づけとは，外部からの何らかの働きかけによって活動する場合の動機づけとなります。たとえば，「教師や親に叱られるから勉強する」とか，「成績がよかったら小遣いがもらえるからする」いうような場合が，外発的動機づけだといえます。この場合，勉強は金銭を得たり叱られたりしないようにするための手段であり，勉強そのものを目的としているのではありません。

このように学習意欲を内発的動機づけと外発的動機づけに分けたとき，外発的動機づけにはさまざまな状態を考えることができます。それは，行動を引き起こす要因としてさまざまなものがあるからです。たとえば，「知らないのは恥ずかしい」からいろいろなことを調べたり学んだりするような場合を考えてみましょう。これは，興味や関心によって行動するという内発的動機づけとは異なります。しかし，叱られるから勉強するという外発的動機づけともやや異なる動機づけではないでしょうか。この動機づけは，内発的動機づけと罰や報酬による典型的な外発的動機づけとの間にある中間的な動機づけと考えることができます。このようなさまざまな動機づけを，自己決定理論では自律性（自己決定性）という観点から統合しています。

自己決定理論では，まず外発的動機づけを自律性の高さによって4種類の調整スタイルに分類します。そして，内発的動機づけと動機づけの生じていない非動機づけ状態を含めて，自律性の高いものから低いものまで順に並べます。（図1-2-1）。

さまざまな動機づけの中で，もっとも自律的ではないものが非動機づけです。これは，動機づけが生じていない状態であり，動機づけがないので行動も生じていません。

その次に位置するのが外発的動機づけですが，先ほど述べたように4種類に分類されています。外発的動機づけのなかで最も自律性の低いものが外的調整

動機づけ	非動機づけ	外発的動機づけ				内発的動機づけ
調整スタイル	調整なし	外的調整	取り入れ的調整	同一化的調整	統合的調整	内発的調整

非自己決定的 ←――――――――――――――――→ 自己決定的

図 1-2-1　自己決定理論における連続的な動機づけモデル（Ryan & Deci, 2000 をもとに作成）

です。外部からの報酬や罰などによって行動が生じるという典型的な外発的動機づけにあたります。次に自律的なものが取り入れ的調整です。取り入れ的調整は、「うまくできたときに達成感を感じられるから」とか、「うまくできないと恥ずかしいから」という理由で行動するものです。さらに自律性が高いのが同一化的調整です。この段階は、活動が自分にとって重要で価値のあるものだと受け止められており、「必要だから勉強する」とか「自分にとって大事だから勉強する」というような状態です。そして、最も自律的な段階が統合的調整です。統合的調整は、活動の価値が自分の中の他の価値観や欲求としっかり調和している場合になります。

　これらの外発的動機づけよりもさらに自律性の高い動機づけが内発的動機づけになります。内発的動機づけは、自分の興味や関心に基づいて行動するため、外部からの働きかけを必要としません。

[2] 基本的な欲求

　自己決定理論では、人間とは本来、積極的で能動的な存在だと考えられています。また、人間の中には自分自身の成長と発達を目指す志向性があるとしています。そして、このような人間の特徴の基となる3つの基本的な欲求が仮定されています。3つの基本的な欲求とは、コンピテンスへの欲求、自律性への欲求、そして関係性への欲求です（表1-2-1）。

　コンピテンスへの欲求とは、自分自身の有能さを感じたい、自分に能力があるということを確認したいという欲求です。自律性への欲求とは、行動を他者

表1-2-1 基本的欲求の例（大久保・加藤，2005より抜粋）

コンピテンスへの欲求
毎日の生活において，自分の能力を示す機会が多くあってほしい
自分が何かしているときには，周りの人に上手だと言われたい
うまくやれているという実感がほしい

自律性への欲求
自分の生き方は自由に決めたい
自由に考えや意見を表現したい
毎日の生活で自分でやり方を決める機会が多くあってほしい

関係性への欲求
普段つきあう人は私のことを好きでいてほしい
周りの人は私に対して友好的であってほしい
毎日の生活で関わる人は私のことを気にかけてほしい

に決められるのではなく，自分で決定し，自分の意思で行動を始めたいという欲求になります。そして，他者との親密な関係は，人間の発達や行動にとって非常に重要なものとされており，関係性への欲求とはそのような人間関係を求めるものです。

　人は，この3つの欲求を満足させようと行動すると考えられています。そして，これらの欲求が満足されるような環境にいることで，より自律的な動機づけをもって活動に取り組んだり，より適応的な生活を送ったりすることができるとされています。3つの基本的な心理的欲求を満足させることは，自律性の高い動機づけに欠かせないものだといえるでしょう。

2. これまでの研究

[1] 動機づけにおける自律性の影響

　自己決定理論に基づく研究では，自律性の高い動機づけが望ましい教育成果を導くことが明らかにされています。たとえば，ミゼランディノ（Miserandino, 1996）は，児童を対象にした研究を行い，より自律的な動機づけをもつほどさまざまな教科の成績がよいということを示しています。また，ヴァンスティンキスティら（Vansteenkiste, Simons, Lens, Sheldow, & Deci, 2004）は，文章を読んで内容を理解するという課題を大学生に出しました。そ

して，文章の読み方と動機づけの関連を検討したところ，自律性の高い動機づけをもつことで，文章をより深く処理しながら読むようになることを示しました。

日本においては，ハヤミズ（Hayamizu, 1997）が動機づけと試験の結果が悪かったときの対処行動との関連についての調査を行いました。その結果，自律性の高い動機づけをもつほど，試験が悪かった場合により積極的な対処行動をとる傾向にありました。さらに，安藤・布施・小平（2008）は，児童を対象にして，動機づけと授業参加行動との関連について検討し，より自律的な動機づけが積極的な授業参加につながることを示しています。★尺度集

このように，自律的な動機づけをもって勉強に取り組むことで，望ましい結果が生じるということが，さまざまな点から示されています。

［2］欲求を満たす環境

自己決定理論では，コンピテンス・自律性・関係性の3つの欲求は本来的に人間がもっているものであり，これらの欲求を満足させることが自律性の高い動機づけにつながるとされています。そのため，この3つの欲求を満足させるような働きかけや環境づくりが重要であると考えられています。たとえば，グローゼットら（Grouzet, Vallerand, Thill, & Provencher, 2004）は，コンピテンスへの欲求および自律性への欲求と動機づけとの関連について検討しました。まず，大学生にイラストの中に隠された文字列を探すという課題を示し，平均的な正答数を伝えました。その際に，隠されている文字列が多く，平均正答数よりも高い点を取ることが可能なグループと平均正答数よりも文字列が少なく，平均以下の点しか取れないグループに分けて比較を行いました。その結果，高得点が可能であったグループは，平均以下の点数しか取ることができないグループよりも自律性やコンピテンスを強く感じ，パズルに対してより自律的な動機づけをもつことが示されました。このことから，パズルにおける成功経験により自律性への欲求やコンピテンスへの欲求が満たされることで，自律的な動機づけが促進されるのだと考えられます。

また，ウィリアムズとデシ（Williams & Deci, 1996）は，自律性への欲求を満たす自律性支援的な教育の効果について検討しています。医学生に対して，

「自分たちのやりたいことを聞いてもらえるか」というような教員の自律性支援の程度と学習に対する動機づけを尋ねた結果，自律性支援的な教育を受けていると感じている学生は，より自律的な動機づけをもっていました。さらに，ブラックとデシ（Black & Deci, 2000）は，大学生の化学の授業におけるグループ学習を対象に研究を行っています。グループ学習を行う際に，リーダーが自律性支援的なグループでは，メンバーが学習に対してより自律的な動機づけをもっていました。また，リーダーの自律性支援は，メンバーの化学に対する興味や楽しみを高め，不安を軽減させるという効果も示されました。

　教師だけではなく，親の働きかけも動機づけに影響を及ぼします。グロルニックら（Grolnick, Ryan, & Deci, 1991）は，小学校の3年生から6年生を対象に両親の自律性支援や関与の影響について検討しています。子どもたちに両親がどのような働きかけをしているかを尋ねたところ，自律性支援的な働きかけやかかわりを多くしてもらっていると答えた子どもほどコンピテンスを強く感じていました。また，自律性の高い動機づけをもち，その結果学業成績も高くなることが示されています。ベルギーの高校3年生を対象にした研究（Niemiec, Lynch, Vansteenkiste, Bernsteina, Deci, & Ryan, 2006）では，「困ったときに頼りにできる」とか「会話の時間が多い」というような両親からの関係性支援や両親からの自律性支援を多く受けていると答えた生徒が大学進学に対してより自律性の高い動機づけをもつことが検証されています。

　このように教師や親の基本的な欲求を満たす働きかけや学習環境づくりが，学習における態度や自律的な動機づけ，学業成績を高めることなどへつながっているのだといえます。

3. 自律的な学びを促すために

[1] 個人の特徴を考慮した働きかけ

　自己決定理論では，コンピテンス，自律性，関係性の3つの欲求は一般的なもので，すべての人が共通してもっていると考えられています。しかし，3つの欲求が備わっているとしても，どんな人でもどのような場合でも同じくらいの強さの欲求をもつとは限りません。たとえば，学習の進め方などについて人

に決められたくない，自分で決めて実行したいと強い自律性への欲求をもつ人もいれば，それほどこだわりがなく，教師に指示されたように学習して特に不満を感じないという人もいるでしょう。このように考えると，ある環境が欲求を満たすものであるかどうかは，その人がそのときにどのくらい強く欲求を感じているかによって決まるといえます。すなわち，欲求の個人差を考える必要があるということです。

そこで安藤（2002）は，自律性への欲求の程度と教師の指導との関係について検討しました。その結果，英単語をイメージやニュアンスをつかんで覚えようとするイメージ化方略について，自律性への欲求が低い生徒では，イメージ化方略を使用する程度とイメージ化方略を教師が指導しているかどうかには関係がありましたが，自律性への欲求が高い生徒では，教師の指導の影響は見られませんでした。このことから，自律性への欲求が低い場合には，他者からの働きかけを受け入れる傾向にあるといえます。

また，大久保・加藤（2005）は，ある人の特徴とその人が生活している環境の特徴が一致している場合，その人はより適応的になるという「個人－環境の適合の良さ仮説」を用いて自己決定理論の3つの欲求について検討しています。この研究における人の特徴とは3つの欲求の強さになります。そして環境の特徴としては，学校で3つの欲求に基づく行動がどの程度求められているかが取り上げられています。中学生から大学生を対象にした調査の結果，個人の欲求の強さと学校からの要請をそれぞれ単独で考えるよりも，個人と環境が一致しているかどうかの方が，学校への適応感と強い関連を示していました。すなわち，自律性支援的な環境は，すべての人にとって望ましいのではなく，自律性への欲求が低い人は，自由度の高い環境に対してはうまく適応できないことも考えられるのです。

自己決定理論では，基本的な3つの欲求は普遍的な欲求であり，すべての人がもっているものであると考えられています。しかし，基本的な欲求の働きを考える際には，欲求を満たす環境という観点だけではなく，その環境の中にいる一人ひとりの欲求の強さという個人差要因についても考慮する必要があるのだと考えられます。その個人に合わせた働きかけや環境づくりを行うことで，自律的な動機づけを促進することが可能となるのでしょう。

[2] 今後に向けて

　自己決定理論については，多くの研究が行われており，理論の妥当性について検証されてきています。学習場面にとどまらず，政治活動，スポーツやダイエットなどといった領域でその有効性が検証されています。自己決定という概念は，人の多くの行動にかかわる概念であるといえるでしょう。

　自己決定理論の研究では，動機づけに対する環境の影響が主に検討されてきました。しかし，個人特性と環境は相互に影響を与え合っています。すでに述べたように，ある環境が効果的に働くかは個人の欲求の程度によります。教師の指導・行動・働きかけは，ある子どもには効果的かも知れませんが，それが他の子どもに同じように効果があるとは限りません。あるクラスでは有効な指導が，他のクラスでは有効ではないということも十分に考えられます。また，同じ環境にあっても，そこでどのくらいの自律性を感じるかは人によって異なると考えられます。そのように考えると，個人特性と環境要因の交互作用という視点をもった研究を進める必要があります。

　また，自己決定理論の枠組みに従って指導を行うにあたって，具体的な指導行動の開発も求められます。基本的な欲求を充足し，自律的な動機づけを育成するための実践的な研究は十分に行われているとはいえません。具体的な実践研究の積み重ねも期待されます。

3 成功や失敗経験の影響

　私たちは日常生活のさまざまな場面で成功や失敗を数多く体験しています。成功することや失敗することは，学習や仕事，何らかの課題などに取り組む際，必然的に生じてくるものです。

　さて，こういった成功や失敗を体験した際，「なぜそのような結果になったのか」と「原因」を考えることも多いのではないでしょうか。そして，私たちが成功や失敗の原因を考えることは，次の行動への「やる気」，すなわち動機づけに関係してきます。たとえば，大切な試験に不合格だったときを想像してみてください。その原因を「自分には能力がないから」と考えるとやる気が下がるのではないでしょうか。一方で，「努力が足りなかったからだ」と考えたり，「勉強のやり方がよくなかったからだ」と考えれば，やる気がひどく下がることを避けられたり，次はこうやって勉強しようとやる気が高まることもあるでしょう。

　本章では，このように成功・失敗の原因について考えることと，動機づけとの関係について考えたいと思います。そしてそれらを通して，原因を考える際にどのようにすれば動機づけを高められるかについても考えていきます。

1. 重要な概念

[1] 原因帰属と帰属次元

　私たちは，人から促されなくても，他者の行動や自分の行動について，その原因を考えることがあります（Weiner, 1985）。このように，ある出来事の原因を考えることを，原因帰属と呼びます。この原因帰属と動機づけの関係を理論化したものとして，ワイナーのモデルがあります。このワイナーによるモデルのうち，ここでは，原因の位置・安定性・統制可能性の3つの次元（帰属次

表 1-3-1 原因の位置・安定性・統制可能性の3つの次元から捉えた帰属因の分類（Weiner, 1979）

	内的		外的	
	安定	不安定	安定	不安定
統制可能	ふだんの努力	一時的な努力	教師のひいき	他者からのたまたまの支援
統制不可能	能力	気分	課題の困難度	運

元）から原因を分類したモデル（Weiner, 1979）について紹介します（表 1-3-1 参照）。

　まず，原因の位置とはある原因が内的なものか，外的なものかを区別する次元です。これは，行動した人の内的な要因（その人の能力や努力など）に原因が求められる（内的帰属）のか，それとも環境など行動した人の外的な要因に求められる（外的帰属）のか，という次元です。たとえば，試験の成績が悪かったときの原因が，自分の能力不足にあると考えるのは内的帰属，試験問題の難しさにあると考えるのは外的帰属になります。安定性とは原因が変化しやすいものか，しにくいものかに関する次元です。試験結果の原因が自分の能力にあると考えた場合，能力は変化しにくいものであるため安定的ですが，努力にあると考えた場合，それは変化しやすいものであるため不安定的であると考えられます。最後に統制可能性とは，原因を「誰かが」コントロールできるかどうかに関する次元です。課題を完成できた原因を「友人が助けてくれたからだ」と考えた場合，その原因は友人のコントロール下にあるわけですから，統制可能性は高いと考えられますが，「運がよかったからだ」と考えた場合，運は誰にもコントロールできないわけですから，統制可能性は低いと考えられます。

　このような，原因の位置（内的−外的）・安定性（安定性高−低）・統制可能性（統制可能性高−低）の3つの次元から，帰属された原因（帰属因）が分類され，表 1-3-1 のようにまとめられています。

[2] 原因帰属と動機づけ

　ワイナーの理論では，先ほど紹介した3つの次元においてどのように帰属されるかによって，それぞれ異なる心的作用が導かれると考えられています。そ

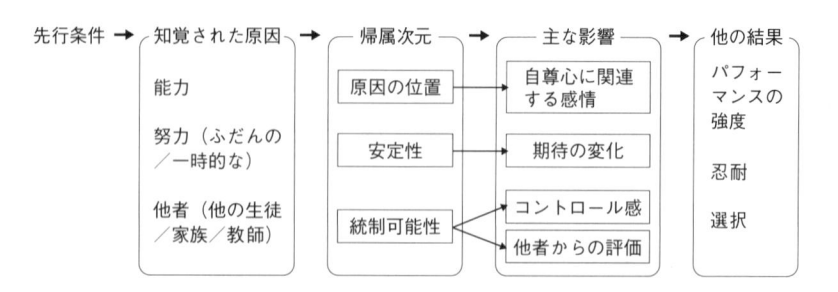

```
先行条件 → 知覚された原因 → 帰属次元 → 主な影響 → 他の結果

            能力              原因の位置    自尊心に関連    パフォー
                                          する感情       マンスの
            努力（ふだんの     安定性        期待の変化     強度
            ／一時的な）                                  忍耐
            他者（他の生徒    統制可能性    コントロール感  選択
            ／家族／教師）                 他者からの評価
```

図 1-3-1 原因帰属による動機づけプロセス（Weiner, 1979 より一部改変）

してそれら3つの心的作用の組み合わせによって，自分自身の行動や他者に対する行動への動機づけが左右されます。具体的には，原因の位置は自尊心，安定性は将来への期待，統制可能性はコントロール感や他者からの評価に関係していると考えられています（図1-3-1参照）。

原因の位置と自尊心の関連は，原因が内的なものに帰属されると自尊心が影響を受け，外的なものに帰属されると自尊心はあまり影響を受けないと考えられています。たとえば，ある失敗をしたとき，その失敗を内的な原因である能力に帰属すると，自尊心が傷つきますが，外的な原因である課題の困難さに帰属すると，あまり自尊心が傷つかないということです。

安定性は将来への期待に関連していると考えられていますが，ここでいう将来への期待とは，今回起こった出来事が今後も同様に起こるだろうという予測のことです。試験で失敗した際に，安定的な要因である能力不足に帰属すると，今後も失敗が続くと予測しますが，不安定的な要因である「一時的な努力」不足に帰属すると，努力次第で今後失敗が続くとは限らないと考えることができます。

3番目の統制可能性は，コントロール感にかかわるのではないかと考えられています。すなわち，ある結果が生じた原因を，自分の行動によるものであり，かつ統制可能であると捉えれば，自分がものごとをコントロールできると感じ，動機づけが高まると予想できます。シャンク（Schunk, 2008）も，この統制可能性次元において，統制可能であると感じると，学習への動機づけが高まると述べています。

ここまでのワイナーの理論での説明に基づいて考えると，たとえば，失敗を能力に帰属することは，内的・安定的・統制不可能な要因に帰属することになります。すると，自尊心が傷つき，失敗という結果が将来にも続き，失敗の原因を自分がコントロールすることができないと感じることになり，動機づけがそがれると予想されます。一方で，失敗を「一時的な努力」に帰属した場合，内的・不安定的・統制可能な要因に帰属されることになります。この場合は，内的要因に帰属することで自尊心の低下は予想されますが，一時的な努力は不安定的で統制可能な要因であるため，今回の失敗が次につながるわけではなく，また，失敗の原因であった努力を自分がコントロールすることができると感じられ，動機づけが高まると予想されます。このように，どのような原因に帰属をするかによって，それぞれの帰属次元における位置づけが定まり，その帰属次元からもたらされる心的機能によって動機づけが左右されるというのがワイナー理論での考え方です。

2. これまでの研究

[1] 能力帰属・努力帰属に関する研究

　これまでの研究では，帰属因と，動機づけやパフォーマンスとの関係が実証的に検討されてきています。中でも，現実に多く帰属がなされやすい能力と努力という帰属因に焦点を絞った研究が多く行われています。

　上述の通り，ワイナーの理論に基づいて考えると，失敗を能力に帰属するより，失敗を努力に帰属する方が動機づけに対して望ましいという予想ができますが，それを実証する研究がいくつかあります。たとえば，速水・長谷川（1979）は，教科ごとの学業成績に対する原因帰属（努力・能力・先生・運の帰属因がどれくらい成績に関係すると思うかを3段階で評定）と教科に対する自信度が，5教科（数学・英語・国語・社会・理科）の学業成績と，どのように関連するかを検討しています。その結果，男女ともに，多くの教科において，教科に対する自信度が学業成績に対して有意な正の関連を示すとともに，努力帰属も学業成績に対する有意な正の関連を示していました。一方，ほとんどの教科において有意でなかったものの，能力帰属は学業成績と負の関連を示して

いました。

　また，ドウェック（Dweck, 1975）は，失敗の能力帰属の傾向が強い子どもに，数学のトレーニングを行いました。その際，ひとつのグループの子どもには成功と失敗を経験させ，失敗したときにはそれは「努力不足であったためだ」と「努力不足」への帰属を促しました。もうひとつのグループの子どもにはひたすら成功の経験をさせ，原因帰属への介入を行いませんでした。そしてトレーニング後，両方のグループの子どもに難易度の高い問題を行わせました。その結果，成功のみを体験し帰属への介入が行われなかったグループでは，トレーニング後の課題において失敗を経験すると大幅に成績が低下し，これは急激な動機づけの低下によるものだと考えられました。一方，失敗の努力帰属が促されたグループでは，課題失敗後でも成績が低下せず，動機づけが保たれていたことが示されました。

　これらの結果は，上述のワイナー理論に一致するものであり，失敗を能力に帰属するのではなく，努力に帰属することが重要だといえます。

[2] 努力帰属の問題点と方略の重要性

　前項の結果に反して，努力帰属の有用性を支持しない研究もその後の研究において出てきました（たとえば樋口・鎌原・大塚，1983; Covington & Omelich, 1984）。樋口ら（1983）は，自らが望んだときに望んだような結果を手に入れられるだろうという期待である統制感や学業成績と，原因帰属とがどのように関連しているのかについて検討しています。その結果，実験協力者にとって好ましくない事態である負事態（失敗など）においては，努力帰属と統制感や学業成績との間に関連性がみられませんでした。

　さらに，コビントンとオメリッチ（Covington & Omelich, 1984）は，失敗を努力不足に帰属することが屈辱感と後ろめたさを導き，後ろめたさは成績にポジティブに影響する一方，屈辱感は成績にネガティブに影響するという二重の影響があることを見出しました。彼らは，このような失敗の努力帰属における二重の影響を「両刃の剣」と表現しており，失敗の努力帰属は動機づけにポジティブな影響だけでなく，ネガティブな影響も与えうることを示しています。

　このような，失敗の際に努力帰属を行うことが，必ずしも望ましい結果を導

くものではないという結果をふまえ，努力帰属が動機づけに望ましい影響を及ぼすには，「努力の仕方」に対応すると考えられる「方略」（たとえば Anderson & Jennings, 1980; 伊藤，1996）に関して，望ましい方略をもち，それを使えることが必要なのではないかという指摘があります。シャンクとガン（Schunk & Gunn, 1986）は，子どもの割り算スキルの変化に，自己効力感（Bandura, 1977）や努力帰属だけでなく，効果的な方略使用が大きな影響を与えていることを見出しています。努力帰属に加えて，望ましい方略が伴っていることにより，努力が次の成功につながると考えられるだけでなく，どのように努力すればよいかもわかることになり，動機づけが高まると考えられます。

[3] 方略帰属に関する研究

先に述べたように，努力帰属が有効に作用するには，望ましい方略をもっていることが重要になります。ところで，この方略をひとつの帰属因と考え，方略帰属を仮定する立場もあります。

方略帰属は，ワイナーの分類の中には含まれていませんが，努力帰属に関わるものです。ワイナー理論での努力帰属は，どれだけ努力したかという量的な側面に注目したものといえます。つまり，努力の量が原因であると考えるものです。一方，方略帰属は，どのように努力したかという方向的な側面（Anderson & Jennings, 1980）に目を向けたものという点で異なります。すなわち，どのような方向に努力を行うかという，努力の方法が原因であると考えるということです。

では，実際に普段の生活の中でも，成功や失敗の原因を方略に帰属することはあるのでしょうか。それを明らかにする研究として，成功や失敗の原因を自由記述で尋ねる研究があげられます。これまでの研究では，原因として多くあげられやすいものは努力や能力に分類されるものであるとされてきましたが（たとえば Frieze, 1976），自由記述の分類の際に努力と方略が弁別されてなかったため，努力と分類されたものの中に方略が含まれていた可能性が考えられます。

そこで，中西（2004a）は，試験結果の原因という，学業場面における成功／失敗の原因帰属を自由記述で尋ね，努力と方略を弁別した分類を行っています。

その結果(表1-3-2参照)、当初のワイナーによる帰属因の分類(表1-3-1参照)であげられていたものの中では、努力に関する記述が多くみられましたが、その他のものはあまりあげられませんでした。そして、すべての分類の中で最も多くあげられたものは勉強の際に用いる方略に関する記述でした。このように、方略に関する記述が帰属因として最も多くあげられるという傾向は、スポーツ場面における他者の成功や失敗の原因帰属(中西、2004b)でも同様でした。これらの結果から、方略帰属は普段の生活の中でも頻繁に用いられると考えられるため、帰属因として方略を研究の対象とすることは重要であると考えられます。

表1-3-2 学業成績の原因帰属の自由記述における分類カテゴリーと記述数・記述例 (中西, 2004a)

NO.	カテゴリ名	記述数	記述例
1	努力	99	勉強不足 / あまりテスト勉強をしなかったから
2	能力	7	別に勉強してないけどできた / 暗記が苦手だった / 集中力が足りない
3	課題の難易度	12	予想していた問題がうまく出てきた / 問題が難しい
4	教師	4	授業が面白く、かつ内容の濃いものであった / 先生の教え方がよかった
5	気分	8	やる気がでなかった / 調子が良かった
6	体調	6	かぜひいてあんま勉強できなかった / 体調ふりょう / おなかがすいた
7	運	2	シャーペンが途中でこわれた / カン
8	試験方略	23	ちゃんと、問題を読んでいなかった / テスト中他の事を考えていた
9	勉強方略	130	勉強の仕方がわからん / ノートをしっかり見直した
10	テスト結果(形相因)[注]	20	いい点だったから / 中間と期末が同じぐらいのできだったから
11	なし	1	とくにない
12	その他	8	わすれ物が多かった / 勉強どころじゃなかった / 苦手 / わからん
	合計	320	

注)10に分類された記述は、テスト結果がそもそもなぜ成功または失敗であったと捉えられるのかを説明するものである。これはテストの成功/失敗の本質を説明するものであり、アリストテレスがあげる4原因のうち、形相因に該当すると考えられる。

こういった方略帰属に関する研究として，ジマーマンとキサンタス（Zimmerman & Kitsantas, 1999）は，高校生に文章修正スキルを身につけさせるという訓練を行う研究の中で努力帰属・方略帰属の影響を検討しています。その結果，文章修正がうまくできないことを方略使用に帰属している者はそうでない者に比べ，文章修正への自己効力感，文章修正スキル，文章修正課題への関心が高かったことが見出されました。そして，アンダーソンとジェニングス（1980）は，献血の依頼を行う課題において，依頼の失敗を能力に帰属させる場合と方略に帰属させる場合で，後の成功への期待がどのように異なるかを検討しています。その結果，失敗の方略帰属を行った学生は，失敗の能力帰属を行った学生に比べ，後の成功への期待が高くなることが見出されました。この研究では，依頼の成功を体験させるが帰属への働きかけを行っていない群も設定されていましたが，この群の後の成功に対する期待は，失敗の方略帰属を促した群のものとほとんど変わりませんでした。これらの結果から，仮に失敗しても方略帰属によって成功への期待を高くもち続けられると考えられます。

　このように方略帰属を行うことが，望ましい動機づけとかかわっているようですが，その理由として，アンダーソンとジェニングス（1980）やクリフォード（1986）は，方略帰属によって，原因帰属の場面が効果的な方略を探索する機会となり，よいやり方を考える結果，動機づけが高まると仮定しています。

3.「原因の振り返り」をよりよいものにするために

[1] 失敗の能力帰属・努力帰属を見直す

　これまでの研究で明らかにされてきたように，「成功」や「失敗」をどのように帰属するのかと，動機づけには強い関連が見出されているため，「成功」や「失敗」に対する帰属を変えることによって，動機づけを改善することが期待できます。

　前述のドウェック（1975）の研究では，ワイナー理論による予想の通り，失敗の能力帰属の傾向が強い子どもに，失敗を努力に帰属させるように促し，失敗の能力帰属から脱却させることで，望ましい動機づけにつなげられることが示されています。そのため，まずは失敗の能力帰属を避けることが望ましいと

考えられます。

　一方，ワイナー理論において能力帰属よりも望ましいと考えられた努力帰属についても，前述の通り，望ましい結果につながらない可能性も指摘されており，努力帰属に加えて，効果的な方略をもち合わせていることが重要だと考えられています (Schunk & Gunn, 1986; 伊藤，1996)。すなわち，失敗を努力不足に帰属することによって，失敗を避けるためには努力をすることが必要だと感じると同時に，具体的な方略を身につけることで，どのような「方略」を用いて努力をすればうまくいくかを考えられ，より望ましい動機づけにつながるようになると思われます。

[2] 原因としてのやり方（方略）を考える

　前述のアンダーソンとジェニングス (1980) の研究では，仮に失敗しても方略帰属をすることによって成功への期待を高くもち得る可能性が示されています。この結果からは，失敗の原因を考える際,「どのような方略をとったために失敗したのか」と方略帰属を行うことが後の動機づけに望ましい影響を与えると考えられます。

　さらに，方略帰属をする場合としては，うまくいった出来事からその原因となる方略を考える場合と，うまくいかなかった出来事から考える場合があります。それを比較したものとして，中西 (2004c) は，中学生を対象に「学習面での悩み」について,「うまくいったこと」もしくは「うまくいかなかったこと」の原因となった方略を考えさせることで方略帰属を行わせ，その前後で自己効力感がどのように変化したかを検討しています。その結果,「うまくいかなかったこと」の方略帰属を行った群に比べ,「うまくいったこと」の原因となった方略を考える群で自己効力感が有意に高まりました。さらに，そこで見出された方略として,「うまくいかなかったこと」の方略帰属を行った群では,「勉強の環境を整える」「勉強阻害要因の排除」などの間接的に学習にかかわると考えられる方略が多くあげられ,「うまくいったこと」の方略帰属を行った群では「復習する」「授業の重視」などの直接的に学習にかかわると考えられる方略が多くあげられていました。この結果からは,「うまくいったこと」について「どのような『やり方』をしたことが原因だったのか」と方略帰属すること

によって，より直接的に学習にかかわる方略が見出され，それによって自己効力感が高まることが期待されます。

[3] 今後に向けて

　私たちは日々「うまくいくこと」「うまくいかないこと」に遭遇し，その原因を考えます。そして，その原因をどう考えるかによって後の動機づけが異なることが示されてきました。そのため，特定の帰属のスタイルによって，より高い動機づけをもつことが可能になると考えられます。具体的には，努力帰属とともにそれに伴う適切な方略を身につけるということがあげられます。また，方略自体に原因を求める方略帰属によっても，動機づけの改善がもたらされると考えられます。しかし，方略帰属に関する研究では，単に「方略が原因である」と考えることによる影響が検討されていることが多く，「どのような方略に原因があると考えるか」ということの影響に関する研究は進んでいない状況です。そのため，具体的な方略の内容をふまえた方略帰属の研究が進められる必要があります。そして，たとえば有効性が高いと感じられる方略に帰属されると動機づけが高まるのかなど，どのような特徴をもつ方略に帰属されることがより望ましい動機づけにつながるのかについて，明らかにされることが期待されます。

4 自分を好きになる

　自分自身の能力を高めたり，人生の成功を導いたりするための方法が書かれた本を読んだことがあるでしょうか。このような種類の本を「自己啓発書」といいます。多くの自己啓発書の中では，「自分自身のことをポジティブに捉え，よい方向に考えることで人生を成功させよう！」という論が展開されていきます。「自分自身を好きになれば何事も肯定的な側面が見え，人生も好転していく」といったような内容です。このように，自己啓発書では「自分のことを好きになる」というキーワードが中心的な位置を占めています。

　自分のことがとても好きであることを，自己愛（ナルシシズム）ということがあります。また，自分自身をポジティブに評価することを自尊感情ということもあります。どちらも自分を高く評価するという点で意味が重なるのですが，両者は少しニュアンスが異なります。自分のことを好きでいること，自分のことをポジティブ（肯定的）に捉えることはよいことなのでしょうか。それとも何かの弊害が生じるのでしょうか。この節では，「自分を好きになる」ことに関連するさまざまな問題を考えていきたいと思います。

1. 重要な概念

[1] 自尊感情

　自尊感情とは，自己に対する肯定的な態度を意味します。ローゼンバーグ（Rosenberg, 1965）によると，自尊感情は自己に対して「十分によい（good enough）」という尊重する感覚をもつことであり，他の人や物事と比較することから生じる「とてもよい（very good）」という感覚とは異なるとしました。

　自尊感情は心理的な健康の指標とされており，多くの適応的な指標と正の関連を，不適応的な指標と負の関連を示します。たとえば桜井（2000）は，自尊

感情と有能感，自己決定感，自己や対人関係に関する肯定的な出来事との間に正の関連があることを，自尊感情とストレス反応，抑うつ，絶望感，日常生活における否定的な出来事との間には負の関連があることを示しています。

[2] 自己愛

自己愛（ナルシシズム）は，自分自身に対する誇大な感覚（「自分はすごい」「自分は素晴らしい」），賞賛されたいという欲求（「褒められたい」「注目されたい」），共感性の欠如（「他の人が自分の言うことを聞くのは当然」「周りの人が自分によくしてくれるのは当然」）といった感覚を抱く傾向のことをさします。「ナルシスト」というと，自分のことが好きでずっと鏡を眺めている人物のようなイメージをもつかもしれません。たしかにそれも自己愛の一部なのですが，心理学における自己愛は，もう少し広い意味をもちます。

この自己愛の中心的な意味は，「自分自身を過剰に高く評価すること」です。したがって自己愛的な人々とは「自分はすばらしい人間だ」という感覚をもち，「誰にも負けない資質があるはずだ」という確信を抱くのです。

ところが自己愛は，病理的な兆候であるとも考えられています。表1-4-1は，アメリカ精神医学会の定める「精神疾患の分類と診断の手引き」（DSM-IV-TR; American Psychiatric Association, 2000）に書かれた自己愛性パーソナリティ障害の内容です。これらをまとめると次のようになります（小塩, 2009）。(1)から(3)までは，いわゆる誇大性とよばれる自己愛パーソナリティの中核的

表1-4-1 DSM-IV-TRにおける自己愛性パーソナリティ障害の記述（APA, 2000より）

(1) 自己の重要性に関する誇大な感覚をもつ
(2) 限りない成功，権力，才気，美しさ，あるいは理想的な愛の空想にとらわれている
(3) 自分が"特別"であり，独特であり，他者にも自分をそのように認識することを期待する
(4) 過剰な賞賛を求める
(5) 特権意識，つまり，特別有利な取り計らい，または自分の期待に自動的に従うことを理由なく期待する
(6) 対人関係で相手を不当に利用する，つまり，自分自身の目的を達成するために他人を利用する
(7) 共感の欠如
(8) しばしば他人に嫉妬する，または他人が自分に嫉妬していると思いこむ
(9) 尊大で傲慢な行動，または態度

な要素となる特徴です。自己愛的な人物は自分の業績を誇張して捉え，うぬぼれを示す傾向にあります。またそのような自分の特別さを，周囲の人も認識するように働きかけようとします。(4) は (3) とも関係する内容です。自己愛的な人は他の人々からの賞賛を求めるために，さまざまな働きかけを行います。(5) (6) (7) そして (9) は，他者に対する傲慢で自己中心的な態度の現れになります。自己愛的な人物は自分が認められて当然の人物であり，また周囲の人々から一目置かれて当然だと認識する傾向があるのです。また (8) は，もしも自分よりも有能な人物に出会えばその人物に嫉妬をし，また周りの人々は自分の才能に嫉妬をしていると思いこむ傾向を反映しています。

[3] 精神的健康

　表 1-4-1 の診断基準を，もう一度見てください。先ほど説明したように，これは自己愛性パーソナリティ障害という「障害」の診断基準でした。もしかするとこの記述を読んだ人の中には，自分が自己愛性パーソナリティ障害なのではないかと心配する人がいるかもしれません。しかし，障害とはいえない一般的な範囲内のパーソナリティと「パーソナリティ障害」との間には，大きな違いがあります。DSM-IV-TR には，パーソナリティ障害の全般的診断基準も掲載されています。そして，パーソナリティ障害と診断される者が「その人の属する文化から期待されるものより著しく偏った，内的体験および行動の持続的様式」をもち，「その持続的様式が，臨床的に著しい苦痛または，社会的，職業的，または他の重要な領域における機能の障害を引き起こしている」という記述があります (American Psychiatric Association, 2000)。つまり，自己愛的であることが，必ず病理を生じさせるわけではありません。非常に偏ったパーソナリティをもつ人物が，社会生活の中で何らかの苦痛や障害に直面したときに，パーソナリティ障害という診断基準が意味をもつようになるといえるのです (小塩, 2009)。

　精神的健康についてのひとつの考え方は，「健康」というときに，実際に何らかの機能的な障害が生じているかどうかを基準にするということです。たとえば，日常生活が営めなくなる，必要な作業に従事できない (学校に行けない，仕事ができないなど) といった機能的な障害が生じていれば「不健康」だという

考え方です。そこまで重大な機能上の障害ではなくても、対人関係がうまくいかない、しなければいけないことになかなか手をつけることができないといった現象は、軽度な機能的障害の状態といえるのかもしれません。

また心理学では物事を正確に歪みなく認識することも、精神的健康の証拠であるといわれてきました。たとえば上田（1958）は、精神的に健康な人格の特性の一つとして、事実をありのままに認め、対象を現実的・客観的に把握することをあげています。現実を正確に見て社会と相互作用できていることを「よく機能している」と考えれば、それは精神的に健康な状態だということができるでしょう。

2. これまでの研究

[1] 自己評価の高揚と維持

人々は自尊感情を高めようとしたり、高いまま維持しようとしたりする動機づけをもっています。そのような動機づけを自己高揚動機と呼びます。たとえば、自分と比較するのに自分よりも能力の低い人を比較対象として選択する下方比較（Wills, 1981）は、自分自身の自尊感情を高めようとすることから生じる一つの行動です。また、成功したときは自分の能力や努力など自分の内側に原因を求め、失敗したときは運が悪かったり課題が難しかったりしたからと自分の外部に原因を求めることを自己奉仕バイアス（Bradley, 1978）といいます。このような原因の求め方も、自尊感情を高める方向に作用します。

沼崎・小口（1990）は、自尊感情を高める方略のひとつである、セルフ・ハンディキャッピングという行動に注目しています。セルフ・ハンディキャッピングとは、結果が生じる前に、あえて自分にとって不利なことをしたり、不利な状況であることアピールしたりする行為のことです。たとえば、試験前に「勉強してきた？」と尋ねられると、一生懸命勉強したにもかかわらず「あまりやっていない」と答えるような行動です。これは、もしもよい点がとれたときには「勉強をしていないにもかかわらずよい点をとった」ことになり、もしも悪い点になったとしても「勉強していなかったのだから悪い点でも当然」という認識へとつながることから、自尊感情の高揚や維持につながります。沼

崎・小口（1990）は，セルフ・ハンディキャッピングを行う際に，自分でコントロールできない（統制不可能な）理由をあげるか，コントロールできるけれどもあえてしなかったという（統制可能な）理由をあげるかで，その後の結果が変わってくることを明らかにしました。統制可能な理由（「努力不足」など）は，失敗したとしても将来への改善の余地を残すという点で自尊感情を維持するのに役立ちます。その一方で，統制不可能な理由（「病気のため」など）をあげることは，短期的には結果に対する自分の責任を回避できることから自尊感情の維持に有効ですが，長期的には行動の改善につながらず自尊感情の低下を導く可能性があるということです。

[2] 自己本位性脅威モデル

ブッシュマンとバウマイスター（Bushman & Baumeister, 1998）は，高いながらも不安定な自尊感情が攻撃性や暴力を導きだすという自己本位性脅威モデル（threatened egotism model）を提唱しています。高くて不安定な自尊感情の持ち主が他者から否定的な評価を受けると，自分自身のポジティブな評価と他者からのネガティブな評価との間にギャップが生じます。このとき，他者からの評価を受け入れる場合には，他者とのかかわりをこれ以上もたないように，対人関係を避ける傾向につながります。また，もしも他者の評価が認められないような場合には，そのようなネガティブな評価を与えた他者によくない印象をもち，攻撃や暴力といった行動が生じやすくなります。ブッシュマンらは，高いながらも不安定な自尊感情の持ち主の代表が自己愛的なパーソナリティの持ち主であり，実際の調査から自己愛が他者からのネガティブな評価を介して攻撃性に結びつくことを示しています（図1-4-1）。

| 自己愛 | →.33*→ | 知覚された脅威 | →.24*→ | 攻撃性 |

*$p<.05$

図1-4-1　自己愛が脅威を媒介して攻撃性に影響を与える（Bushman & Baumeister, 1998 より）

[3] ソシオメーター理論と自己愛

　リアリー（Leary, 2004）は，ソシオメーター理論（sociometer theory）という観点から自己愛について論じています。ソシオメーター理論とは，自尊感情にはある特定の機能があることを仮定した理論です。この理論では，人間が自分の関係価（関係を結ぶ相手として自分にどの程度の価値があるか）を監視し，他者から受容された状態を維持できるよう，また他者から拒否されないように行動を制御する心的装置（ソシオメーター）を備えていると考えます（脇本, 2009）。そして，関係価が高いという情報を得ると自尊感情は上昇し，関係価にとってよくない情報を得ると自尊感情が低下します。さらに自尊感情が低下すると，ソシオメーターは対人関係を改善しようとする行動を生じさせます。

　さて，自己愛的なパーソナリティの持ち主は，自分自身を非常にポジティブに評価するために，関係価を実際よりも高く見積もる傾向にあるといえます（脇本, 2009）。本人は自分がうまくやっていると認識していますので，他者が自分を受け入れていないという感覚をあまり抱いていません。ところがこのような状態だと，本当に周囲の人々から拒絶され，孤立してしまっていても危機だと思わず，適切な対応をすることができません。いわば，自己愛的な人物はソシオメーター装置が故障している状態にあるということもできるのです。したがって，自己愛的な人物は対人関係を改善しようとする行動が不足し，他者とうまくつきあうことが難しくなると考えられるのです。

　たとえば小塩（1999）は高校1年生を対象として，自己愛傾向を測定する自己愛人格目録短縮版（NPI-S）と現在の友人関係のあり方，他のクラスメートへの評価を質問紙で測定しました。★尺度集 そして，自己愛的な高校生が自分自身では仲間にうまく溶け込み，信頼し合える友人が数多くいると認識する一方で，実際には必ずしもクラスメートから十分に信頼されているわけではないことを明らかにしました。また小塩（2000）は，大学生を対象として自己愛傾向と恋愛に関する質問紙調査を行いました。そして，自己愛的な大学生のほうがそうではない大学生よりも過去数ヶ月の失恋経験が多く，複数の人を同時に好きになったり，付き合ったりする経験も多く，過去の失恋回数も付き合った人数も多くなるという結果を報告しました。海外の研究でも，自己愛的な人物は異性との交際を始めやすく（Bradlee & Emmons, 1992），短期的な交際となること

が多い（Jonason, Li, Webster, & Schmitt, 2009）ということが指摘されています。自己愛的な人物は異性と交際する機会も多いようですが，それが長続きしない傾向にもあるようです。さらに詳しく調べていく必要はありますが，これらの研究結果には，ソシオメーターが故障した自己愛的な人物が，うまく対人関係を営めないことが反映しているように思います。

3. 精神的に健康な生活を送るために

[1] 自分をポジティブに捉える

　本節1の[3]で述べたように，物事を正確に歪みなく認識することが精神的健康につながるという指摘があります。ところがテイラーとブラウン（Taylor & Brown, 1988）は，そのような仮定に疑問を投げかけました。ここまでみてきたように，人々は自尊感情を高く維持することに動機づけられており，そのため事実を多少ならず自分の都合のよいようにみることもありそうです。さらにテイラーらは，ポジティブに傾いた自己概念をもつことこそ，精神的に健康な状態にあるのだという，それまでにない新しい精神的健康に対する見方を提唱し，「ポジティブ・イリュージョン」と名づけました。外山（2000）によると，自分のことを平均的な大学生よりもポジティブに評価する者はネガティブに評価する者よりも精神的に健康であるということです。さらに，自分が他の大学生と同じ平均的な人物であると認識する大学生は，自分自身をより卑下した評価を下した大学生と同じ程度の抑うつ傾向の高さを示しました。

　このように日本の大学生においても，自分をある程度ポジティブに認識することは，健康な生活を送る上で重要な要素といえそうです。ただし，自己愛の研究からわかるように，精神的に健康な生活を送るためには，ポジティブな自己認識だけではうまくいくとは限らないようです。

[2] 周囲とうまくかかわる

　ポジティブな自己認識だけでうまくいかない理由はどこにあるのでしょうか。先に見たように，ポジティブな方向に歪んだ認識をもつと考えられる自己愛的なパーソナリティは，必ずしも精神的健康を意味してはいません。ただし，自

己愛的な者全員が必ずパーソナリティ障害となるわけでもありません。病理的とまではいわなくても，一般の人々ももつ自己愛的なパーソナリティというものがあり，そのパーソナリティを非常に強くもつ人から非常に弱くもつ人まで，さまざまな程度の人が存在すると考えることができるのです。そしてそのほとんどの人は，日常の社会生活を問題なく営んでいます。

　この違いは，周囲の人々との付き合い方にあるようです。自己愛的な人物は自分のポジティブな状態を維持することにとらわれてしまっており，その状態を維持するためには労力を惜しみません。そのため周囲の人に対して傲慢な態度をとったり，逆に周囲の人からの評価に過敏に反応したりすることで，日常生活が営みにくくなると考えられるのです。

[3] 今後に向けて

　おそらく，ほとんどの人は「より健康な生活」をめざしたいと考えていることでしょう。私たちは単純に「うまくいく」「うまくいかない」，「健康」「不健康」，さらに「こうすればうまくいく」「こうするとうまくいかない」と考えてしまいます。ところが，詳しく考えていくとそこにはいくつかの難しく，複雑な問題があることに気づきます。ここまでに紹介した研究が示しているように，単に自分のことが好きで，ものごとをポジティブに捉えることが「望ましい」「健康だ」ということになるわけでもありません。今後の研究では，ポジティブな自己認識が健康な生活に結びつく条件，不健康な生活に結びつく条件を明らかにしていくことが期待されます。

　自尊感情や自己愛の研究は，現在も盛んに行われています。自分自身をポジティブに捉えることのメカニズムや，ポジティブな自己認識を維持する方略と周囲への影響がどのようなものであるかを明らかにすることは，生活の質を高めるためにも重要な視点です。さらにこの視点から研究を重ねることは，ポジティブな自己認識に欠けていたり，過剰にポジティブな自己認識を追い求めるあまり生活がうまくいかなくなったりする人々の助けとなることが期待されています。

5 青年期の悩みとその意義

　青年期は，精神的にも身体的にも「おとな」に向かう大きな変化の時期です。そしてその変化に適応していく中で，強いストレスを感じることや，不安や混乱が少なからず引き起こされます。たとえば第二次性徴に伴い，完成されたおとなの身体に近づきますが，このような身体の変化に違和感や戸惑いを感じ，不安を覚えることがあります。また青年期は，親や教師など周囲のおとなや権威に対して，強い拒否的な態度を示す第二反抗期にあたります。反抗は強いストレスを伴いますが，たとえば親への反抗は，これまでの親子関係を再構成していくきっかけにもなります。

　このように，青年期には心身の変化によって生じる不安や混乱といった，日常生活で生じるさまざまな問題を解決していかなければなりません。問題解決においては，自分で決断をしなければならない場合もありますが，決断すること自体も悩みの種になるのです。

　青年が悩み苦しむことは，認知や自己の発達と大きなかかわりがあります。そして，悩み苦しむことにより，アイデンティティが形成されていくこととなります。本節では，青年が何をどのように悩むのか，また悩むということを通してどのようにアイデンティティが形成されていくのかということを，青年期の発達的な特徴をもとに概観していきます。

1. 重要な概念

[1] 青年期の認知的特徴

　児童期までは，ものの見方はひとつではなく，複数存在するということを理解することが困難であり，複数の視点が提示されると混乱してしまいます。そのため，ひとつの視点を絶対的なものとし，その視点に基づいて判断します。

たとえば，親や教師などのおとなの意見や規則を絶対的なものと捉え，それに従おうとするのです。しかし青年期は，ピアジェ（Piaget）の認知発達でいうと形式的操作期にあたります。形式的操作期には，抽象的なことがらにおいても論理的な思考が可能になり，仮説演繹的に結論を導き出すことができるようになります。このような思考が可能になると，ものの見方は複数存在することを理解し，多様な他者の見方を客観的かつ統合的に捉えることも可能になります。これにより，たとえ自分の見方と他者の見方に違いがあったとしても，立場によりそれが異なることを理解することができ，混乱することがなくなってきます。

　このように青年は，多様な他者のものの見方，視点を取り入れながら，しだいに自らの価値観を形成していくのです。価値観の形成は，青年が自らの価値観に基づいて判断することを可能にします。また周囲も青年に対して日常生活でのさまざまな出来事について，自分自身で意思決定をしていくことを求めるようになります。ところが，自らの価値観に基づいて意思決定をしていくということは，決して容易なことではありません。正解があるわけではない中で，複数の選択肢から自らの判断でひとつを選び取っていくということは，大きな苦痛を伴うものです。また，複数の視点から得られた価値観は確定的なものではなく，新しい視点や経験に直面することにより，自分の価値観が本当に正しいのかといった価値観の揺らぎが生じることもあります。このように，認知発達に伴い自らの判断ができるようになり，またそれが求められるようになることから，青年期になると児童期とは異なった不安や悩みが生じてくるのです。

[2] アイデンティティ

　アイデンティティは，「自分は何者か」「自分はどこに向かおうとしているのか」「自分は何のために存在するのか」など，自己を社会の中に位置づける問いかけに対する肯定的かつ確信的な答えのことをさします。先に述べたように，青年期に入ると他者の視点と自らの視点を照合しながら，自らの価値観を形成していきます。他者の視点と自らの視点を照らし合わせることは，自分自身を省みることとなり，「自分は何者か」という問いへの答えにつながります。つまり，青年期になって生じる悩みに立ち向かい，自分自身と直面し，自分のことを

理解していくことにより，アイデンティティを形成していくことになるのです。

　アイデンティティという概念は，エリクソン（Erikson, 1950）が心理社会的発達において青年期の課題として提唱した概念です。エリクソンの心理社会的発達は，生涯を通した自我の発達過程を漸成説に基づいて論じています。

　漸成説とは，人間の発達は段階的に進み，前段階で獲得されたものをもとにして次の段階へと進むことを意味しています。エリクソンは，人生を8段階に区切り，各段階に心理・社会的危機を設定しています。心理・社会的危機とは，次の段階へ進むか，前段階へ戻るかの分岐点の様相を示しています。この心理社会的発達においてアイデンティティの確立は，第5段階である青年期の課題にあたり，対立する心理・社会的危機はアイデンティティ拡散とされています。アイデンティティ拡散は，意思決定場面において自分がどうしたいのかを見失うなど，自分自身がわからなくなり混乱した状態のことをいいます。

　さらにエリクソンは，アイデンティティの確立によって得られるアイデンティティの感覚に，「自信」という表現を用いています。これは，「自分は他人とは異なる存在である」「自分は過去から現在，そして将来も変わらない存在である」という2つの点を自分自身が認め，そして他人も同様に認めていると感じる安定感から来るものです。つまり，アイデンティティが確立されることは，自信を得ることにもつながるのです。

[3] 心理社会的モラトリアム

　エリクソンは，経済用語で「支払猶予」の意味を示すモラトリアムという概念を，青年期の様相を説明するものとして用いています。エリクソンのいうモラトリアムは，青年期は成人になるための模索期間であり，社会的な責任を猶予された期間という意味で用いられます。青年は，アルバイトを通して職業意識を高めるなど，種々の体験を通して自分の価値観を築きます。これらの体験は，青年期の次の段階である成人前期に職業をもったり家庭を築いたりするための準備や実験という意義をもちます。このように青年期には心理社会的モラトリアム，すなわち社会的責任を猶予された自由な状態でさまざまな体験や役割実験を行い，成人期に必要となる能力や意識，自覚を身につけていくのです。つまり，青年期は人生におけるいろいろな意思決定をするために試行錯誤を行

い，社会に出る成人前期までの間に，十分に考え悩み，自分自身を見つめるための時期であると捉えることができます。

しかし以前より，将来の職業などを自己決定することができず，長期間にわたりモラトリアムの状態にとどまろうとするために，就職を未決定なままにしている青年の増加が指摘されています。このような青年像を，エリクソンの積極的な意味でのモラトリアムに対して，小此木（1978）は消極的な意味として，「モラトリアム人間」と名づけています。

[4] アイデンティティ・ステイタス・パラダイム

エリクソンのアイデンティティという概念は，実証研究によって導き出された概念ではありません。そこで，これを実証的に研究しようとした試みの中で生まれた考え方に，マーシャ（Marcia, 1966）によるアイデンティティ・ステイタス・パラダイムがあります。これはアイデンティティ研究に最も貢献しているパラダイム（物事を認識する枠組み）の一つです。

表1-5-1 アイデンティティ・ステイタスの概要

ステイタス		危　機	積極的関与	概　　要
アイデンティティ達成		有	有	自分自身で生き方や価値観などについて真剣に考え悩み，自ら意思決定を行いそれに基づいて行動している。環境の変化にも柔軟に対応でき，安定した人間関係を保つことができる。
モラトリアム		最中	しようとしている	現在いくつかの選択肢の中で悩んでおり，意思決定に向けて模索している状態。行動に曖昧さが見られる。
フォークロージャー		無	有	自らの価値観や生き方を主体的に模索することなく，周囲の規範や親の考えなどをそのまま受け入れている。一種の硬さ（融通のなさ）が特徴。
アイデンティティ拡散	危機前	無	無	今までに自分自身について考慮した経験がなく，自らの目標などについて想像することが困難。
	危機後	有	無	「積極的関与をしないことに積極的関与している」という特徴がある。すべてのことが可能であり，可能なままにしておかなければならない。

アイデンティティ・ステイタス・パラダイムは，「危機」の経験の有無と「積極的関与」の深さという2つの側面により，表1-5-1のようにアイデンティティの様相を大きく4つのステイタスに分類しようとするものです。「危機」とは，いくつかの選択肢からひとつを選ぶ機会であり，「積極的関与」とは，自らが選択したものに対して，積極的にかかわろうとしている姿勢のことをいいます。すなわち，意思決定に迫られひとつの選択肢を選び取る経験である「危機」は，青年期の悩む姿勢そのものといえるのです。

2. これまでの研究

[1] アイデンティティ・ステイタス研究から見た青年期の悩みの種類

これまでに述べたように，青年期に意思決定を迫られる場面に直面し，いくつかの可能性からひとつを選択していくことは，アイデンティティの形成につながります。それでは，青年はどのような場面で意思決定を迫られることになるのでしょうか。

マーシャ（Marcia, 1966）は，半構造化面接を用い，イデオロギー（宗教，政治）と職業選択の領域についてのアイデンティティ・ステイタスを特定しました。半構造化面接とは，あらかじめ質問項目や内容をある程度決めておき，面接協力者の回答などの状況によって，質問表現や順序，内容を変えることが可能な面接法です。マーシャが選定した2つの領域は，エリクソン（1958, 1964）の記述などをもとにして選ばれたものです。しかしその後検討が加えられ，イデオロギー，職業選択に加え，性役割や価値観，人間関係などの領域が加えられるようになりました。

ところが，これらの設定領域はアメリカの文化を基準にしたものであり，日本では宗教や政治などの領域はアイデンティティ形成において重要な領域ではないことが指摘されています（無藤，1977；加藤，1983）。また加藤（1983）は，日本の文化においては価値観や人間関係，職業選択がアイデンティティ形成にとって重要な領域であることを示唆しました。さらに近年では，関係性がアイデンティティ形成に重要な役割を果たすという立場の研究（Josselson, 1994; Kerpelman, Pittman, & Lamke, 1997；杉村，2001）や，進路選択に絞ってアイ

デンティティ形成を検討した研究（足立，1995; 高村，1997）など，ひとつの領域に焦点をあてた研究もみられます。

このようなアイデンティティ形成において重要な領域というのは，青年が危機に直面しやすい領域であると言い換えることができます。すなわち，価値観の構築，職業選択，友人関係や親子関係などの人間関係は，日本の青年にとって最も悩ましくかつ重要な領域であるといえるでしょう。

[2] アイデンティティ形成のプロセスへの注目

青年は，価値観，職業選択，人間関係などについて悩むことを通し，アイデンティティを形成していきます。しかし，直面する問題について悩み，解決していくということは容易なことではありません。職業選択において，複数の選択肢からひとつを選び取ることができず，フリーターやニートの状態を選択する青年も少なくありません。また，うまく意思決定を行うことができず，苦悩から抜け出せない青年も多くみられます。このことは，悩みを通してアイデンティティの確立を試みようとはしても，すんなりと確立へ向かう場合ばかりではないことを示唆しています。このような青年のアイデンティティ形成の特徴を明らかにしていくためには，アイデンティティが形成されるプロセスを検討することが必要となります。

しかし，これまでのアイデンティティ研究において最も主流であったアイデンティティ・ステイタス・パラダイムは，ある一時点でのアイデンティティ構造を4つに類型化して捉えるのに適した理論です。そのため，個人内の主観的な体験に基づいた発達的変化をみるには限界があるといった指摘もされています。すなわちアイデンティティがどのように形成されていくのかといった，力動的なプロセスを検討するにはあまり適さないと考えられます。

そのため近年では，アイデンティティ・ステイタスとは異なった視点からアイデンティティ形成のプロセスを扱う研究の必要性が指摘され，研究も進められています（Berzonsky, 1988; Bosma, 1992; Kerpelman et al., 1997; Sugimura & Shimizu, 2010 など）。その中でグローテバント（Grotevant, 1987）は，課題探求のプロセスに焦点をあてた「アイデンティティ形成のプロセスモデル」を提唱しました（図 1-5-1）。このモデルは，悩みを解決していくプロセスにおい

て，アイデンティティがどのように形成されていくのかを明らかにしようとするものです。

しかしこのモデルは理論モデルであり，実証的研究に基づいたものではありませんでした。そこで高村（1997）は，職業選択中の大学生に半構造化面接を行い，グローテバント（1987）のモデルの妥当性について検討しました。その結果，約半数の面接協力者において，モデルに適合したプロセスがみられたものの，残りの半数は適合しませんでした。これらの適合しなかったケースには，①課題に積極的・主体的な関与を行っておらず，本質的な探求を先送りしている，②課題には積極的に関与をしているが，自らの考えにもとづくのではなく重要な他者の基準のような規範に従った探求を行っている，③課題には積極的に関与し，自分自身についても深く考えているが，課題探求とアイデンティティ探求の相互のやりとりが生じていない，④課題探求があまりにスムーズに

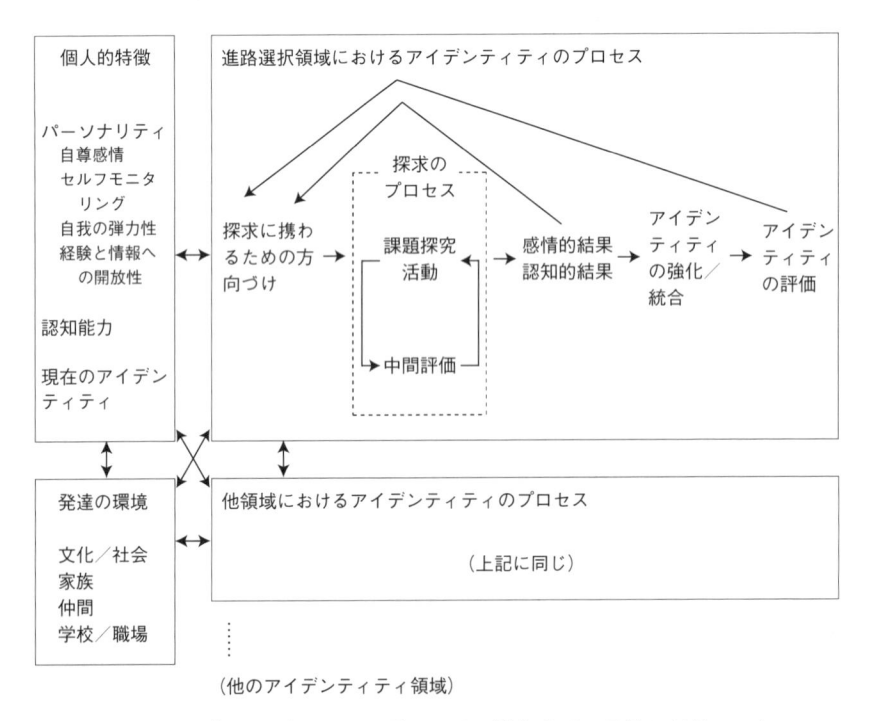

図 1-5-1　グローテバントのアイデンティティ形成プロセスモデル（高村，1997）

進んだため，自己について再考するきっかけがない，などの特徴があることが示唆されています。

　この結果は，たとえ悩みに直面しても，悩み方によりアイデンティティの形成に結びつかない場合があることを示唆しています。

3. 悩みを意義あるものにするために

[1] 悩みとの向き合い方

　青年期のアイデンティティの確立は非常に重要な意義をもつものです。そして青年期がモラトリアムであることを活用し，多様な意思決定で十分に悩み，自分自身と向き合うことがそれに寄与します。どのように悩み，どのように自分と向き合えば，アイデンティティ形成が進むのかという示唆を得るには，まだまだ研究が不足していますが，従来の研究結果から次のような点を指摘できるでしょう。

　まず高村（1997）の結果から，悩ましい意思決定場面に直面した場合，親や社会の価値や指示に従うような解決をするのではなく，自己と照らし合わせながら積極的に問題解決に取り組むことが必要です。しかし，自己について考えるあまり混乱をきたしてしまうことも考えられるため，客観的に自己を捉えることも必要となるでしょう。

　さらに高村（1998）は，課題探求中に生じた「自己に関連した外的事象」に対し，どのように認知し対処していくかによって，アイデンティティの形成に違いがみられる可能性を示唆しています。「自己に関連した外的事象」とは，就職活動での失敗や友人などから受けた自分に対する評価など，探求中に起こった自分にかかわりのある不測の出来事をいいます。この研究から，課題探求中に生じるさまざまな出来事について，何となくやり過ごしてしまうのではなくしっかりと目を向けること，そしてその出来事としっかりと向き合いその後の課題探求に活かしていくことも，アイデンティティ形成には重要であるといえます。

[2] 今後に向けて

　これまで述べてきたように，どのように課題を探求していくかが，アイデン

ティティ形成には重要です。そのためグローテバント（1987）のモデルのように，時間の流れの中でアイデンティティの構造がどのように変化していくのかというプロセスに焦点をあてた研究の重要性が指摘されています。さらに近年では，より詳細にアイデンティティの構造の変化を検討するために，ミクロな視点でアイデンティティ形成のプロセスを検討していくことの必要性も指摘されるようになりました。

　たとえばバーゾンスキー（Berzonsky, 1989）は，問題解決方略やコーピングの仕方に焦点をあてた「アイデンティティ・スタイル」を提唱しました。またカーペルマンら（Kerpelman et al., 1997）は，「アイデンティティ・コントロール理論」を提唱し，他者からのフィードバックをアイデンティティにどのように取り入れるかという視点を強調しています。日本では杉村（2006）が，関係性という観点からアイデンティティを捉え直し，プロセスを検討しています。高村（1998）は，課題探求とアイデンティティ探求との相互関連を示したモデルを提案しました。このようにさまざまな視点からアイデンティティ形成プロセスの研究が発表されるようになりましたが，これらの研究は主として縦断研究によって行われるため，成果を公表するのに時間を要することもあり，研究の蓄積があまりなされていません。

　アイデンティティ形成のプロセスを検討する目的は，アイデンティティ形成の仕組みを明らかにすることだけではありません。アイデンティティ形成のプロセスを検討することによって，アイデンティティ形成がうまくなされない青年の特徴を明らかにしていくことも求められます。アイデンティティ形成がうまくなされない青年の特徴が明らかにされることにより，家庭や教育現場においてどのように青年に働きかけていけばよいのかという提案ができるようになるからです。

　アイデンティティ研究においては，アイデンティティの概念を追究する研究はこれまでに多くなされてきており，アイデンティティの構造や特徴についての知見は広がりつつあります。今後はこれらの知見をもとに，アイデンティティ形成のプロセスに関する研究が進み，アイデンティティ形成がうまくなされず苦悩する青年に対する介入のあり方が導き出されることが期待されます。

6 自己のイメージと上手に付き合う

　自分を好きであることや自分に満足することは，日々の生活を幸せに，健康的に送るための重要なポイントです。しかし，実際はなかなかうまくいくものではありません。「あのとき，ああすればよかったな」，「あれはこうすべきなのに」などと繰り返し後悔したりして，嫌な気持ちになることはたくさんあります。なぜ我々はこのような気持ちを感じるのでしょうか。現実の自分の状態や自らの振る舞いに意識を向けただけでは，このような感情は起こりません。これは，実際の自分の姿をある基準と並べて考えることで，自分自身を評価した結果に生まれる感情なのです。我々は誰しもが「〜でありたい」，「〜であるべき」との自己のイメージを心の中にもっており，これが実際の自分を評価する「ものさし」となり，さまざまな感情を生起させているのです。

　一方でこのような自己のイメージは，自分の過去や現在を評価する場合だけでなく，これからの行動を決めるときにも大きな影響力をもちます。「〜でありたい」，「〜であるべき」というイメージは，その人がめざしている目標の姿でもあり，その場その場でどう行動したらよいのかをさし示す「ガイド」にもなるのです。これは，その人らしい行動や振る舞いとも深く関連してきます。

　本節では，自己のイメージにはどのような種類があるのか，また自己のイメージの「ものさし」と「ガイド」の役割は人にどのような影響をもたらすのかについて，自己不一致理論の観点を中心に述べていきます。最後に，社会の中で生きていく上で，自己のイメージとどのように付き合っていくのが望ましいのかを考えていきたいと思います。

1. 重要な概念

[1] 自己不一致理論

　たとえば，あなたのテストの結果が60点であった場合，あなたはどのような気持ちになるでしょうか。そのときにどういった目標を掲げていたのかによって，実際の点数の評価とそれに対する感情は異なるものです。たとえば55点が目標で，結果が目標を5点上回った場合よりも，70点を目標にしながら10点ほど足りなかった場合のほうが，当然ながら人は残念な気持ちを強く感じます。つまり人は目標を「ものさし」のように使い，実際の様子とのずれを知ることによって，満足したり，不快な気分になったりするわけです。

　実際の経験と自己のイメージとの間のずれが精神的不健康と深いかかわりにあることを指摘したのは，来談者中心療法で有名なロジャーズ（Rogers, 1951）です。その後，実際の自分（現実自己）を評価する「ものさし」として働く自己のイメージのうち，理想自己と義務自己[1]が重要であるとしたのがヒギンズ（Higgins, 1987, 1989）です。理想自己とは，自分で自分自身について「〜でありたい」と考えたり，人から「そうあってほしい」と求められていると感じたりしている自己のイメージをさします。一方で義務自己とは，自分自身について「〜であるべきだ」と感じていたり，他人から「少なくともそうあるべきだ」と求められていると感じたりしている自己のイメージになります。

　ヒギンズは，人は誰しもが理想自己と義務自己をもっており，現実自己とそれぞれの自己のイメージとの間にずれが生じた場合に，種類の異なる不快な感情を経験するのだと考えました。これがヒギンズの提唱した自己不一致理論（self-discrepancy theory）です（図1-6-1）。まず現実自己と理想自己の不一致の状態（理想−現実不一致）は「こうありたい」自分に実際の自分を合わせることができなかったときに起こります。これは実際の自分が「良くはない」ことを表し，自己肯定が得られない心理的状況を招きます（肯定的結果の欠如）。この状況は，続いて抑うつ，不満，失望，悲しみといった落胆と関連した感情群を生じさせます。一方，現実自己と義務自己の不一致（義務−現実不一致）は，当

---

[1] 義務自己（ought self）は当為自己とも訳されています。本章では，「理想」との対比でこの自己像の特質をイメージしやすい「義務」という用語を用いることにします。

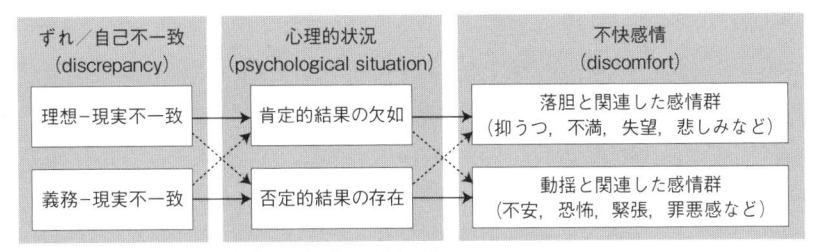

ずれ／自己不一致 (discrepancy)	心理的状況 (psychological situation)	不快感情 (discomfort)
理想－現実不一致	→ 肯定的結果の欠如 →	落胆と関連した感情群 （抑うつ，不満，失望，悲しみなど）
義務－現実不一致	→ 否定的結果の存在 →	動揺と関連した感情群 （不安，恐怖，緊張，罪悪感など）

注）実線は関連が深い部分，点線は関連が薄い部分を示す。

図1-6-1　自己不一致理論の中心的仮説

然満たされていなくてはならない自分の状態に実際の自分を合わせることができなかったときに起こります。これは「悪い」という判断が下されていることになり，自己否定につながる状況です（否定的結果の存在）。この状況は，不安，恐怖，緊張，罪悪感といった動揺と関連した感情群をもたらすことになります。

[2] 自己制御

　ヒギンズは，理想自己や義務自己を自己指針（self-guide）と呼んでいます。これは自己のイメージが，現実自己を評価する際の基準（ものさし）となると同時に，一人ひとりのめざす目標や行動の指針として機能しうることを意味しています。たとえば，「みんなから信頼されたい」と考えている生徒は，日々，クラスメートの信頼を集めようと努力しているでしょうし，クラス委員に推薦されるような場面があれば喜んで引き受けるのかもしれません。また，「中途半端な人間であってはいけない」と考えている生徒であれば，普段から一つひとつのことを真剣に取り組んでいるでしょうし，もしクラス委員に推薦されたら，今の自分で全うできるのか真剣に悩んだ挙句，断るのかもしれません。このように行動の決定についても，これらの自己のイメージは少なからず影響すると考えられますが，これはいわば人を導く「ガイド」の役割ということになります。

　このような判断と行動の様子は自己制御（self-regulation）と呼ばれています。自己制御は「自分の行為をモニターし，自分のもつ何らかの基準に照らして評価し，統制すること」（遠藤，2004）などと定義されるように，個人内の基準と照らし合わせながらその場での行動を取捨選択し，実際に行動することをさします。ヒギンズら（Higgins, Roney, Crowe, & Hymes, 1994）は，理想自己と

義務自己のどちらを基準とするのかによって，異なる自己制御や行動が起こると考えました。たとえば，希望する大学に努力して合格しようと考えれば，問題集を購入して応用的な問題を解く練習に励むようになりますし，定期試験で赤点を取らないようにがんばる場合は，授業で扱われた基礎的な内容の勉強を繰り返し行うことになるでしょう。前者は，思い浮かべた状態に近づこうとする接近的な行動であり，理想自己が意識されたときに起こりやすい自己制御です。そして後者が，ある状態を避けてそこから離れようとする回避的な行動であり，義務自己とかかわりが深い自己制御だとされています。

2. これまでの研究

[1] 2つの主要な自己のイメージ

我々は必ずしも今現在の自分とは一致しない，さまざまな自己のイメージをもっています。ありたい自分，あるべき自分，なりたくない自分，小さい頃の自分，10年後の自分，友人が求める自分，家族が期待する自分など，あげていけばきりがありません。さまざまにある自己のイメージの中で，ヒギンズは，ありたい自分である理想自己とあるべき自分である義務自己が人間の感情経験や行動に深くかかわっていると考えました。ここでは，この2つの自己のイメージの共通点，相違点についていくつかの研究を紹介します。

まず，2つの自己のイメージには，強い関連性があります。たとえば，理想－現実不一致と義務－現実不一致は高い相関関係にあることがいくつかの研究で報告されています（小平，1999；Tangney, Niedenthal, Covert, & Barlow, 1998）。しかし一方で，理想自己，義務自己でどのような性格特性語（たとえば「誠実な」など）が用いられやすいのかを比較した研究（Bybee, Luthar, Zigler & Merisca, 1997；小平，2000）では，多くの性格特性語が共通で使用されるものの，理想自己では「身体的魅力」，「人気のある・尊敬される」など個人的な願望が，義務自己では「優しさ・思いやり」，「正直さ・公正さ・寛容さ」など社会的に果たすべき役割に関する内容が含まれる傾向にあることが明らかとなっています。

また，小平（2004）では，それぞれの自己のイメージにどのような理由づけ

がなされるのかを探るため，調査対象者たちに理想自己と義務自己のそれぞれの記述に「なぜなら」という文章を続けるように求めています。現実自己が記述される（たとえば「なぜなら，私はくよくよするほうだから」など）傾向を比較したところ，理想自己では4割の対象者が記述していたのに対して，義務自己では2割程度でした。「どうありたいか」という理想自己からは今現在の自分の状態が連想されるのに対し，「どうあるべきか」である義務自己では，実際の自分がどうであるかは重要ではなく，社会における望ましさや個人独特の規範意識がその理由としてあげられやすい傾向にありました。

　2つの自己のイメージは，どちらも一人の人間が描いているイメージですので，少なからず共通点があるようです。しかしその差異に注目してみると，理想自己が個人的な願望をもとにして現実の自分の延長線上の姿としてイメージされやすいのに対し，義務自己では社会のルールや個人のこだわりと価値観がイメージ化されているといえそうです。このような違いが，後述の「ものさし」や「ガイド」の機能の違いを生んでいると考えられます。

[2] 自己のイメージとのずれが生む不快感

　ロジャーズ（Rogers, 1951）は，自己のイメージと経験の間に生じたずれが大きいほど，不適応の状態であると捉えました。彼は心理療法により，クライエントの現実自己と理想自己の関連性が高まり，ずれが減少することを報告しています。これ以降，ずれが大きいほど精神的・身体的に不健康な状態にあることが，多くの研究で示されてきました。

　では，「ものさし」が理想自己なのか，義務自己なのかによって，人が経験する精神的な不健康さはどのように違ってくるのでしょうか。自己不一致理論では，理想自己とのずれが落胆と関連した感情群を，義務自己とのずれが動揺と関連した感情群を生みやすいとされていますが，ヒギンズらの一連の研究（たとえば Higgins, Bond, Klein, & Strauman, 1986）ではこれを支持する結果が得られています。また，身体に関する理想自己，義務自己に注目した研究（Snyder, 1997）などでも，理想のボディ・イメージとの不一致は不満の感情を高め，義務のボディ・イメージとの不一致は不安を引き起こすことが示されています。さらに，精神病との対応関係について検討した研究（Strauman, 1989）

では、うつ病患者では理想−現実不一致が高く、対人恐怖症患者では義務−現実不一致が高い傾向にあることも報告されています。

　後にヒギンズ（1999）は、自己不一致理論が予測するような、ずれと感情経験との関連は、特定の条件下でより明確になると指摘しています。ずれが大きいほど、ずれが十分に意識されているほど、直面する場面と関連したずれであるほど、そして個人にとって重要なずれであるほど、自己不一致理論の仮説通りの関連が確認されやすいということになります。たとえば、ずれの重要性については、理想自己と義務自己のそれぞれをどの程度重要視しているか（Boldero & Francis, 2000）、相対的にどちらをより重視しているか（小平, 2002）といった点に注目した検討が行われていますが、いずれも、ずれの重要性を考慮したほうが、それぞれのずれが異なる感情を生む様子が明確になることが報告されています。

　ところで、義務自己の「ものさし」としての役割には、いくつか独特な傾向も示されています。一般的には、義務−現実不一致は理想−現実不一致よりもずれている程度が小さく報告される傾向にあります（小平, 2005）。★尺度集 つまり、義務自己によって現実自己が評価された場合、理想自己の場合よりも「より自己のイメージに近く、その基準に達している」と判断されやすいことになります。少なくとも求めている達成の水準からは、義務自己の方が現実自己に近く、現実的な自己のイメージだといえるでしょう。しかし一方で、義務自己の理由として現実自己の内容が参照されにくいという先述の研究結果（小平, 2004）から考えると、義務自己は現実自己が考慮され、その延長線上にイメージされたものであるとはいい難いようです。主に社会規範や価値観をもとに構成された義務自己は、要求する水準こそ低いものの、どのような状態（現実自己）であれそれを満たすことを求めるような自己のイメージだといえます。義務自己への意識は強迫傾向ともかかわりが深く、義務−現実不一致が大きい個人は、自己のイメージ自体が不明瞭で不安定な傾向にあることも明らかとなっています（小平, 2003）。「あるべき」自分の姿は、現実自己が本来一致しているべき状態であり、それを意識しすぎたり、ずれが大きすぎる場合には、その個人の精神的健康をことさら害すると考えられます。義務自己は、精神的健康の観点からは、少々好ましくない性質をもった「ものさし」のようです。

[3] 自己のイメージと自己制御との対応関係

自己のイメージの「ガイド」の機能については，理想自己と義務自己で違いがあるのでしょうか。図1-6-2の左側は，自己制御の違いについて自己不一致理論を応用して整理されたものです（Higgins et al., 1994）。まず，その場に適した振る舞いや状態を，望ましい状態を思い浮かべて考えるのか，それとも望ましくない状態を想像するのかによって，自己制御の様子は変わります。また，その状態へ接近しようとするのか，回避しようとするのかによっても具体的なやり方は変わってきます。これはロジャーズ（1951）のずれの理論でしばしば登場するベン図で考えると理解が容易です（図1-6-2の右側）。まず望ましい状態への接近とは，望ましい状態と適合している図中の領域Aを増やすことになります。望ましくない状態を意識した場合には，接近は，望ましくない状態とは合致しない領域Bを増やすことになります。一方で回避とは，望ましい状態を意識したときに合致していない領域Bを減らすよう努力することになります。望ましくない状態を思い浮かべた場合には，それと合致してしまった領域Aをいかに減らすかが回避の課題となります。

簡単にいえば，接近は「良い」評価である領域を広げようという試みであり，回避は「悪い」評価の領域を狭めようと努力することになります。先の自己不一致理論で示されたずれと心理的状況の対応関係からも想像できるように，理想自己は接近的な自己制御と，義務自己は回避的な自己制御とかかわりが深いことが明らかとなっています（Higgins et al., 1994）。なお，ヒギンズは，接近と回避のどちらの自己制御が優勢となるかは，個人差の影響を受けるだけでな

		参照される状態	
		望ましい状態 （不一致の減少）	望ましくない状態 （不一致の拡大）
方略	接近 （理想自己 に対応）	望ましい状態に適合（match）するよう接近	望ましくない状態と不適合（mismatch）になるように接近
	回避 （義務自己 に対応）	望ましい状態と不適合（mismatch）になることを回避	望ましくない状態に適合（match）することを回避

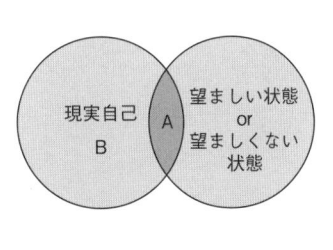

図1-6-2　参照される状態と自己制御の方略（Higgins et al., 1994を参考に作成）

く，環境や直面した状況によっても違ってくることを強調しています。

　この自己制御の分類は，主に意思決定の研究に応用されています。たとえば，ある個人に禁煙を促すには，禁煙することで得られる心身の健康を強調したり，喫煙することがどれだけ周囲の人々に迷惑をかけるのかを伝えたりする方法があります。このような場合，その人の自己制御（接近もしくは回避）と合致したメッセージを伝えると効果的です（Haaga, Friedman-Wheeler, McIntosh, & Ahrens, 2008）。ここで大切なのは，自己制御に合致していることです（Higgins, 2000）。すでにいくつかの研究で，実際の意思決定が個人の自己制御（接近もしくは回避）の通りに行われると，自分自身で下した判断により満足できることが示されています（たとえば Higgins, Idson, Freitas, Spiegel, & Molden, 2003）。

3. 自己のイメージと上手に付き合うために

[1] 自己否定感を生む義務自己

　自己のイメージの「ものさし」の機能に関する研究では，ロジャーズの指摘以降，いかにずれを大きく感じずに精神的な健康を維持できるかという点に関心が置かれてきました。その中でヒギンズの自己不一致理論は，どの「ものさし」とずれているかを問題とした点が特徴です。特に義務自己は，先述のように，現実の自分との間のずれから自己否定感（否定的結果の存在）を生じさせます。自分を追い込むような強迫的な傾向ともかかわりがあり，現実の自分をあまり考慮しないなど，理想自己と比較すると精神的健康を脅かす可能性の高い自己のイメージであることがわかっています。

　確かに「あるべき」自己のイメージは，譲れない自分の姿を含むものであり，時に自分らしさを作るために重要な役割を果たします。しかし，大学生に自分の目標を10個記述するように求めた調査（小平，2003）では，その目標の語尾には，7個に「ありたい」，3個に「あるべき」を付けるのが平均でした。この結果が精神的に健康な人々の平均であると考えると，義務自己を目標としてあまり強く意識しすぎないことが精神的な健康上，望ましいとも考えられます。自分の自己のイメージへの意識傾向をよく理解し，バランスの良い自己のイメー

ジの活用を心掛けていくことが大切だといえるでしょう。

[2] バランスよく柔軟な自己制御

小平（2003）は自己形成への意識に注目した検討から，理想自己が新たな自分を発見・開拓していこうという意識と関連し，義務自己は今ある自分を完全な状態に近づけようという意欲と関連することを明らかにしています。では，「ガイド」の観点からは，どちらの自己のイメージに向かってどのように取り組む人物像が望ましいといえるのでしょうか。

人が理想自己と義務自己の両方を意識するのは，社会の中で生きてゆくために，そのような自己のイメージが必要なためです。上記のような自己形成への意識も，接近と回避の自己制御も，どちらか一方が必要なわけではありません。失敗を恐れずに創造的に発想・行動することが求められる場面もあれば，ミスなく完璧に課題を達成することが必要な場面もあります。「ものさし」の機能と同様，理想自己と義務自己を柔軟にバランスよく意識することが，我々にとって望ましい「ガイド」とのかかわりとなります。

[3] 今後に向けて

自己に関する問題は，心理学のみならずさまざまな学問で古くから注目され，議論されてきました。しかし内面の自己のイメージが，行動としていかに外部へ表出されるのかについては，あまり明らかになっていません。その意味で自己制御に関する理論は，自己のイメージと実際の行動をつなぐものとして注目に値します。我々は日常生活の中で，大学に通う，友人と話す，アルバイトをする，家事を行うなどさまざまな場面で行動しています。今後は，このようなさまざまな具体的な場面での人の行動について，自己のイメージの「ものさし」と「ガイド」の機能を検討していくことが求められます。自己のイメージがその人らしい感情経験や行動，さらには社会へのかかわり方や生き方の違いを生む様子が明らかになれば，我々はお互いの個性について，より一層理解を深めることができるようになるでしょう。

7 「歳をとること」のマネージメント

　人の寿命はどんどん長くなっています。日本人の平均寿命は世界的にみても男女ともに非常に長く，特に女性は世界一の長寿です。

　「歳をとること」に対してあなたはどのようなイメージをもっていますか。肉体が衰え，記憶力が低下する，孤独になるといった否定的なイメージの人が多いでしょうか。

　歳をとることによって失う側面があることは事実です。1980年以前の生涯発達心理学研究では，歳をとることによる否定的な側面が強調されていました。しかしここ30年あまりの間に行われた生涯発達心理学研究の中では，いわゆる年の功と呼ばれる「知恵（wisdom）」など，加齢によってむしろ伸びていく側面が見出されています。そして近年では，「歳をとるにつれてどうなるか」という観点ではなく，「歳をとることに対してどうするか」，つまり人が加齢による変化を見越して自分の発達の仕方や発達環境を制御するという視点が重要視されるようになってきました（鈴木，2008）。人は，肉体の老化をそのまま甘んじて受けるのではなく，自らの資源（体力，気力，寿命，他者関係，経済力など）をうまく配分し，可能な範囲で自分の望む方向へと発達を導いていくことがわかってきたのです。

　この節では，歳をとることをどうマネージメントしていくかについて考えていきます。これは高齢化が進んだ現代を生きる上で非常に重要なテーマといえるでしょう。

1. 重要な概念

[1] 獲得と喪失

　人は，一生の中で，何かを獲得し，そして何かを喪失していきます。獲得と

は，何かができるようになること，よくなること，進歩していくことであり，喪失とは何かができなくなること，悪くなること，停滞していくことです。生まれたばかりの赤ちゃんでさえ，ある能力を獲得する一方で何かを失っています。たとえばモロー反射のような原始反射は生後間もなく活発に機能しますが，生後3ヶ月ころには消えてしまい，その代わりに他のさまざまな能力が獲得されていきます。

獲得と喪失のバランスは年齢によって変化し，獲得は年齢が若いほど多く，喪失は年齢が上がるに従って徐々に増加していきます（Heckhausen, Dixon, & Baltes, 1989；松岡，2008）。

松岡（2008）は，自分の容姿や体力，家族関係や経済状態，積極性，忍耐力などのさまざまな側面（計30側面）が，これから先の将来どう変わっていくと思うのかについて，15歳から86歳までの男女865名に尋ねました（図1-7-1）。その結果これから先よくなっていくと思う自分の側面は年齢とともに減少し，逆に悪くなっていくと思う自分の側面は増加していました。35〜44歳の時期が転換期であり，この時期を境に「良くなっていく」とみなすものよりも

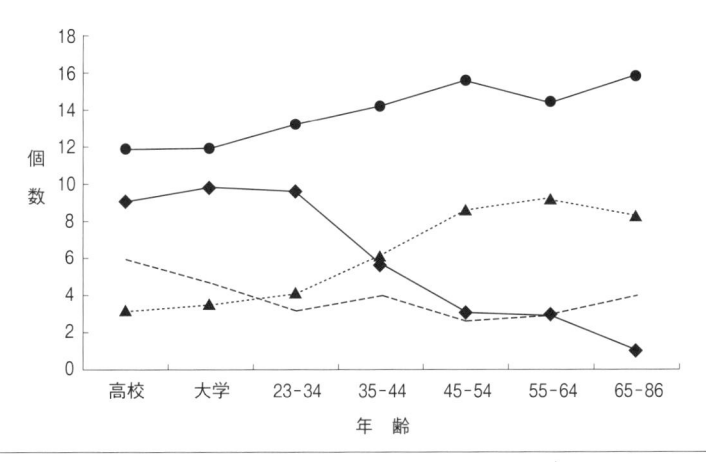

注）年齢とともに「悪くなっていく」が増加し，「良くなっていく」は減少する

図 1-7-1　さまざまな側面に関する獲得と喪失の推移（松岡，2008）

「悪くなっていく」とみなすもののほうが多くなっています。

　年齢とともに喪失が増えていくことはまぎれもない事実であるといえます。寿命が延びせっかく長くなった人生ですが，加齢につれて失うものばかりが増えていくのであれば，年齢を重ねることが嫌になってしまうかもしれません。しかし，周りを見渡してみれば，生き生きと精力的に毎日を過ごしている高齢者の方が少なくないことに気がつくでしょう。上手に歳をとっている人の特徴にはどのようなものがあるのか，以下に述べていきたいと思います。

[2] サクセスフルエイジング

　加齢に伴うさまざまな喪失に上手に対処し，精力的で幸福な老後を送っている適応状態のことをサクセスフルエイジングと呼びます（Baltes & Baltes, 1990）。この概念は1960年代後半から主に老年学の分野で提唱されてきました。長寿高齢化が進む中，老化にうまく対処し，幸せに人生を全うするにはどうしたらよいのかという問いの答えを見つけるために，研究者たちは，適応的に毎日を過ごしている高齢者の特徴にはどのようなものがあるのかを解明しようとしました。

　ロウとカーン（Rowe & Kahn, 1987）は，サクセスフルエイジングにかかわる要因として，①疾病や障害を回避できていること，②認知的，身体的機能が高いこと，③生活に積極的にかかわっていること，の3つをあげています。

　また，バルテスとバルテスは（Baltes & Baltes, 1990），サクセスフルエイジングとかかわるものとして，①寿命，②肉体的な健康，③精神的健康，④認知的効力感，⑤社会的コンピテンスと生産性，⑥自己制御，⑦人生満足度の7つをあげ，サクセスフルエイジングには，これらの質的，量的なものがバランスをとっていることが必要であると述べています。

　サクセスフルエイジングの定義は研究者によって，少しずつ異なりますが，ひとつの要因だけによって達成されるものではなく，多面的なものであるということは一致しているようです。

[3] 個人的目標

　生涯発達心理学研究では，年齢に伴って喪失が増加しても，高齢者の人生満

足度，自尊感情，幸福感などの肯定的感情が高いという「パラドックス」が多くの研究から一貫して見出されています（たとえば Diener & Suh, 1997; Cheng, 2004）。また，ヘックハーゼン（Heckhausen, 1989）は，老年期において喪失が増加しながらも，獲得も同時に少なからず存在していると述べており，たとえ90歳を超えた年齢になってもさらに何かを獲得していることを報告しています。

　なぜ人は年齢に伴って身体的な機能の低下などの喪失が増加しているなかでも，高い幸福感をもっていられるのでしょうか。それを説明する要因のひとつとして，近年，生涯発達心理学者が注目しているものに，個人的目標の生涯発達変化があります（Freund & Riediger, 2006）。

　個人的目標とは，エモンズ（Emmons, 1996）によると個人が望んでいる状態，つまり獲得したい，維持したい，そして避けたいと思っているもの，目標，理想，願望を指します。心理学の研究における「目標」，「理想自己」，「可能自己」などの概念ととても近いものと考えられます。それらの差異は重要な点なのですが，本節では詳しく説明することを避け，個人が望んでいる状態，というエモンズの包括的な定義に従って論を進めます。

　きれいになりたい，裕福になりたい，家族と幸せにくらしたい，健康でいたいなど，個人的目標は，個人が人生に何を求めるのか，どのようにしてそれを獲得するのかが現れます（Gollwitzer & Brandstätter, 1997）。その内容は，非常に個人的なものであると同時に文化的，社会的，歴史的な個人を取り巻くさまざまな文脈と結びついています。つまり個人的目標とは，個人特性と個人がおかれた環境とのダイナミックな相互作用を反映したものだということができます（Freund & Riediger, 2006）。この個人的目標がサクセスフルエイジングとかかわっていることが近年の研究の中で示されてきたのです。

2. これまでの研究

[1] サクセスフルエイジングに関する研究

　前項では，サクセスフルエイジングにかかわる要因について触れました。しかし，これらの条件を備えることはそんなに簡単ではないように思われます。

これまでに行われたいくつかの研究からは，幸福な老後を作りだすのは，たくさんの恵まれた条件を満たすことでは必ずしもないことが示されています。

ストロウブリッジら（Strawbridge, Wallhagew, & Cohen, 2002）は，慢性的な身体疾患をもっている人（すなわち先に述べた，ロウとカーンによる定義によってサクセスフルではないと客観的に判断された人）が，定義に反して自分自身をサクセスフルだと評価し，一方，客観的な評価ではサクセスフルであると判断された人が，自分自身をサクセスフルと評価しないことが少なからずあったことを報告しています。また，小川ら（小川・権藤・増井・岩佐・河合・稲垣・長田・鈴木, 2008）は，65〜84歳の1,231人を対象とし，心理的・社会的・身体的側面の機能水準に基づいてグループに分け，主観的幸福感，うつ状態などを調べたところ，全側面の値が高い群だけでなく，身体的側面の機能水準が低い群であっても幸福感が高かったことが確認されています。

[2] 個人的目標の生涯発達変化 —理想より現実の自分を重視する

年齢に伴って，個人的目標が変化し，そのことがサクセスフルエイジングとかかわっていることを示した研究を紹介していきます。

クロスとマーカス（Cross & Markus, 1991）や松岡（2006）は，個人的目標が年齢に伴って，現実の自分からかけ離れたものではなく，現実の自分を受容し，より活かすようなものとなり，そのことが幸福感や自尊感情を高める，もしくは維持することにつながることを示しました。

クロスとマーカス（Cross & Markus, 1991）は青年期から老年期までの理想の自分の内容を検討し，年齢の若い群では，現実と必ずしも密接に関連せず，将来のために自分の行動資源を増やすことをめざすものが多いのに対し，年齢の高い群では，現実と密接に関連し，現在の状態を維持，もしくはより高めることをめざす具体的なものが多くみられたこと，人生満足度の低い人は，自分とかけ離れた極端な理想を抱いていたことを報告しています。

そして，松岡（2006）では，青年期から老年期までの人を対象に，理想の自分と現実の自分とのずれ，そして自尊感情がどのように変化していくかについて検討しています（図1-7-2）。その結果，クロスとマーカスの結果と同様に，理想の自分と現実の自分とのずれは年齢の上昇とともに減少している傾向がみら

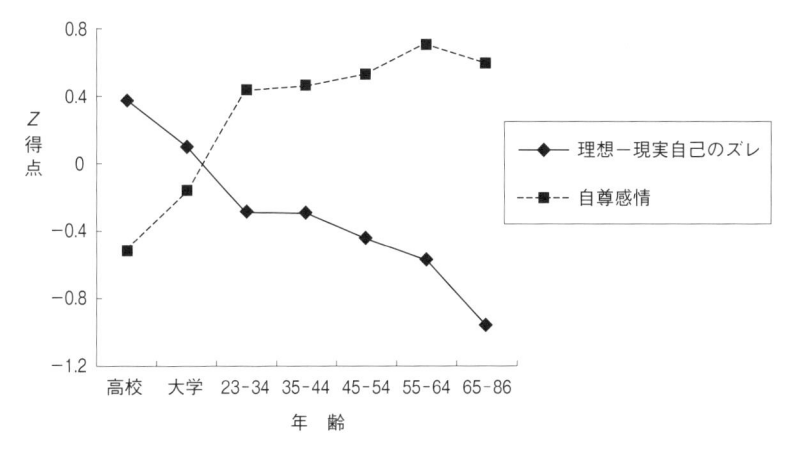

図1-7-2 理想－現実自己のずれと自尊感情の生涯発達変化（松岡，2006）

れました。さらに，ずれの減少に伴って自尊感情が高くなっていくことも示されました。

　可能性が無限大で，長い人生が目の前に広がっている若いころは，現実の自分の姿を大きく超えた理想をもち，結果として理想と現実の間のずれは，大きなものとなります。この大きなずれは自尊感情を低めることにつながりますが，希望に満ち溢れて，高い理想に近づこうと猛進していることの表れともいえます。一方，年齢が上がるに従い，重要な選択（たとえば職業の選択など）を繰り返す中で，現実の自分の姿は徐々に明確になり，しかし一方で選択の幅は狭まっていきます。中年期を迎えるころ，人生は無限のものではなく，有限のものであることを自覚するようになり，果てしない理想の自分を追うよりも，現実の自分をより活かすことのできるものを求めるようになります。そしてそのことが自尊感情や幸福感を高めることへとつながっていくのです。

　個人的目標は，現在の自分を評価する基準として機能します。そのため，個人的目標をより現実の自分を活かすものへと調節し，再解釈することは，現在の自分を受容し，より幸福感を高めることへとつながると考えられるのです。

［3］個人的目標の生涯発達変化 ―安心できる他者を求める

　また，カーステンセンらは，他者関係に関する個人的目標が年齢によって

変化し，そのことが幸福感につながっていくという研究を報告しています（Carstensen, Issacowitz, & Charles, 1999）。

彼らの理論は社会情動的選択理論（socioemotional selectivity theory）と呼ばれ，この理論では，他者関係に対する2つの個人的目標を区別しています。ひとつは，新しい知識や情報を獲得するためのもの（information-seeking motives）で，出会って間もない他者との相互作用において達成されるものです。そしてもうひとつは，自分の感情をより安定させ，社会的な深い愛着を感じようとするもの（emotional motives）であり，家族や密接な社会的パートナーとの間に達成されるものです。

彼らは，この他者関係に関する個人的目標が，未来への時間的展望，すなわち人生の残り時間をどのくらいに見積もるかということによって変化することを示しました（Carstensen et al., 1999）。つまり，若いときは，前者の個人的目標が重要視されるけれども，歳をとるにつれて後者へと変わっていくというのです。

若く，人生がまだ無限大だと感じられるときは，新しい知識と関連した個人的目標が優勢であり，新しい知識を与えてくれる他者関係を求めます。しかしながら歳をとり，人生における残り時間が限定されたと感じると，より情緒的な安定を与えてくれる個人的目標が優勢となり，密接で情緒的に意味のある関係性を求めるようになります。未知の他者との交流は減り，より小さな輪の密接な友人や家族に囲まれることを望むようになります（Lang & Carstensen, 2002）。そしてそのような他者関係の営みが，高齢者の幸福感の増大につながっていくことを示したのです。また，情緒的な安定を与えてくれる個人的目標を重視する傾向は，高齢者だけではなく，30代から40代のHIV患者にも同様にみられたことが報告されています（Carstensen & Fresrickson, 1998）。

3. 歳をとることをマネージメントするために

[1] 限りある資源をマネージメントする

バルテスは，人はどのような状況にあっても，自分を最大限に望ましい状態を保とうと，上手に調整する能力があること，たとえば慢性的な身体疾患が

あっても，その人の与えられた条件の中でできる限りの健康を保とうとすると述べています（Freund & Baltes, 2002）。

つまり，限られた条件の中で，自分のもてる資源をうまく配分し，可能な範囲で望んだ状態に近づけようと努力することが，上手に歳をとることの鍵となると考えたのです。

バルテスは，その具体的な方法を SOC モデル（Selection, Optimization, Compensation model）という理論によって提唱しています（Freund & Baltes, 2002）。SOC モデルでは，選択（selection），最適化（optimization），補償（compensation）によって，獲得を最大に，そして喪失を最小にすることでサクセスフルエイジングが実現するとしています。

選択とは，限りある資源の中で何を求めるかを選択するものであり，喪失を見越しての選択（elective selection; 鈴木，2008 の訳を参考）と喪失に基づく選択（loss-based selection）とに分けられます。喪失を見越しての選択は，たとえば，自分が最もやりたいと思うことを常に見極めるといった，有限な資源をどこに焦点化するかを選択するものです（具体的な内容は表 1-7-1 を参照）。そして喪失に基づく選択は，望んだ状態を達成するための手段を喪失してしまった場合に生じ，他のより見込みのあるものへと資源への焦点化と方向転換を含んだものです。たとえば，年齢とともに体力が衰えて以前のようにやりたいことができなくなった場合，その状況の中で可能な選択肢を見極めようとすることです。

最適化は，たとえば，選択した個人的目標を実現するための努力をいとわない，といった，達成するために自分の資源を配分することです。

そして補償は，資源が喪失してしまった場合に，それを補償するために，他者の力を借りたり情報を集めるなど，それまでとは異なったやり方を見出そうとすることです。

バルテスらは，これらの選択と最適化と補償とを人がうまく調和させることが適応的な状態を生み出すと述べています。そしてバルテスらの研究からは選択，最適化，補償を行っている人ほど，幸福感が高いことが示されていました。

つまり，喪失が増加する中でも幸福感が高いままでいられるという一見矛盾する現象の答えは，自分の求めるものを明確に見極め（選択），自分のもってい

表 1-7-1　SOC に関する質問項目の例（Freud & Baltes, 1998; 鈴木, 2008）

	SOC 項目	非 SOC 項目
喪失を見越しての選択	私は常に最も重要な目標に焦点を定める	私はいつも一度に複数の目標を達成しようとしている
	私は自分のしたいこととしたくないことを正確にわかっている	私はしばしば状況が推移した結果として，自分が何をしたかったのかを知る
喪失に基づく選択	あることが自分にとって困難になってきたら，その状況でどのような目標なら達成できるかを考える	あることが自分にとって困難になってきたらそれを受け入れる
	あることをするのに非常に大きな努力が必要なときには，自分が本当に何をしたいのかを考える	あることをするのに非常に大きな努力が必要なときには，そのことをあまり思い煩わないようにする
最適化	私は目標を選んだら，そのために大きな努力を払うことをいとわない	私はたいてい大きな努力を払わなくても達成できる目標を選ぶ
	自分の計画を実現するためにはどうしたらよいかについてよく考える	自分の計画を実現するためにどうしたらよいかをあまり長く考えず，とにかくやってみる
補償	物事が以前のようにうまくいかなくなったら，うまくいくような別のやり方をさがす	物事が以前のようにうまくいかなくなったら，それはそういうものだとして受け入れる
	あることが以前のようにうまくできなくなったら，しかるべき人に相談したり本を読んだりする	何かが以前のようにうまくできなくなったとしても，自分にとって何がよいかは自分自身が一番よくわかっている

るエネルギーをうまく配分し（最適化），手段を失ったときには他の方法を見出そうとした（補償）結果として生じるものであると考えられるのです。

[2] 今後に向けて

　この節では，どのようにして高齢者が加齢に伴う喪失に直面しても高い幸福感を保つことができるのか，その要因について述べてきました。現実の自分を見つめなおすこと，安心感を与えてくれる他者関係を重要視すること，自分が本当に求めているものが何なのかを見極めること，そしてそのことに努力を注ぐこと，失敗して当初予定していた手段がなくなってしまったら，他の手段を考えること，これらの研究が示してきたことは，何も特別なことではありません。当然青年期においても幸福感を高めるために機能するものであると考えら

れます。長寿高齢化の現代においては，高齢者だけでなくすべての世代にとって，生涯発達心理学研究の重要性はますます高まっていくでしょう。

　生涯発達心理学研究は，幅広い年齢の調査参加者を得ることの難しさや，長期間にわたって個人を追いかける縦断研究のコストが大きいことなどから，これまで十分になされてきたとはいえない状況にあります。

　また，年齢が上がるにつれて，疾病の有無などの身体的機能の違いや，就業しているか否か，家族と同居しているかどうかなどの社会的状態，経済的状況の差など個別性はどんどん大きくなり，それゆえその心理的状態も異なると考えられます。しかし，研究はそこまで進んでいるとはいえません。

　生涯発達心理学研究においては，個別性の影響を描き出すこと，個別性を超えた普遍性を導き出すことが重要な命題であり，最大の課題です。この課題は非常に困難なものですが，今後，個別性と普遍性の双方を捉えようとする研究の蓄積が求められています。

コラム 1 ◆ コンピテンス

　コンピテンスは，辞書的には「能力」や「有能さ」を意味しますが，心理学的には特別な意味をもっています。心理学におけるコンピテンスの提唱者とされるホワイト（White, 1959）は，当時の動機づけ理論の主流であったハル（Hull）の動因低減説とフロイト（Freud）の精神分析的な本能理論に対し，動因や本能に基づかない動機づけとしてコンピテンスを提起しました。彼はコンピテンスを「環境と効果的に相互作用（相互交渉）する能力」と定義し，特に環境との相互作用によって得られる効力感を求める動機づけを「エフェクタンス動機づけ（effectance motivation）」と呼びました。このようにホワイトの提起したコンピテンスは，環境との相互作用を生じさせる「能力」と，環境に能動的に働きかけて自らの有能さを追求しようとする「動機づけ」を一体として捉える概念です。

　ホワイトによるコンピテンスの概念化は，乳幼児の有能さに関する研究に大きな影響を与えました。ここでいう乳幼児の有能さとは，環境刺激に対して能動的に知覚・学習したり情報処理を行うこと，およびそのように動機づけられていることを意味します（渡部，1992）。当時の一連の研究によって，乳幼児が従来考えられていたよりも能動的で有能な存在であることが実証されていきました（たとえばConnolly & Bruner, 1973）。

　一方，コンピテンスの「動機づけ」の側面は当初，その定義の曖昧さによって実証研究が進みませんでした。そうした中，ハーター（Harter, 1978）が，エフェクタンス動機づけの規定因としてコンピテンスの自己認知を位置づけたモデルを提出したことで研究が増加しました。ハーターはさらに，コンピテンスを「認知（学業）」「社会（友人関係）」「運動」の 3 領域に分け，そこに「全体的な自己価値」を加えた 4 下位尺度から構成される「認知されたコンピテンス（perceived competence）」を測定する尺度を作成しています（日本語版は桜井，1983）。

　また，内発的動機づけ研究から派生し，現在は学業，スポーツ，キャリアなどのさまざまな領域に適用されているデシとライアン（Deci & Ryan, 2002）の自己決定理論（第 1 章 2 節参照）において，ホワイトの提唱したコンピテンスへの欲求が，自律性への欲求，関係性への欲求とならんで重視され，これら 3 つの欲求が同時に満たされる条件のもとで人は意欲的になり，パーソナリティが統合的に発達すると主張されています。

　現在のコンピテンス研究の特徴としては，ホワイトやハーターの流れを汲みながらも，時代とともに概念の適用範囲を広げ，(1)「能力」「有能さ」「有能感」などの一般的な意味で使用されていること，(2) 個人の全般的なコンピテンスではなく，

学業コンピテンスや社会的コンピテンス（第2章5節, 第3章2節等参照）などの領域固有のコンピテンスが着目されていることがあげられます。さらに, 感情コンピテンス（Saarni, 1999）, 仮想的有能感（速水, 2006; コラム3参照）といった新たな概念も提起され, 実証研究が蓄積されています。また教育界では, OECDによる学力の国際比較調査であるPISA調査（国際学習到達度調査）との関連で, キー・コンピテンシー（key competency: Rychen & Salganik, 2003）が新たな能力観・学力観として注目され, 教育心理学においても重要なトピックとなりつつあります。このようにコンピテンスがかかわる現象は多岐にわたるため, 人間の行動を生じさせるもの, たとえば自尊感情やアイデンティティ[1], あるいは学業や対人関係における自らのスキルに対する認識（たとえば, 学習におけるメタ認知, 社会的スキル）なども, コンピテンスに含めて捉えることができるでしょう。

---

1) アイデンティティで有名なエリクソン（Erikson, 1964）は, 児童期の「勤勉性 対 劣等感」の心理社会的危機から備わる基本的強さ（人格的活力）にコンピテンスを位置づけています。このことは, 青年期のアイデンティティ形成を理解する上でも重要であると考えられるものの, 研究はほとんど進んでおらず, 今後の課題とされています（上村, 2009）。

第2章
他者とかかわる

1 やる気を育てる保育・教育

　赤ちゃんは，常に周りの環境に興味を示し，好奇心に満ちあふれ，盛んに活動を行います。歩き始めの時期，転んでも痛くても，すぐに立ち直り懸命に頑張ります。なぜこのように失敗に屈することなく，やる気をもち続けられるのでしょうか。このような姿勢が一生涯にわたって続くことは望ましいと考えられます。また話せるようになれば，新しいものを見つけると「これは何？」と何度も納得するまで尋ね，知りたがります。乳幼児期は生き生きと学び，意欲にあふれた状態で小学校へ入学します。

　しかし，小学校に上がってしばらくすると，そのような子どもたちの旺盛な意欲も変化する様子がみられます。いつの間にか多くの子どもが勉強嫌いになり，学年が上がるにつれ，学校がおもしろくなくなるようです。特に，中学校や高校に進学すると，テストや受験のプレッシャーに押し潰され，学業についていけない生徒が目立つようになります。

　さらに受験戦争に勝ち抜き，大学や短大に進学できた学生をみても，必ずしも楽しそうに学習しているわけではありません。義務教育ではないのですから，自らの意思で進学した大学や短大で，青春を満喫しながら楽しく学習している姿が自然とも思えますが，実際に教育現場で見聞する学生の中には，目的をもたずに進学し無気力になるものが少なくありません。平成19年度私立大学教員の授業改善白書（私立大学情報教育協会，2008）には，「3年前の調査と比べ，大学・短期大学とも依然として基礎学力，学習意欲が焦眉の課題となっている」と冒頭に記されています。「大学全入時代」になり，「学ぶ喜び」や「学びの意義」を考えず，とりあえず大学に入ってしまうことが「学習意欲の低下」につながっていると指摘されています。そこで紹介されている調査結果では，「学習意欲がない」という項目は，大学では全体の37.2％，短大では全体の36.0％が肯定していました。このように，発達に伴い，やる気がどんどんなく

なっているように見受けられます。

　「やる気」という言葉は心理学の学術用語ではありません。宮本（1993）によれば，やる気は心理学では達成動機として研究されてきました。また，人がやる気になる仕組みについては，これまで動機づけという領域で研究が進められてきました（小野，2003）。このように，「やる気」は日常的な用語ですが，動機づけ研究や達成動機研究の一環として認識されています。なお，本節では動機づけ研究の知見を用いながら，やる気を，何かに向けての強い動機，もしくは強く動機づけられている様子を表現する言葉として用いています。

　やる気は現代の生涯学習時代にはきわめて重要な意味をもつ，と考えられます。奈須（2002）は「生まれつき無気力な人間はいない」とも主張しています。そこで本節では，乳幼児期のやる気をいかに保っていくかを考えていきたいと思います。そして，やる気のメカニズムを検証することから，やる気を失わせないことはもちろん，やる気を起こす方法や環境について検討を進めます。

1. 重要な概念

[1] 学習性無力感

　学習性無力感は，セリグマン（Seligman, 1975）によって提唱された概念です。学習性無力感が概念化される前から，セリグマンの研究グループは，動物を用い，動物自身の行動と結果が随伴しない状況，すなわち動物が結果をコントロールできない状況で苦痛な刺激を受けることによって，その後の学習に支障が出る（動物が無力感，無気力な態度を示す）ことを見出していました。この無力感を，動物自身が自分で結果をコントロールできないことを学習したためと考えるのが学習性無力感の考え方です。学習性無力感の形成は，動機づけの低下につながり，本来なら可能なはずの課題の遂行を妨げてしまいました。

　セリグマンらの動物実験から，人間もそのような統制不可能な状況に陥ると無力感を学習してしまうと推測できます。はじめての人間を対象とした学習性無力感の実験は，ヒロト（Hiroto, 1974）による道具的課題を用いた研究でした。後にミラーとセリグマン（Miller & Seligman, 1975）は，学習性無力感と抑うつの関連を検討しました。両者とも決定的な因果関係を導き出すこと

はできなかったものの，他のいくつかの研究（Seligman, Abramson, Semmel, & Von Baeyer, 1979 ; Gong-Guy & Hammen, 1980 ; Raps, Peterson, Reinhard, Abramson, & Seligman, 1982）によって，概ね仮説と一致する結果が得られたという報告もあります（鎌原，1983）。ただし，抑うつの要因は複雑であり，症状の程度もまちまちなので，学習性無力感のみで抑うつの原因を説明することは難しいといえます。

[2] 知的好奇心

　動機づけには，外からの働きかけによって生じる「外発的動機づけ」と自らの内面から生じる「内発的動機づけ」があります。内発的動機づけの原型は知的好奇心であるとブルーナー（Bruner, 1966）が指摘して以来，日本では波多野や稲垣を中心に展開されてきました。波多野・稲垣（1971, 1973）や稲垣（1980）によれば，知的好奇心は「拡散的好奇心」と「特殊的好奇心」の2つのタイプに分けられます。拡散的好奇心は幅広いけれども深さは浅いタイプであり，特殊的好奇心は，幅は狭いけれども深いタイプとされています。これを乳幼児の行動パターンにあてはめて考えてみましょう。多くの物事に興味があり，すぐに飛びつく拡散的好奇心型の乳幼児は，さまざまな物事に興味津々で，活気があふれ活発的にみられがちでしょう。一方，特殊的好奇心型の乳幼児は，ひとつのことを深く掘り下げていき，長続きするのが特徴だと考えられます。このように，好奇心は子どもによって，それぞれあらわれ方が異なると考えられます。

　子どもの知的好奇心や内発的動機づけを刺激し，やる気を育むには，環境が重要な役割を果たしています。たとえば子どもに質問されたとき，周りのおとながどのような態度をとるかで，その子どもは大きく影響されます。子どもに受容的な態度をとり賞賛すると，ますますやる気がでてくると予測できます。逆に，拒否的な態度をとり叱責や罰を与えると，子どもは萎縮し質問しなくなり，やる気を失ってしまうと思われます。

　日々忙しく過ごしていると，おとなは子どもに受容的な対応をする余裕がなくなり，気づかないうちに子どものやる気をそいでしまっているかもしれません。また，保育・教育現場ではカリキュラムをベースに保育・教育をしており，

子どもベースで行っているわけではありません。その営みの中で、子どもたちに強制的にいろいろなものを押しつけているかもしれません。日常生活のあらゆる場面で、常に子どもの好奇心を満足させ、子どもを中心に考えて行動することは実に難しいのです。このように強制することはもちろん、賞罰を与えたりすることも、意図せず子どもの知的好奇心や内発的動機づけを阻害している可能性があるでしょう。

2. これまでの研究

[1] やる気を阻害する恐れのある働きかけ

動機づけには、内発的動機づけと外発的動機づけがあり、知的好奇心に誘発される内発的動機づけをもつのが理想的です。しかし、知的好奇心による内発的動機づけは、内面から自ずと湧き出るというイメージがあり、特に目標意識をもって活動をしているわけではない乳幼児ではそれが知的好奇心によるものなのかどうかを判断しにくいものです。また、あらわれた内発的動機づけは、必ずしも保育者が望ましいと考える能力や行動、あるいは乳幼児に身につけてほしいと考える力と一致するわけではありません。いつ、どこであらわれるかわからない内発的動機づけを待つしかできないため、保育者が受身的になってしまう場合もあります。しかし、とりわけ乳幼児は環境要因に影響されやすいので、やる気を高めるためには、外部からの外発的動機づけ（たとえば、賞罰を加えることや競争をさせるなど）も重要になってきます。

保育園や幼稚園に通っている子どもは、一番身近な親はもちろん、保育者の指導からも大いに影響を受けます。親や保育者の働きかけは外発的動機づけともいえますが、これが幼児の課題遂行にどのような影響をもたらすかに注目し、子どもの内発的動機づけの育て方、働きかけ方について検討します。先行研究より、日常の保育・教育現場でよくみられる働きかけ方の中から、特に子どもの内発的動機づけを妨害する恐れのある3つの要因（賞罰、競争、強制）に着目し、取り上げます。

1) 賞　罰

まず、賞罰という働きかけ方や環境について考えてみましょう。昨今では、

西洋の教育思想の影響を受け，ほめる教育が主流になってきました。確かに，ほめることは教育的な効果が大きく，子どもはほめられると自信がつき，自尊心が高まり，よいパフォーマンスにつながります。外発的動機づけの働きかけの中で，最も有効なのは賞罰を課すことでしょう。しかし，外的な報酬の場合には内発的動機づけに悪影響を与えることもあるという示唆が，デシ（Deci, 1971）やレッパーら（Lepper, Greene, & Nisbett, 1973）によってなされています。賞罰に慣れ，「賞をもらうためにやる」，「罰せられるからやる」というようなサイクルが形成されてしまうと，なかなかそこから抜け出せなくなります。賞や罰の効果が子どもの内発的動機づけを阻害することもあるのです。また，賞や罰がなければやらない，自ら動かない指示待ちの無気力な人間になってしまう危険性もあります。

2）競　　争

次に考えられるやる気を妨害する要因は，競争させるという働きかけ方や環境です。確かに，競争させることによって子どもの動機を引き出す方法もあります。しかしこの場合には，子どもの注意が課題の中身ではなく，競争の結果，つまり勝つか負けるかに集中してしまいます（Nicholls, 1984）。特に遂行レベルの低い，すなわちできない子どもにとっては，競争的目標構造は動機づけを阻害するとエイムズ（Ames, 1984）が指摘しています。常に競争に負ける子どもは，ますますやる気が低下すると考えられるのです。また，勝つ子どもは，これからも負けないようにしようと負けることにビクビクします。なお，クラス単位で勝負をしても，勝ち組はわずかで，大半が負け組になります。このような環境では，負け続ける子どもは学習性無力感を身につけることになるでしょう。

3）強　　制

さらに，3つ目のやる気を妨害する要因は，強制という働きかけ方です。幼児教育者であるモンテッソーリ（Montessori, 1964）は，強制というものに対する「自由」の概念を取り上げ，自由とは生命の尊重であるとしました。そして，生命は活動するものであるから，強制ではなく，自由が活動を活性化すると主張しました。このようなモンテッソーリの子ども観は，内発的動機づけの概念に合致することが指摘されています（渋谷，1992）。モンテッソーリ教育

を行っているところでは，決して子どもたちに強制的に課題をやらせようとはしません。教育の一環として，多くの教具（特種なおもちゃ）が開発されていますが，モンテッソーリ教育の教師は子どもたちが自発的にやろうとするときを待ち，子どもたちが自由に教具を選び，課題を遂行するのを見守り，必要に応じて援助をするのが特徴であるといえます。さらに課題をこなすときに，子ども同士で邪魔をさせないよう，一人ひとりが集中できるように工夫をしています。保育者には学ぶ環境への配慮と力量が要求されますが，子どもが「やってみよう」という気になり，自分で学ぼうとする環境は，やる気が生じやすい環境といえるでしょう。

　強制することによって子どもの自由を奪い，強制的に動かしてしまうことは，自発性を抑圧し，内発的動機づけの芽を摘み，ロボットのような受身の人間を育ててしまう恐れがあります。さらに，常に強制的な環境におかれると，自らの統制不可能を自覚し，学習性無力感に陥る恐れもあると考えられます。

［2］親や保育者による働きかけの検証

　以上のように，先行研究から賞罰，競争，強制は，子どもの内発的動機づけを妨害する可能性を含んだ働きかけ方であることが示されました。では，日ごろ親や保育者はどのくらいの頻度で賞罰，競争，強制の働きかけをし，それはどのような影響を与えているのでしょうか。陳（1993）は親と保育者による賞罰，競争，強制といった働きかけと子どもの内発的動機づけや知的好奇心との関係について検討しました。まず，815名の保育園・幼稚園の園児の親に対して，日ごろの子どもへの働きかけを調査しました。また合わせて子どもの特性的内発的動機づけ傾向（好奇心，根気，持続性，競争心，自主性）についても回答を求めました。

　その結果，親は賞罰，競争，強制といった働きかけを意識的にも積極的にも行っていないようでした。子どもを「励ます」という働きかけは比較的よくするようですが，「ごほうび」など物質的な報酬を与えることはあまりしないようです。つまり，親たちは子どもを言葉でほめますが，物で操ろうとしないことがわかりました。親は子どもへのほめ言葉を，内発的動機づけを阻害する要因として認識しているのではなく，むしろ促進する要因として認識しているでは

ないかと推測できます。

　さらに，親の働きかけと子どもの特性の関係を分析してみたところ，賞罰や競争の働きかけが多いほど，子どもの自発性や持続性が低い傾向がみられました。つまり，親が意図的に励ましたり，罰したり，競争させたりすると，かえって子どもの知的好奇心や内発的動機づけ，さらにはやる気を抑制してしまうことが示唆されました。

　一方，保育者による働きかけについて，陳（1993）は4～5歳99名の園児を対象に実験を行いました。保育者が園児に対して，賞罰，競争，強制のそれぞれの働きかけによって課題の遂行を促しました。そして，一定の時間に課題を遂行させた後，自由場面を設けて課題で遊ばせました。自由場面において子どもが課題を繰り返して遊ぶ時間を記録し，内発的動機づけの指標としました。これを分析すると，以下のような3つの結果が見出されました。①強制の働きかけが園児の課題遂行時間に最も影響があり，子どもはそれをより長くつづけました。しかし，後の自由時間における課題遂行については，それをもっとも抑制する結果となりました。②賞罰と強制においては性差がみられ，こういった働きかけは男子の内発的動機づけをより強く抑制する傾向にありました。③競争は，年齢別で差がみられ，4歳児よりも5歳児のほうがより強く内発的動機づけを抑制していました。

　以上のように，賞罰，競争，強制といった働きかけは，子どもの内発的動機づけによい影響は与えていないようです。しかし日々の保育活動の中から，賞罰，競争，強制という内発的動機づけの発達に好ましくない働きかけを完全になくすことはできません。特に強制と自由の間の線引きは難しいと思われます。たとえばしつけは，強制されたと感じる場合もありますが，そう感じない場合もあり，子ども自身でなければ判断できません。さらに，賞罰の場合には，同じ称賛や叱責をしても，子どもがそれを「ほめられた」「しかられた」と感じるかには個人差があり，子どもの認識によって賞罰の効果も違ってくるでしょう。どのようにして，効果的に働きかけをし，子どもの内発的動機づけを阻害する影響を最小限にとどめるか，やる気を育てるかは，親や保育者の力量にかかっているといえるでしょう。

3. 子どものやる気を育てるために

[1] 参加することによる効果

　保育者が子どものやる気を育てる，やる気を保つ方法として，子どもが日常生活で経験するさまざまな出来事に保育者も積極的にかかわることで，そのプロセスを共有する，という方法があります。子どもに何でもしてあげるのではなく，むしろ一緒にすることによって共感を得，楽しく過ごすことでやる気を引き出せると考えられます。

　陳（2009）は，文部科学省の委託事業において認定こども園で実地調査を行い，園の給食方式によって子どもの食に対する動機づけが異なることを示唆しています。園の給食には自園方式（園の調理室で作り，出来立てを提供する）と外部搬入方式（外注か持参のお弁当）があります。楽しい給食時間には一見変わりがないようにみえますが，調査によって大きな違いが見出されました。自園方式のほうは，給食の時間が近づくと食事の香りによって食に対する動機づけや好奇心が高まりました。また，自園栽培で園児たちが自ら育てた野菜などを調理室に運び，調理されたものが食卓に上ると，ますます食べることに対する意欲が増し，苦手なピーマン・ニンジン・トマト・ニガウリまで，楽しく美味しく食べることができました。これらの特徴は外部搬入方式ではみられないものでした。このように，子どもたちは自ら食に関するプロセスにかかわることによって，好き嫌いの多い子も「食べてみよう」と動機づけられるとともに，心理的な面においても「自分がかかわって食事をつくった」という達成感と満足感が得られました。さらに，自らかかわったことは，会話の話題にもなります。保育者や仲間とのコミュニケーションをとりながら，次へのやる気につながっていきます。このように，自分がそれにかかわるという経験が，「自分でやってみよう」というやる気に重要と考えられます。さらにこのような体験は，その後の人生の糧になり，やる気をもち続けることに有用ではないでしょうか。

[2] 今後に向けて

　冒頭に述べたように，意欲に満ちあふれた乳幼児期から小学校に入学すると，

かなりの数の子どもは勉強することが嫌になり，学年が上がるにつれ，学校がおもしろくなくなります。競争原理により，勝者は一握りで，敗者は大半になります。失敗をしない人はいないはずですし，失敗することのほうが多いでしょう。このような状況の中で，幼少期のやる気や意欲を持続していくことが，教育現場で急務となっています。本節では，やる気にかかわる学習性無力感と知的好奇心を取り上げ，人間の内発的動機づけを阻害する要因を検討してきました。これは失ったやる気を取り戻すことにも示唆を与えてくれるでしょう。

セリグマン (1978) は「無力感うつ病 (helplessness depression)」という概念を提案しています。1970年代という40年以上も前の研究が示唆した学習性無力感と抑うつの関連が具現化したかのように，現代社会は多くの無気力な人間を生み出しています。人間が知的好奇心とやる気を発揮するのは，強制的な抑圧された環境ではありません。しかし，たとえば「ゆとり教育」は風当たりが強い状況にあります。ゆとり教育を否定する前に，人間の本質を見つめ直し，急かさないように，心のゆとり・寄り処・居場所を確保することが先決ではないでしょうか。じっくりと課題に取り組むことは，子どもが自分の居場所を確保することにつながる可能性があります。そのためにはひとつの活動，行動を長く続けること，諦めずに続けること，つまり「持続性」に大きなヒントがあるでしょう。保育者・教育者として子どもたちに与えたいのは，心のゆとりをもち，落ち着いて課題の遂行に取り組むことのできる環境です。やる気が出る子にはしっかりとサポートをし，やる気が出ない子には急かさずに子どもの力を信じて，じっくり待つこと，そして必要なときに的確な援助の手を差し伸べることが，単純ですが，現代の保育・教育現場には必要でしょう。結果や成果を求めすぎると，追いつめられてしまう子が耐え切れなくなってしまいます。これでは教育の意義に反し，本末転倒になります。

そして，新たな課題として，保育者養成の立場から保育者の力量を向上させ，保育者の質を確保することがあげられます (陳, 2008, 2010)。子どもたちのやる気や内発的動機づけを育てることは，やはり保育者・教育者に委ねられるところがあります。子どもの個性・性格を十分に把握し，力を引き出し，子どもが信頼を寄せる保育者・教育者には，自身のやる気や内発的動機づけが不可欠です。もちろん，冒頭に取り上げた全国私立大学の調査が示す大学・短大生の

学習意欲のなさも，同様に教育者のやる気や内発的動機づけが求められる問題です。ここには，先に記したように，プロセスへの関与がもたらすやる気への効果を活用できるでしょう。保育・教育現場はもちろん，すべての段階において保育者・教育者が学習者とともに学習プロセスにかかわり，やる気のない学習者とも一緒に共感し楽しむことによって，学習者のやる気や学習意欲を引き出せると考えられます。

　やる気は生涯学習の現代にはきわめて重要な意味をもち，そがれることのないようにしたいものです。そして学習プロセスの中で，たとえ失敗しても，また無力感に陥ったとしても，ふたたびたくましくやる気をとりもどすためにはどうすればよいか，といった視点からの研究（たとえば，レジリエンスの研究など）も，今後特に重要な意味をもつでしょう。

2 「ほめられる」と「ほめる」

　ほめられるという経験は，子どもの行動・認知・感情などを変化させる要因のひとつです。たとえば，子どもはほめられることによって行動の良し悪しを学びます。また，ほめられたことにより，ほめられた活動を続けるといった変化が生じます。さらに，ほめられるという経験からは，自分自身の存在価値を肯定されたという感覚（高崎, 2002）や大人に受け入れられたという安心感（岡本, 1994）を得ることもできます。

　しかし，「ほめ」は受け手とほめ手のコミュニケーションです。そのため，保護者や教師がほめようと思って子どもに言葉をかけ，ごほうびを与えても，子どもがそれをほめられたと認識しなければ，動機づけの高まりや安心感にはつながりません。簡単なことでほめられると，子どもは「私は賢くないと評価されている」と感じてしまうことも指摘されています（Dweck, 1999）。このように，ほめられたことがもたらす影響というのは，ほめる側の視点だけでなく，子どもがほめられた経験をどのように捉えているかというほめられる側の視点も考慮し，それらをひとつのコミュニケーションとして考える必要があるといえます。

　そこで本節では，まず，ほめられる経験が子どもの行動や感情を変化させる働きについてまとめ，次に，「ほめ」に対する意識について，ほめられる側とほめる側という2つの視点から概観していきます。

1. 重要な概念

[1] 承認欲求

　自分のしたことや考えたこと，自分の存在そのものなどを，他者に認められたい・価値のあるものであると評価されたいといった欲求のことを承認欲求と

いいます。人間のさまざまな欲求は，生得的で，食べ物・飲み物などによって満たされる生命の維持にかかわる生理的欲求と，後天的な学習により生じ，他者とのかかわりによって満たされる社会的欲求に分類することができますが，承認欲求は誰かがほめてくれることや認めてくれることによって満たされる欲求ですから，社会的欲求のひとつといえます。この承認欲求は，幼児期から児童期にかけては強く，年齢が上がるにつれて弱まっていくことが指摘されています（櫻井, 2009）。

［2］強化子

　ほめられたことは続ける，叱られたことはもうしない，というように，人間の行動はほめられることや罰といったフィードバックを受けることで変化します。このように，ある行動を継続させたり，その行動を中止させるなど，人間の行動を変化させる刺激のことを強化子と呼びます。強化子には，ごほうび・賞状・他者からの言葉や表情・テストの回答用紙に書かれた点数・ブザーによる正誤の情報・トークン（他のものと交換することのできる代用貨幣）など，さまざまな種類があります。

　これらの強化子は，物質的強化子と社会的強化子に大きく分けることができます。物質的強化子とは，食べ物やおもちゃなど，物質という形式をとる強化子のことです。子どもがお手伝いをしたときに子どもの好きなおやつを与えたところ，その後もお手伝いが継続した，といった場合の「おやつ」は，お手伝いという行動を継続させるための物質的強化子といえます。

　社会的強化子とは，言葉・うなずき・表情などの形式をとり，対人間でやりとりされる強化子のことです。社会的強化子の代表的なものは，言語的強化子です。これは，言語によるフィードバックのことをさします。物質的強化子のように形のないものも，人間の行動を変化させるのです。掃除を手伝ったとき，「雑巾がけが上手だね，きれいに掃除できたね」と言われてお手伝いを続けたという例でいえば，「雑巾がけが上手だね，きれいに掃除できたね」という言葉は，お手伝いを続けるための言語的強化子になっているというわけです。

[3] 過剰な正当化効果

　ある活動に対して強化子を得たとき，その強化子をどのように受け止めるかは，その後の行動を方向づける重要な要素です。得た強化子を「うれしいものだ」と思えば，その活動は続いていくでしょうし，「嫌だ」と思えば，その後はもうその活動をしないでしょう。では，自分が自発的に取り組んだ活動に対して強化子を得たことを「私はこれをもらうために，あの活動をがんばったのだ」と捉えたら，その後の動機づけはどうなるでしょうか。おそらく，多くの場合，動機づけは低下するでしょう。このように，自ら取り組んでいた活動に対して強化子を与えられることによって「報酬を得るためにその活動をしているのだ」というように認識が変化し，内発的な動機づけが低下することを過剰な正当化効果と呼びます。

　過剰な正当化効果は，与えられる強化子がお金や物品といった明確な報酬のときに起こりやすいとされます。これは，お金などの明確なフィードバックが与えられると，その活動をする理由が「自分が取り組みたいから」というものから「フィードバックがもらえるから」というものへと変化しやすいためであると説明されています (Deci, 1980)。しかし，物質的強化子によって生じる動機づけの低下は，ある一定の条件でのみ生じるという指摘もあります（大河内・松本・桑原・柴崎・高橋, 2006)。

2. これまでの研究

[1] ほめられることでもたらされるもの

　鉄棒の前回りができてほめられた子どもが逆上がりの練習にも取り組みはじめた，目標を達成して約束していたごほうびをもらった子どもがその後はその活動に興味をもたなくなった，ほめられてうれしい気持ちになったなど，私たちは人間がほめられることや承認欲求が満たされることによって変化することを日常的な体験によって理解しています。これらのことがらは，心理学の研究においても検討されており，その代表例として，ほめられることが動機づけや感情に与える影響を検討したものをあげることができます。

　ほめられることと動機づけの関連を検討した研究では，さまざまな「ほめ」

が子どもの活動を強化する強化子となること，特に，「ほめ」のタイプによって，動機づけが変化することが指摘されています。たとえば，アンダーソンら（Anderson, Manoogian, & Reznick, 1976）の実験では，4～5歳児を対象とし，(a) 絵を描いてくれたら「よくできました賞」をあげると事前に約束する群，(b) お金をあげると事前に約束する群，(c) 事前にごほうびの約束をせず，絵を描き終わった後に「その絵は本当にいいね」と言語的フィードバックを受ける群，(d) 統制群の4群を設定し，実験前後の自由時間中における描画時間を比較しています。実験の結果，(c) の言語的フィードバックを受けた群の子どもは，実験前の描画時間よりも実験後の描画時間が長くなり，その他の3群は実験後の描画に取り組む時間が短くなったことが示されました。この研究からは，言語的フィードバックは絵を描くという行動を継続させる強化子になったこと，賞やお金といったフィードバックはお絵描きを強化する強化子にはなりにくかったことが指摘できます。また，賞などのフィードバックが過剰な正当化効果を引き起こしていることもわかります。

　ほめられることと感情の関連を検討した研究でも，「ほめ」によって感情表出が異なることが示されています。たとえば，スティペックら（Stipek, Recchia, & McClintic, 1992）による研究では，パズル課題に成功した2～5歳児に対し，成功したことをほめる，もしくは「パズルが終わったね」とフィードバックすると，成功をほめられた子どもの方が肯定的な感情表出が多くなることが示されています。また，5～8年生の子どもの自尊感情と両親のほめる頻度や叱る頻度などの関連を検討した研究（Felson & Zielinski, 1989）では，ほめられる頻度が高いほど自尊感情が高くなることが示されています。

[2] 子どもにとっての「ほめ」

　ほめられるという経験は子どもの動機づけや感情を変化させます。しかし，子どもは，どんなことをどのようにほめられてもやる気になったり，笑顔になるのではありません。ほめられた経験を子どもがどのように捉えるかによって，動機づけや感情の変化は異なるのです。そこで，ここでは，子どものほめられた経験の捉え方について子どもが報告するほめられたことがら・ほめられ方という側面から検討していきます。

1) 子どもがほめられたと感じることがら

年長児・小学校1年生にほめられたことを尋ねると,「ピアノがうまく弾けた」「絵が上手に描けた」といった何かがうまくできたときのエピソード,「逆上がりができた」などの課題を達成したエピソード,「食事の準備を手伝った」「お風呂掃除をした」といったお手伝いに関するエピソードをよく報告します（青木, 2005b）。

しかし,年齢が上がるにつれて,ほめられたことがらとして報告される内容は変化します。ほめられたことがらを尋ねた縦断調査（青木, 2009）によると,1年生時に「テストで100点をとった」などの勉強に関することがらを報告した子どもは16名中1名でしたが,2年生時には8名（このうち1名は1年生時も同様の報告）,3年生時では10名（このうち5名は2年生時も同様の報告）の子どもから報告されていました。つまり,学年が上がるにつれて,子どもの報告するほめられたことがらは勉強に関することにシフトしていくといえます。

また,3年生以降の子どもが報告したほめられたエピソードも,勉強に関するエピソードが多くなっています。たとえば,4年生と6年生を対象とした土橋・戸塚・矢部（1992）の調査では,ほめられていちばんうれしかったエピソードとして,勉強がよくできたときの報告が最も多いことが示されています。

2) 子どもがうれしいと感じるほめられ方

子どもがほめられたエピソードとして報告することがらが年齢によって異なるように,子どもが肯定的に受け止めたほめられ方も発達に伴って変化していきます。年長児と1年生に対し,お手伝いをした場面でのほめられ方をたずねた調査（青木, 2005b）によると,年長児は「すごい」「上手」などのほめられ方をうれしかったほめられ方として多く報告するのですが,1年生からは「ありがとう」というほめられ方が報告されています[1]。また,1年生時に調査に参加した子どもに対して2・3年生時にも同様の縦断調査を行ったところ,2・3年生時にも1年生時と同じ「ありがとう」というほめられ方が多く報告され

[1)]「ほめ」は価値をほめること・賞賛や感嘆を表現すること・評価についての情報を与えることだけではありません。これらに加え,ほめ手の驚きや喜びなど感情を表現することも「ほめ」とされています（Brophy, 1981）。この定義にあるように,ほめ手の感情を表す「ありがとう」といったフィードバックも子どもにとっては「ほめ」として受け止められているといえます。

ていました（青木, 2009）。お手伝いというのは、他者のために行う行動です。しかし、年長児にとってのお手伝いは、他者に対する活動というよりも自分がやってみたいので取り組む活動という傾向が強く、そのため、「ありがとう」と感謝を示されるよりも、「上手」などの評価を受ける方がうれしい経験となっていると考えられます。

[3] 子どもにとっての「ほめ」と保護者にとっての「ほめ」

　子どもの報告するほめられたことがら・ほめられ方には発達的変化がみられましたが、子どもの主なほめ手である保護者のほめていることがらやほめ方も子どもの発達にともなって変化しているのでしょうか。保護者がほめているという意識で子どもにフィードバックをしていても、子どもがほめられたと感じるようなことがら・ほめ方でなければ、それはほめられた経験とはなりませんし、動機づけが高まるといった変化もみられないでしょう。そこで、次に、子どもと保護者の報告内容を比較し、ほめ手と受け手の双方の視点から「ほめ」について検討していきます。

1）ほめられたことがら・ほめたことがらのずれ

　1年生に対し、ほめられたエピソードを尋ねるインタビュー、また1年生の保護者に対し、よくほめていることがらを尋ねる質問紙調査を行ったところ、親子の報告した内容には違いがみられ、保護者は弟妹に優しくしたエピソードや約束を守ったエピソードなどの生活上好ましい行動の報告を子どもよりも多く報告していました（青木, 2005a）。同様の調査を3年生を対象に行った青木（2008）の研究では、生活上好ましい行動は保護者からの報告数が多く、子どもからの報告数が少ないことが示されています。また、勉強に関するエピソードは子どもから多くされるものの、保護者からは報告数が少ないという傾向もみられました。つまり、子どもがほめられたと感じることがらと保護者がほめたと感じることがらには、お手伝い・達成・うまくできたエピソードなどの一致する部分もあるものの、勉強や好ましい行動をしたエピソードのように認識がずれている部分もあるということです（表2-2-1）。

2）ほめられ方・ほめ方のずれ

　青木（2005b, 2008）では、お手伝いをした場面と達成場面でのほめられ方・

表 2-2-1 子どもと保護者の報告するほめられたことがら・よくほめることがら

		子どもの報告	保護者の報告
1年生時	1位	うまくできたこと	**生活上好ましい行動**
	2位	達成したこと	達成したこと
		お手伝い	お手伝い
2年生時	1位	うまくできたこと	お手伝い
	2位	**勉強**	達成したこと
	3位	達成したこと・お手伝いなど	うまくできたこと
3年生時	1位	**勉強**	**生活上好ましい行動**
	2位	お手伝い	お手伝い
	3位	うまくできたこと	達成したこと・うまくできたことなど

注）データは1年生時分を青木（2005b），2〜3年生時分を青木（2009）から引用した。なお，太字は，子どもと保護者の報告内容のずれを示す。

ほめ方についても検討しています。それによると，すべての学年において，お手伝いをしたときには「ありがとう」，何かを達成したときには「すごいね」といったものが多く報告されていました。子どもだけでなく，ほめ手である保護者にとっても「ありがとう」と言葉をかけることはほめることであると意識されており，子どもがほめられたと受け止めているフィードバックと保護者がほめたと感じているフィードバックは一致していることがわかります。

しかし，同じカテゴリーに分類された「ほめ」をより詳細に検討すると，子どもと保護者の報告内容には異なる部分もみられました。たとえば，愛情・感謝を伝えるお手伝い場面の「ほめ」の場合，子どもの報告のほとんどは「ありがとう」でしたが，保護者の報告は「うれしい」「気持ちがいいね」「（その場にいない人も）喜ぶね」など多様であることなどが指摘されています（青木，2005a）。

3.「ほめ」をコミュニケーションとしてとらえるために

[1] ほめられる側とほめる側の「ほめ」に対する意識を明らかにする

子どもと保護者の視点から「ほめ」に対する意識について整理した結果，ほめられる側である子どもとほめる側である保護者の「ほめ」に対する意識には，

ずれがあることが明らかになりました。これは,「ほめ」がもたらす影響について検討する際は,受け手とほめ手という双方の視点から「ほめ」を捉える必要があることを示しています。

　それでは,受け手とほめ手の捉えるそれぞれの「ほめ」を理解するには,どのような方法があるのでしょうか。先行研究では,子どもの報告するほめられたエピソード・ほめられ方と保護者の報告するほめたエピソード・ほめ方の比較という方法がとられていますが,これ以外にも,さまざまな観点から子どもと保護者の「ほめ」に対する意識を捉えることができます。そのひとつに,「ほめ」の意図に注目することがあげられます。たとえば,逆上がりができるようになった子どもが母親から「すごい」とほめられたとします。子どもはこの「ほめ」を「お母さんは自分のことをすごいと思っているからほめた」と受け止めることもあれば,「お母さんはもっと鉄棒の練習をがんばってほしいと思っているからほめた」と感じる場合もあるでしょう。ほめ手の場合も同様に,「がんばって練習する姿に感動したのでほめた」場合もあれば,「運動に対する苦手意識がなくなるようにほめた・自信をつけてほしかったのでほめた」といったケースもあるでしょう。大学生を対象とした調査（高崎, 2010）では,「ほめ」の効果には,コミュニケーション効果と方向づけ効果の2つがあることが指摘されています。このことから,「ほめることを通して子どもとコミュニケーションをとろうとした・子どもとよい関係を築こうとしてほめた・これからも続けてほしいと思ってほめた」といった意図による「ほめ」も存在すると考えられます。このように,「ほめ」の意図を取り上げれば,エピソードやほめられ方・ほめ方とは異なる側面からほめられる側とほめる側の認識を明らかにすることができます。

[2] 今後に向けて

　毎年のように出版されるほめ方に関する書籍や育児・教育雑誌の紙面には,「ほめ方のこつ」や「○○させるためのほめ方」といった見出しが並び,「ほめ」は保護者や教師の用いる便利な道具であるかのように扱われています。また,「ほめ」に関する心理学的研究においても,刺激（ほめ方）と結果（動機づけや感情の変化）が取り上げられて検討されることがほとんどです。もちろ

ん，ほめ方やほめたことの結果に注目が集まることは，悪いことではありません。適切なほめ方をされたことによって，子どもは毎日を楽しく過ごせるようになったり，苦手なことをがんばることができようになることも確かです。しかし，ほめ手の視点に立ち，よいほめ方やそのほめ方をすることによって得られる効果のみに目を向けていては，対人間のコミュニケーション（Delin & Baumeister, 1994）としての「ほめ」を捉えることは難しいでしょう。

　[1] では，「ほめ」の意図を例にあげましたが，この他にも子どもと保護者の「ほめ」に対する認識を捉える手がかりはあるでしょう。今後は，さまざまな視点からほめられる側とほめる側の意識を検討し，ほめ手と受け手のコミュニケーションとしての「ほめ」の姿を明らかにしていくことが求められます。

3 愛着からみた青年期の親子関係

　青年期になると第二反抗期を迎えるため，親と距離をとり，反抗的な態度をとる姿がよくみられるようになります。ホリングワース（Hollingworth, 1928）は，このような青年期の特徴を心理的離乳と表現しました。これは，乳児が母親から乳離れするように，青年は精神的な乳離れをすることで，親と分離していくことを示しています。

　このような親との分離に伴って，青年に対する親の影響力は相対的に小さくなっていくと捉えられがちです。ところが，職業選択など人生にとって重要な決断を迫られる状況では，多くの青年は親に意見を求め，その意見を参考にしながら決断し，行動していきます。

　その背景には，青年の親への信頼があると推測できます。青年にとって親は，生まれたときから自分のことを常に理解し，受容し，助けてくれた，無条件に信じられる存在です。このような親がいることで不安は和らぎ，また自らの決断に不安が残ったとしても，親が理解を示してくれた場合，ある程度自信がもてます。すると青年は，思い切ってさまざまなことに挑戦しやすくなるのです。

　そこで本節では，親とどのようにかかわっているかという視点から，青年期の親子関係について愛着理論をもとに紹介します。そして青年が自らの価値観や判断基準を形成し，それに基づいて自分で考え，行動するという自律的行動に愛着がどのような影響を与えているのかについて紹介します。さらに幼児期に形成された愛着関係の，青年期以降における変容の可能性について検討していきます。

1. 重要な概念

[1] 愛着とその個人差

　生後半年頃になると，子どもは，いくら他の人があやしても決して泣き止まないのに母親があやすとすぐ泣き止むなど，特定の養育者に対して他の人とは異なる特別な行動を示すことがよくあります。これは，その養育者との間に愛着が形成されたことを示します。愛着とは，特定の対象に対する特別な情緒的な結びつきのことであり，ボウルビィ（Bowlby, 1969）によって提唱されました。子どもにとって親は最も身近な存在のため，その親が多くの場合で愛着が形成される特定の養育者となります。また，授乳や排泄の処理などの養育行動は母親が行うことが多いため，愛着対象は親の中でも母親になる可能性が高くなります。

　愛着の形成にかかわっているのは，子どもがシグナルを発信し，親はそれに気づき，応答するといった親子間での相互作用です。それが積み重なることで，子どもは親に対するある信念をもつようになります。相互作用の内容はそれぞれの親子によって異なるため，形成される愛着の質も変わってきます。それを実験で示したのがエインズワースら（Ainsworth, Blehar, Waters, & Wall, 1978）です。彼女たちは，ストレンジ・シチュエーション法という方法を用いて，幼児期の愛着の様子を探りました。ストレンジ・シチュエーション法とは，まず見知らぬ部屋に親子が入り，その後子どもを残して親が退室したり再度入室したりして，その際の子どもの反応を観察することで愛着の個人差を捉える方法です。このような実験の結果，安定型，回避型，抵抗／アンビバレント型という3つの愛着の型が見出されました。安定型の子どもは親との分離時に抵抗を示し，再会時には親になだめられて安心感を取り戻します。回避型の子どもは親との分離にも再会にも関心を示しません。抵抗／アンビバレント型の子どもは親との分離時に激しく抵抗し，再会時にはなぐさめを求めながらもそれに抵抗を示すという行動がみられます。

[2] 内的作業モデル

　上述したように，子どもは，親子間の相互作用の積み重ねによって，自分が

支援を必要とする時に親からそれを期待できるかどうか，また同時に，自分は親に愛される価値のある存在であるかどうかについての信念を形成していきます。このような親の対応に対する信念と，自分自身の価値に対する信念を内的作業モデルといいます。それに基づいて子どもは親の反応を予測し，その予測に基づいて自らの行動を決定するようになるのです。

　内的作業モデルの内容は，愛着類型によって異なります。安定型の人は，親に求めた保護や支援に対して応答されてきた経験から，親はそれを期待できる存在であると確信するようになります。そのとき同時に，自分は親から受容され，愛される価値のある存在であるという認識も形成します。そのため，不安になったときには親を頼る行動をとることができます。

　一方回避型の人は，親に求めた保護や支援に対して望む対応を得られないことが多かった経験から，それを期待できない存在として親を認識するようになります。そのため，親の保護や支援を必要とする事態にならないよう，無意識的に自らの不安を抑制したり不安な状況を回避したりするのです。すると親に保護や支援を求める機会が減るため，自分は親を必要とせずにいられる存在であるという，自分に対する肯定的な価値意識をもちます。

　そして抵抗／アンビバレント型の人は，親に求めた保護や支援に対して一貫した応答を得られなかった経験から，親からの保護や支援が期待できるかどうか予測できないと認識するようになります。そのため，不安を感じた時には過剰にそれを親に訴え，親からの保護や支援を確実に引き出そうとするのです。また，親からの応答を得られないときがあるため，自分は受容され愛される価値が低い存在であるという認識をもつようになります。

　親との間に形成されたこのような認識や判断は，やがて親以外の対象に対しても用いられるようになります。心理学ではこれを般化と呼びますが，般化がおきているため，内的作業モデルの働き方は，親以外の対象がかかわる出来事においても，親との間の出来事と類似するのです。

[3] 安全基地

　子どもは探索行動の際，親を安全を確保できる場所，すなわち安全基地と認識して行動します。探索行動とは，目新しいものや興味を引くものに対して接

近し，調べ，情報収集をする行動です。この探索行動は好奇心が満たされる楽しい行為ですが，今まで出会ったことのない事態に接近するため，不安が高まることもあります。そうなると，探索行動は阻害されます。しかし，安心できる場所があればそこに戻って不安感を払拭し，安心感を回復させることで，再び探索行動を行うことができるようになります。子どもにとってその安心できる安全基地が親なのです。

1歳くらいまでは，安心を得るためには親との直接的な接触が必要です。しかし1歳前後になると，たとえ親が見える場所にいなくても，心の中で「親は自分を守ってくれる存在であり，求めれば親の元に行くこともできる」といった精神的な結びつきを維持することができるようになります。そのため，たとえ親が目の前にいなくても，心的なイメージの親の存在を安全基地として，探索行動ができるようになっていきます。

2. これまでの研究

[1] 青年期の愛着スタイル

乳幼児期の愛着では，ストレンジ・シチュエーション法を用い，安定型，回避型，抵抗／アンビバレント型という3つの型が見出されていますが，青年期以降では愛着の個人差を理解するために別の方法が用いられます。その方法のひとつがジョージらによって作られた成人愛着面接です（George, Kaplan, & Main, 1984など）。これは愛着関係に関する語りの構造や語り方に注目する面接方法です。これによって，愛着スタイルは安定自律型，アタッチメント軽視型，とらわれ型に類別されます。なおこれらの型は順に，ストレンジ・シチュエーション法による安定型，回避型，抵抗／アンビバレント型と対応します。また，質問紙によって愛着の個人差を捉える方法もあり，ヘイザンとシェーファー（Hazan & Shaver, 1987）による安定型，回避型，アンビバレント型と類別される方法と，バーソロミューとホロヴィッツ（Bartholomew & Horowitz, 1991）による，安定型，拒絶・回避型，恐れ・回避型，とらわれ型に類別される方法が代表的です。どちらも各類型の特徴を示した文章を読み，自分に近い特徴が書かれているものを選択させる方法で分類します。幼児期の愛着類型と

青年期の愛着類型の概要の対比は表 2-3-1 の通りです。

さらに近年では，単に類型化することから愛着を理解するのではなく，類型を規定する愛着回避と愛着不安という 2 要因から理解しようとする研究も増えてきています（たとえば Brennan, Clark, & Shaver, 1998）。なお，愛着回避とは，愛着関係にある他者を頼りにしたり，親密な関係の構築を回避することです。愛着不安とは，頼りにしたり，親密な関係を築いた他者から拒否されるのではないかという不安をもつことです。このような 2 要因から愛着を捉えることで，愛着類型において，愛着回避と愛着不安という共通の側面から，自尊心や他者信頼感などといった他の概念との関連への影響を検討できるようになりました。

[2] 自律的行動を促す愛着関係

青年期には，自律的行動が求められます。青年期の自律的行動とは，自らの価値観や意見をもち，他人に安易に流されることなくその価値観や意見に基づいて行動することです。では，親への愛着の違いによって自律的行動にどのような差異がみられるでしょうか。

コバックら（Kobak, Cole, Ferenz-Gillies, Fleming, & Gamble, 1993）は，親子間の問題解決場面における青年の行動を，愛着類型間で比較しました。すると，安定自律型の人は親との関係を維持しながら粘り強く交渉し，問題解決をする傾向が強いことが示されました。一方，アタッチメント軽視型の人は親と交渉し解決することに関心を示さない傾向が強いことがわかりました。この結果は，形成している内的作業モデルの違いによって生じていると考えられます。安定自律型の人は，たとえ意見の食い違いが生じたとしても親は自分を受容し，自分の意見を理解してくれるという信念をもっているため，自分の意見を親に主張しそれを理解してもらおうとします。それに対しアタッチメント軽視型の人は，親が自分を受容し，理解することはないだろうという信念を形成しているため，意見に食い違いがあった際は自分の意思は否定されるだろうと予測します。その結果，自らの意見を親に理解してもらおうとしない傾向がみられると考えられます。

さらにアスペルマイアーとケルンズ（Aspelmeier & Kerns, 2003）が大学新

表 2-3-1 愛着類型の対応と各類型の特徴

発達段階	測定方法	類型名とその特徴			
乳幼児期	ストレンジ・シチュエーション法	安定型	回避型		抵抗／アンビバレント型
		母親が子どもを残して退室する時には子どもは泣いて後追いをするが、再会時には母親を歓迎し、身体的接触を求めて安心感を回復させる。	分離時にも再会時にも母親への関心をあまり示さず、一人で遊び続ける。		分離時に激しく泣いて混乱を示す。再会時には母親への接触を求めながらも、抱きかかえられると叩くなどの抵抗を示す。
	成人愛着面接	安定自律型	アタッチメント軽視型		とらわれ型
		愛着に係わる肯定的経験、否定的経験の両方が語られ、それらが自分に与えた影響にも言及される。語りの内容は首尾一貫しており、落ち着いて語ることができる。	親との経験が理想化されて語られる。しかし、それに対する具体的な出来事をあげることができない、または、矛盾する内容を語る。親やそこでの出来事に関して憶えていない、または軽視するような語りをする、または、軽視しているため語りを拒否する。		愛着に係わる出来事を首尾一貫して語れない。あいまいな語りや繰り返しが多い。過去の親の対応、愛着に関する出来事やその影響に拘泥する語りがみられる。
青年期・成人期	ヘイザンとシェーファーによるアタッチメント・スタイル質問紙	安定型	回避型		アンビバレント型
		比較的容易に他人と親しくなることができ、また気軽に頼ったり頼られたりすることができる。自分が見捨てられる、あるいは誰かと親密になりすぎることについて、心配することはあまりない。	他人と親しくなることは幾分重荷に感じる。他者を信頼すること、頼ることは苦手である。他者が過度に親密性を示してきたり、恋人から快いと感じる以上に親密になることを求められたりすることが好きではない。		他者は自分といやいや親しくしてくれているのではないかと感じる。恋人は自分を愛していないのではないか、一緒にいたくないのではないかと不安になる。他者と完全に一体になりたいと思うが、それは人を怖がらせ、遠ざけてしまう。
	バーソロミューとホロヴィッツによる4カテゴリー・モデル	安定型	拒絶・回避型	恐れ・回避型	とらわれ型
		他者と親しくなることが割と簡単にできる。また、他者に頼ったり頼られたりを気軽にできる。一人でいたり、他者に受け入れられないことを恐れない。	他者と親しくしないほうが気楽。自分の力で何とかしようとする気持ちや行動を大切にし、他者に頼ったり頼られたりしないことを望む。	他者と親しくすることを苦痛に思うときがある。親しくしたいが、信用したり、頼ったりすることが難しい。親しくして、傷つくのが怖い。	他者はいやいや私と親しくしているのではないかと思うことがある。他者と親しくしたいが、相手はそう思っていないのではないかと不安になる。

注）無秩序・無方向型（ストレンジ・シチュエーション法），未解決型（成人愛着面接）に関しては今回は取り上げない。

入生の探索行動を愛着類型間で比較したところ，安定自律型の人は挑戦することに意欲的で，また，他者に支援を求めることを厭わないという結果を得ました。つまり，安定自律型の人は積極的に行動を起こし，その際に他者からの支援を受けることに抵抗感がないということがいえます。このような傾向は，親との間で形成された内的作業モデルが般化することで，他者は自分を理解し，尊重してくれると信じられるためと推測されます。

このように他者を信じることができると，たとえ不安感が喚起されるような状況でも，その不安感は軽微なものにとどまることが推測されます。これを明らかにするため，丹羽（2005）は環境移行時に焦点をあて，不安感の高くなりやすい大学入学直後と，ある程度生活に慣れてくる夏休み前における不安感の程度に対して，愛着回避と愛着不安という2要因がどのようにかかわっているのかを検討しました。不安感に関しては，大学入学に伴って感じやすいと思われる，対人関係不安（大学での円滑な人間関係の形成に関する不安），勉学不安（大学での学びについていけないことへの不安），進路不安（自らの進路選択に関する不安）を取り上げています。また，孤独感に関しても測定しました。

その結果，愛着不安の高い人の方が大学入学直後と夏休み前の間の対人不安と孤独感の得点差が大きいことが示されました。その他の不安感に関しては2時点間の変化の仕方に差はありませんでしたが，大学入学直後でも夏休み前でも，愛着不安の高い人は低い人に比べて勉学不安や進路不安が高いことも明らかになりました。このことから，愛着不安の低い人は不安感や孤独感が低いといえます。次に，愛着回避については，その高い人は低い人よりも勉学不安が低く，孤独感が高いという結果が両時点において示されました。すなわち愛着回避は，愛着不安に比べて不安に影響する領域が限定的であると考えられます。これらの結果より，不安感には特に愛着不安が大きくかかわっているといえるでしょう。つまり，頼ったときに親は自分を拒否するかもしれないという不安をもっていると，新しい環境に対して不安を感じてしまうのです。これは，内的作業モデルが般化し，もし何かあって他者を頼った場合，拒否されるかもしれないと考え，新しい環境に対する不安が高まるためと考えられます。

以上のことから，安定した愛着関係をもっている人は，心理的に負荷のかかるような状況においても不安をそれほど感じなくてすみ，自分の価値観や意思

に従い，他者の支援を受けながら実行することができるといえるでしょう。親は自分を受容し，理解してくれるだろうと信じられること，つまり安定した愛着関係が自律的行動を促進しているということがこれらの結果から示唆されます。

[3] 幼児期と青年期の愛着の関係

これまで，親への愛着が安定的であることが自律的行動にかかわる側面に対して良好な影響を与えることを紹介してきました。では，青年期の親との愛着関係はどこまで幼児期の影響を受けているのでしょうか。ここでは幼児期の愛着が青年期の愛着をどの程度説明するかという視点からの研究を紹介します。

フラーレイとブラムバウフ（Fraley & Brumbaugh, 2004）は，縦断研究で愛着変容を検討している先行研究を用いてメタ分析を行い，愛着の持続性を検討しています。その結果，乳児期から19歳までを対象とした研究から，1歳児時点の愛着の持続性について期待される相関値は，$r=.39$ でした。ところが，18歳以降を対象とした研究からの愛着の持続性は，それよりも高い $r=.54$ でした。すなわち，乳児期の愛着がその後変容する可能性は，成人期の愛着がそれ以降に変容する可能性よりも高いことがわかりました。この結果は，内的作業モデルは年齢が上がるに従って可塑性が減っていくとしたボウルビィ（1973）の主張を支持しています。

次に家庭環境が異なる対象者の愛着の一貫性をみてみます。ウォーターズら（Waters, Merrick, Treboux, Crowell, & Albersheim, 2000）は，乳幼児期にストレンジ・シチュエーション法を受けた人物に対して20年後に成人愛着面接を実施し，愛着類型の一致率を出しました。対象者は低・中流家庭の子どもです。その結果，64%が一致していました。一方ヴァインフィールドら（Weinfield, Sroufe, & Egeland, 2000）は，一人親家庭や低所得家庭など，ハイリスク・サンプルを対象に，乳幼児期と18-19年後の愛着類型の一致率を出しています。すると，38.6%の人が一致していました。

これらの研究から，青年期の愛着は幼児期の愛着とある程度の一貫性が認められますが，研究によって一貫性の程度にばらつきがみられます。つまり，幼児期から青年期に何らかの要因によって愛着の型が変容する場合も少なくない

と考えられます。

3. 青年期の親への愛着を補償するために

[1] 青年期での愛着の変容可能性

　先に述べたように，安定した愛着関係は青年の自律的行動を促進させます。そのため，愛着関係の形成に影響する要因を理解することが必要です。その要因を見出すことができれば，そこに介入することによって，不安定な愛着を安定したものに変容させることが可能になるからです。

　ボウルビィは，内的作業モデルは年齢が上がるに従って可塑性が減っていくとしています。しかし，年齢が上がると愛着が完全に固定されてしまうわけではありません。たとえば，先のヴァインフィールドら（2000）の研究において，安定型から不安定的な愛着に変化した人の家庭で起こったことが調べられています。すると，不安定的な愛着へ変化した人の多くが親の離婚や親の死別などの経験をもっていることが明らかになりました。反対に，安定自律型へ変化した人の多くは，家族からの支援を受けながら，自分の力で行動する様子が家庭でみられました。

　さらに山岸（1997）は，青年期後期から成人期初期にかけて内的作業モデルの変容について検討しています。ここでも青年期後期と成人期初期の関連はr=.50以上であり，フラーレイとブラムバウフ（2004）と同様の結果が出ています。また，この対象者の中から内的作業モデルが変容した人を取り出し，対象者自身やかれらの生活に起こった変化の特徴をまとめています。すると，内的作業モデルが肯定的な形に変化した人は友人やパートナーなど，他者との良好な関係を形成していました。一方否定的な形に変化した人は，仕事上の対人トラブルなど，他者との関係がうまくいっていないという特徴がみられました。

　以上のことから，他者との良好な関係をもつことで愛着を安定的なものに変えられる可能性があるといえます。良好な関係とは，相手との情緒的な相互作用があり，そこから生まれる親密さに対して心地よさを感じるような関係です。そのような関係性を形成できるよう支援することで，青年期においても愛着を望ましい方向に変容させることができると考えられます。

[2] 今後に向けて

　これまでの青年期の愛着関係の研究は，愛着によって影響を受けるさまざまな特徴について，その様相を明らかにしていくものが主流でした。また，ボウルビィが年齢が上がるにしたがって内的作業モデルの可塑性は減っていくと述べたように，幼児期に形成された愛着は以後あまり変化しないものと捉えられてきました。そのため，青年期の愛着形成についての検討は，これまであまりなされてきていません。しかし近年の研究より，青年期でも愛着類型は少なからず変容することも明らかになってきたため，今後愛着は変容しうるものという立場で，青年期の愛着が形成される過程にかかわる要因について検討が望まれます。

　また，本節で述べてきたように，安定した愛着は青年の自律的行動を促進させるため，できる限り安定した愛着関係の形成に向けて支援していくことが必要となります。その支援の仕方に対して，ボウルビィ（1980）は示唆的なことを述べています。それは，「持っている内的作業モデルと不一致な出来事が起きていると認知したときに，その変容が起きる」というものです。たとえば，「自分のことは誰もわかってくれないと思っていたが，この人は私のことをいつも本気で考えてくれる」という気づきが大事なのです。そのような気づきは自分を振り返るだけではなかなか生じることはありません。そのような経験を他者とともに分かち合うことによって，愛着の変容が促されると考えられます。

　ホワイトら（White, Spiesman, & Costos, 1983）の研究から，青年期から成人期初期にかけて，親の意図や気持ちについて理解できる能力がついてくることがわかっています。つまり，青年期は親子関係の再評価を促すにはよい時期といえます。このような青年期発達の認知的な視点から，青年期における親子関係の認識の変容を促す方略について検討されることが重要となるでしょう。

4 友人とかかわる

　私たちは，日常のさまざまな場面で友人とかかわっています。中学や高校のときには，一日の大部分の時間を同じクラスの友人たちと過ごしています。大学では，同じ学科の友人と一緒に講義に出たり，部活の仲間たちと練習後にご飯を食べに行ったりするかもしれません。また，大学を卒業してからも，長期休暇の際に帰郷した友人たちと集まって近況を語り合うこともあるでしょう。

　そもそも私たちはなぜ友人とかかわろうとするのでしょうか。こんなことを尋ねると，「楽しいからに決まっているじゃないか」という声が聞こえてきそうですが，実際はそう単純ではありません。たとえば，ベネッセ教育研究開発センター（2005）が小学生から高校生を対象に行った調査では，3〜5割程度の人が「仲間はずれにされないように話を合わせる」「友だちと話が合わないと不安に感じる」と回答していました。人は必ずしも「楽しいから」という理由だけで友人とかかわっているわけではないようです。

　本節では，人がなぜ友人とかかわるのかという問題を，動機づけという観点から考えてみたいと思います。友人とかかわる際の動機づけには，どのようなタイプがあるのでしょうか。また，動機づけの違いは，友人関係のあり方にどのような影響を与えているのでしょうか。本節では，友人とかかわる際の動機づけについての研究を概観し，友人関係を構築していく上で動機づけが重要な役割を果たしていることをみていきましょう。

1. 重要な概念

[1] 友人関係に対する動機づけ

　友人とかかわる動機づけは人によってさまざまです。自己決定理論（第1章2節参照）では，学習に対する動機づけについて，いくつかのタイプが想定され

表 2-4-1　友人関係に対する動機づけ尺度の項目例 (岡田, 2005 より作成)

動機づけのタイプ	内容
外的調整	親しくしていないと、友人ががっかりするから むこうから話しかけてくるから
取り入れ的調整	友人がいないと、後で困るから 友人がいないと不安だから
同一化的調整	友人といることで、幸せになれるから 一緒に時間を過ごすのは、重要なことだから
内発的動機づけ	一緒にいるのは楽しいから 親しくなるのは、うれしいことだから

ています。岡田（2005）は，この自己決定理論の枠組みを使って，友人とかかわる動機づけを「友人関係に対する動機づけ（friendship motivation）」として捉え，いくつかのタイプに弁別しています。★尺度集　ひとつ目は外的調整です。これは何かの報酬を得るためや友人側からの働きかけによってかかわる動機づけです。たとえば，自分では話したいと思っていないのに，友人のほうから話しかけてくるために，しぶしぶ付き合うような動機づけが外的調整にあたります。2つ目は取り入れ的調整です。これは自尊心を高めたり，不安や恥ずかしさなどの否定的な感情を避けるために友人とかかわろうとする動機づけです。独りでいることに不安を感じて誰かと仲よくなろうとするような動機づけが取り入れ的調整の例です。3つ目は同一化的調整です。これは友人との関係に個人的な価値を見出すことで，積極的にかかわろうとする動機づけです。自分の中で何よりも友人との関係が大切だと感じてかかわろうとする人は，同一化的調整が高い人だといえます。4つ目は内発的動機づけです。これは友人との関係に楽しさや興味を感じて，自分から主体的に友人とかかわろうとする動機づけです。特にメリットはなくても，ただ一緒に過ごすのが楽しいという理由で友人とかかわるのが内発的動機づけです。

　これらの動機づけは，外的調整から内発的動機づけに向かうにつれて，自ら友人とかかわろうとする意志が強くなっています。その意味で，外的調整，取り入れ的調整，同一化的調整，内発的動機づけの順で，4タイプの動機づけを自律性の違いという点から捉えることができます。つまり，内発的動機づけが最も自律的な動機づけ，外的調整が最も自律的でない動機づけというわけです。表

2-4-1 に，友人関係に対する動機づけを測定する尺度の項目例を示しておきます。

[2] 親密な友人関係

　親しい友人の存在は一生を通じて大切なものですが，特に青年期において重要な役割をもつようになります。ファーマンとバーメスター (Furman & Buhrmester, 1992) は，小学生から大学生を対象とした調査で，中学生以降，親やきょうだいに代わって友人が最も大きなサポート源となることを明らかにしています。また，多くの研究で親密な友人関係が，青年の精神的健康や適応的な発達と密接に関連することが明らかにされています (Vitaro, Boivin, & Bukowski, 2009)。親密な友人関係を築くことは，青年期の重要な課題の一つだといえるでしょう。

　では，どのような場合に親密な友人関係を築いているといえるのでしょうか。友人関係には，いくつかの側面があることが指摘されています。たとえば，バーントとキーフ (Berndt & Keefe, 1995) は，友人関係がもつ特徴を肯定的な特徴と否定的な特徴とに区別し，さらにその中にいくつかの下位側面を想定しています。肯定的な特徴は，自己開示（自分のことを相手に話す），向社会的行動（困っているときに助け合う），自尊心のサポート（成功したときに一緒に喜ぶ）であり，否定的な特徴は，葛藤（口論をする）とライバル心（相手より勝っている点を自慢する）です。また，ファーマンとバーメスター (Furman & Buhrmester, 1985) は，信頼関係，価値の高揚，道具的援助，仲間意識，愛情，親密な自己開示，力関係，葛藤，満足感，関係の重要性という 10 の特徴から友人関係を捉えています。研究者によって想定されている友人関係の側面は若干異なっていますが，共通してみられる特徴は，自己開示や援助行動，葛藤などです。たしかに，親しい友人には自分の内面的なことを話すことができますし，お互いに助け合った経験も多いでしょう。また，喧嘩や口論をすることがあっても，親しい友人とはきちんと仲直りすることができ，わだかまりを残すことは少ないはずです。これらのことから，お互いに自己開示や援助行動を積極的に行い，無意味な葛藤の少ないような関係を親密な友人関係と呼ぶことができるでしょう。

2. これまでの研究

[1] 友人関係に対する動機づけの発達的変化

　自分の友人関係を振り返ってみたときに，学校段階によって友人とのかかわり方が違っていたと感じる人もいるかもしれません。実際，友人関係の特徴の中には，発達的に変化していくことが示されているものもあります（Hartup & Stevens, 1997）。では，友人関係に対する動機づけはどうでしょうか。岡田（2006b）は，中学生から大学生を対象に，4タイプの動機づけが学校段階によってどのように異なるのかを調べました。その結果，学校段階による動機づけの違いはほとんどみられませんでした。このことから，友人関係に対する動機づけは発達的に変化していくものではないといえます。たとえば，どの年齢段階においても内発的動機づけが高い人もいますし，あるいは外的調整のような動機づけで友人とかかわっている人もいるということです。

[2] 友人関係に対する動機づけと親密な関係の構築

　ここまで友人とかかわる際の動機づけには，さまざまなタイプがあることをみてきました。そして，友人関係に対する動機づけは，年齢によって変化するというものではなく，青年期においてはある程度どの年齢段階でもさまざまな動機づけをもつ人がいるということがわかりました。では，このような動機づけの違いは，人が親密な友人関係を築いていく上でどのような影響を及ぼしているのでしょうか。

　今となっては何気なく行動をともにしている親密な友人，すなわち親友でも，もともとは他人どうしだったはずです。それが，どこかの時点で何かをきっかけにして知り合い，お互いを知っていく中で次第に親しい関係を築いてきたのでしょう。最初に知り合うときには，どちらかが積極的に話しかけたり，何かに誘ったりすることが必要です。たとえば，大学に入って最初の授業で「次の教室どこだっけ」とたずねたのが，今の親友との関係の始まりだったかもしれません。友人関係に対する動機づけは，この最初のかかわり方に影響します。岡田・中山（2011）は，お互いに面識のない二者がかかわる場面で，友人関係に対する動機づけによってどのようなかかわり方の違いがあるかを調べました。

実験参加者の大学生は，お互いに面識のない同性の他者と2人同時に実験に参加しました。そして，2人で協力してパズル課題を解いた後，実験室に5分間2人きりで残されました。この2人きりの間に参加者がどのような行動を示すかを観察し，質問紙で測定した友人関係に対する動機づけとの関連を調べました。すると，内発的動機づけや同一化的調整などの自律的な動機づけの得点が高い参加者ほど，相手の話にうなずいたり，相手の方に視線を向けたりする頻度が多く，実験終了後にも「また会いたい」「友だちになりたい」と回答していました。この実験から，自律的な動機づけをもつ人は，初対面の人に対しても自ら積極的に働きかけることで関係を築いていこうとする傾向があるといえます。

先に，親密な友人関係の特徴は，お互いに自己開示や援助行動を積極的に行うことができるような関係であると述べました。これまでの研究から，同一化的調整や内発的動機づけなどの自律的な動機づけは，友人に対する自己開示や向社会的行動を促すことが明らかにされています（岡田，2005，2006a）。また，リチャードとシュナイダー（Richard & Schneider, 2005）は，小中学生を対象とした調査で内発的動機づけや同一化的調整が高い児童・生徒ほど，友人に対して援助的にかかわろうとする目標をもちやすいことを明らかにしています。これらの研究結果は，友人関係に対する自律的な動機づけが，友人に対して自分のことを話したり，友人が困っているときに援助的にかかわるといった行動を促すことを示しています。自己開示や援助行動には，自分が相手にそれを行うほど，相手からも同様の行動が返ってくるという返報性の性質があることが知られています（大坊，1996; Oswald, Clark, & Kelly, 2004）。自分が何かの悩みを打ち明けたときに，友人から「実は私も……」と同じように打ち明けられたという経験がある人は少なくないでしょう。自律的な動機づけをもつ人は，自ら積極的に友人にかかわることで，友人からの返報性とあいまって，お互いに自己開示や援助をし合える親密な関係を築いていくのです。

[3] 学習場面における友人関係

友人関係の形成を考えるとき，学習場面でのかかわりを見過ごすことはできません。学習が生活の中の多くの時間を占めている中高生にとっては，学習場面でのかかわりを通して友人関係を築いていくことも少なくないでしょう。協

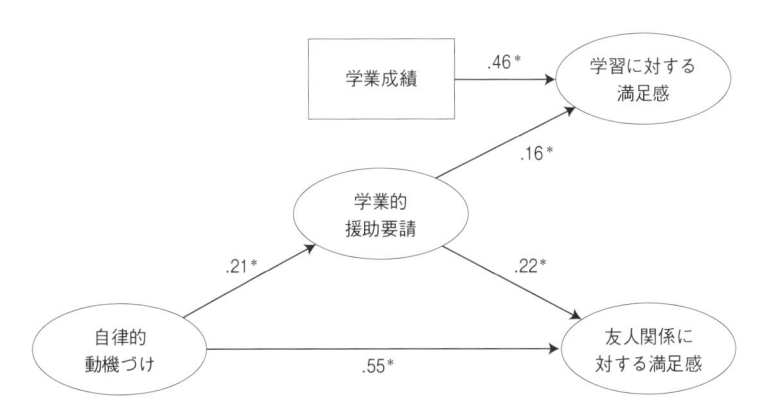

注) 図は構造方程式モデリングによる分析結果を示す。「自律的動機づけ」は、外的調整や取り入れ的調整が低く、同一化的調整や内発的動機づけが高いほど値が大きくなるように得点化している。アスタリスク (*) は、0.1%で有意であることを示す。適合度は、CFI=.95, RMSEA=.06。

図 2-4-1　友人関係に対する動機づけが学業的援助要請と満足感に及ぼす影響 (Okada, 2007 より作成)

同学習に関する研究では，学習場面での友人やクラスメートとの相互作用の多さが，ポジティブな関係の形成を促すことが明らかにされています (Roseth, Johnson, & Johnson, 2008)。では，学習場面での相互作用に対して，友人関係に対する動機づけはどのように影響しているのでしょうか。

　学習場面での友人のかかわりとして，学業的援助要請があります。学業的援助要請 (academic help-seeking) とは，学習場面での困難に際して友人に助けを求めることを指します。たとえば，宿題で出された問題がわからず，友だちに解き方を教えてもらったり，ヒントを出してもらったりしたことがあるでしょう。オカダ (Okada, 2007) は，高校生を対象として，友人関係に対する動機づけと学業的援助要請との関係を調べました。図 2-4-1 にあるように，同一化的調整や内発的動機づけなどの自律的な動機づけで友人とかかわっている生徒ほど，友人に対して学業的援助要請を多く行い，その結果として学習や友人関係に満足していることが示されました。友人関係に対する自律的な動機づけは，学習場面での友人とのかかわりを促すことで親密な関係の構築に影響しているといえます。

3. 親密な友人関係を築くために

[1] 友人関係に対する自律的な動機づけを支える

　ここまでみてきたように，友人関係に対する動機づけは，親密な友人関係と深くかかわっています。特に，友人との関係に対する楽しさや個人的な価値を見出してかかわろうとする自律的な動機づけが，親密な関係の形成に影響します。親密な友人関係を築くことは青年にとって重要な課題のひとつですので，友人関係に対する動機づけの個人差について明らかにすることが求められます。

　友人関係に対する動機づけの個人差を考える上で，興味深い研究があります。ソエネンスとファンステンキスト（Soenens & Vansteenkiste, 2005）は，高校生を対象に，重要な他者からの自律性支援が友人関係に対する動機づけに対してどのような影響を及ぼすかを調べています。自律性支援とは，本人の選択や自主性を促そうとするかかわり方のことです。重要な他者としては，教師，母親，父親に注目しました。その結果，母親からの自律性支援が，友人関係に対する自律的な動機づけを高めていました（図2-4-2）。この研究は，友人関係に

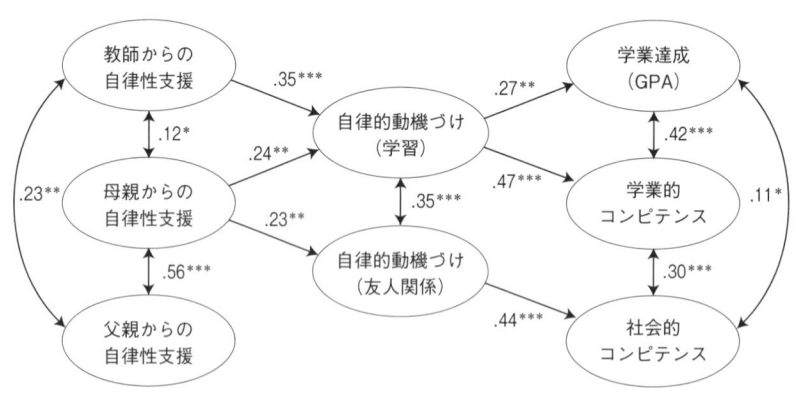

注）図は構造方程式モデリングによる分析結果を示す。矢印はすべて正の影響を示す。"自律的動機づけ"は，外的調整や取り入れ的調整が低く，同一化的調整や内発的動機づけが高いほど値が大きくなるように得点化している。アスタリスク（*）は，1つが5%，2つが1%，3つが0.1%で有意であることを示す。適合度は，CFI=.90，RMSEA=.06。

図2-4-2　重要な他者からの自律性支援が学習と友人関係に対する動機づけに及ぼす影響
（Soenens & Vansteenkiste, 2005 より作成）

表 2-4-2　友人関係における出来事（岡田, 2008b より作成）

カテゴリ	出来事の例
友人との再会	昔からの懐かしい友人に会った 昔の友だちが遊びに来た
関係の形成	今までかかわりのなかった人と仲よくなった 海外に新しい友人ができた
活動の共有	友人たちと旅行に出かけた 友人とご飯を食べて楽しい時間が過ごせた
関係の親密化	友人に自分の悩みを相談できた 友人と今までにないくらい深い話ができた
印象の変化	友だちに気をつかうようになった 友人のことがよくわからなくなってしまった
不和・関係の悪化	友人とけんかした 仲のよかった友人が冷たくなった
約束の不履行	ずっと前から約束していた日に断られた ドタキャンされた
友人のポジティブな出来事	友人に彼氏ができた 同年代の友人に赤ちゃんが生まれた
友人のネガティブな出来事	友人が事故に遭った 友人に彼氏ができたがすぐに別れた

対する動機づけが，友人以外の重要な他者，特に母親からの影響を受けていることを示すものです。

　友人関係に対する動機づけは，友人とのかかわりの中で変化していく側面もあります。岡田（2008b）は，友人関係における出来事と動機づけとの関係を調べています。大学生に過去3ヶ月の中で最も印象に残っている出来事を尋ねたところ，表2-4-2のような出来事があげられました。この中で，「友人との再会」や「関係の形成」といった出来事の際には肯定的な感情が生じやすく，その肯定的な感情が後の内発的動機づけや同一化的調整と関係していました。一方で，「不和・関係の悪化」のような出来事の際には，敵意のような否定的な感情が生じ，その否定的な感情によって後の内発的動機づけが低くなっていました。これらの結果は，友人とのかかわりの中で強い感情が生じるような経験をすることによって，動機づけが変化していく可能性があることを示しています。また，デシら（Deci, La Guardia, Moller, Scheiner, & Ryan, 2006）は，友人と

の間でお互いに自律性支援的なかかわり方をしているほど，友人関係において肯定的な感情を経験しやすいことを明らかにしています。岡田（2008b）の研究と合わせて考えると，このような肯定的な感情は，自律的な動機づけにつながるものです。友人との関係においても，相手の選択や自主性を尊重しながら自律性支援的にかかわることが，自律的な動機づけをもつ上で大事だといえるでしょう。

[2] 今後に向けて

　本節では，なぜ友人とかかわるのかという問題を，友人関係に対する動機づけという観点から考えてきました。親しい友人の存在は，人が健康的に生きていく上で不可欠なものです。これまで紹介してきた研究で示されているように，友人に対する興味や重要性を感じて積極的にかかわろうとする自律的な動機づけは，親密な友人関係の構築につながります。そのため，自律的な動機づけをもって友人とかかわることが重要だといえます。

　自律的な動機づけにとって，親や友人からの自律性支援が大切だと述べました。それだけでなく，友人関係に対する動機づけを考える上では，教室場面にも目を向けることが必要です。特に中高生にとっては，友人関係が展開する中心的な場は教室です。教室でどのような目標が強調されているのか，あるいはどのような教育実践が行われているかによっても，友人関係に対する動機づけは違ったものになるでしょう。岡田（2008a）は，実験によって，友人関係がもつ報酬的な側面を強調することで内発的動機づけが若干低下することを明らかにしています。ただ，実際の教室環境が友人関係に対する動機づけにどのような影響を及ぼすかについては，まだほとんど研究が行われていません。生徒が友人関係に対して自律的な動機づけをもつことができるような人間関係や教室環境のあり方を探っていくことが必要でしょう。

5 社会的スキルと社会的コンピテンス

　人が生きていくためには人間関係が必要不可欠であり，誰もが家族・友人・学校・地域，さまざまな相手とさまざまな人間関係を結びながら生活しています。こうした人間関係が円滑に進むと，生活は順調かつ実りあるものになりますが，人間関係をうまく結べなかったり，結べたとしてもそれがネガティブなものだったりした場合の生活はつらいものになるでしょう。

　そのため，人間関係を円滑にさせるために必要なものとは何なのか，人間関係を悪化させてしまう原因とは何なのかについて多くの関心が払われてきました。このような問題について，心理学では社会的スキルという概念を用いた検討が多くなされてきました。

　本節では，社会的スキルとはいったい何かについて，社会的コンピテンスとの比較を通じて概観し，社会的スキルと人間関係上の適応の関連についてみていきます。また，社会的スキルとはいったい何かということがわかっても，それだけでは社会的スキルが不足している人が自身の社会的スキルを改善していく助けにはなりにくいと考えられます。そのため，社会的スキルが不足する原因を理解するための理論や，不足している社会的スキルを獲得し高めていく方法についても考えていきます。

1．重要な概念

[1] 社会的スキル

　社会的スキルという概念は，教育，看護，介護，企業，家庭，夫婦間など，あらゆる研究分野で検討されてきました。そしてどのような分野においても共通して，円滑な人間関係の実現に関わるものとされています。

　相川（2009）は社会的スキルには多様な定義があることを論じ，①行動的側

面を強調している定義，②能力的側面を強調している定義，③社会的スキルに該当する行動が生起する過程として捉える定義，などが存在すると指摘しています。このように，社会的スキルの定義には大きく分けて3種類がありますが，研究においてどのように社会的スキルが測定され検討されているかといえば，①の行動的側面がほとんどであるといえます。そこで，本節では行動的側面に着目して社会的スキルを捉えることにします。さまざまな行動的側面からの定義を集約すると，社会的スキルは基本的には観察が可能で，ある人が所属する集団や文化などにおいて人づきあいが上手であると評価される行動であるといえます。

人づきあいが上手な人が示す行動にはさまざまな種類があるように，社会的スキルに該当する行動は非常に多く存在します。大きく分類すると人の話を聴くスキル，自分を主張するスキル，対人葛藤に対処するスキルの側面があるといわれていますが，そのほかにもさまざまな行動が含まれます。また，同じ話を聴く行動でも，ただ「そうですね」と返答するといった比較的容易なものから，話すことに抵抗のある人から上手に聴くなどの高度なものまで難易度に幅も存在します。このように種類や難易度はさまざまですが，人づきあいが上手であるとの評価につながる行動であればすべて社会的スキルと呼ばれます。

[2] 社会的コンピテンス

社会的スキルを人づきあいが上手であると評価される行動とすると，その行動が生起するメカニズムも重要となってきます。このメカニズムとは，先の相川（2009）での社会的スキルの定義の3分類でいうと，②の能力的側面および③の行動が生起する過程といえるでしょう。つまり，観察可能な行動だけではなく，その行動を実行できるのはどのような能力が備わっているからなのかという視点で検討するのが②の能力的側面になります。また，②の能力的側面を，能力という静的なものではなく，個人の観察不可能な内面で起きている動的なメカニズムから考えるのが，③の行動が生起する過程の視点になります。

本節では，この②や③を社会的コンピテンスと呼び，行動的側面を代表する社会的スキルと区別しておきます。現在の社会的コンピテンス研究においては，社会的スキルを実行可能にする行為者の認知的側面，および情動や動機づけな

どの情動的側面についての検討が主なものとなっています。

社会的コンピテンスの認知的側面とは、行為者がその行動を実行するまでに行った認知的判断のことです。たとえばあいさつという行動をしない人の認知的側面に注目するのであれば、どのような考え方や思考の仕方を有しているからあいさつをしないのかを検討することになります。

次に社会的コンピテンスの情動的側面は、さらに大きく情動と動機づけの要素に分かれます。いつもは社会的スキルに該当する行動（以下ではこのような行動を、社会的スキル行動と呼びます）を実行できる人でも、怒りや緊張といった情動の影響を受けてそれが実行できなくなることがあります。また、動機づけに欠けている場合も、社会的スキル行動は実行されないと考えられます。このような現象は社会的スキルのみに注目するのでは十分に理解できません。社会的コンピテンスの枠組みを用い、情動や動機づけといった要素と共に検討することが必要になるのです。

[3] 社会的情報処理理論

社会的コンピテンスに関しては、特に行為者の内部で起きる判断プロセスに注目した研究もあります。先の相川（2009）の3分類でいう③の行動が生起する過程に注目するものであり、生起プロセスのうち特に認知的側面に注目したものとしてクリックとドッジ（Crick & Dodge, 1994）による社会的情報処理（social information-processing）理論があげられます。

例として、友人から嫌なことをされたときににっこり笑って許すという社会的スキル行動がどのようなプロセスを経て実行されるかを、社会的情報処理理論に基づいたモデルに沿ってみていきましょう（図2-5-1）。

まず、何が起きたのかなどの状況を把握し（符号化）、相手がなぜ嫌なことをしてきたかを判断し（解釈）、相手との関係をよくしたいなどの目標をたてます（目標設定）。そして、その目標達成に有効かつ自身に実行が可能な行動をさまざま考え（反応検索）、その中から最もよい行動としてにっこり笑うという行動を選択する（行動決定）、という過程を経てにっこり笑うという行動が実行されたと説明することができます。

このような捉え方をすれば、行動上の問題の原因をより詳細に検討するこ

とができるようになります。また，すぐに怒って文句をいってしまう人の認知プロセスと，良好な対人スキル行動を導くことのできる人のプロセスを比較し，どこが違うのかといった検討も可能となるでしょう。つまり，社会的スキルの考え方のみでは，ある行動をしているか，していないかという判断に終始せざるを得ませんが，社会的情報処理理論の考え方を用いればある行動をしていないのはなぜか，という視点での理解が可能になります。

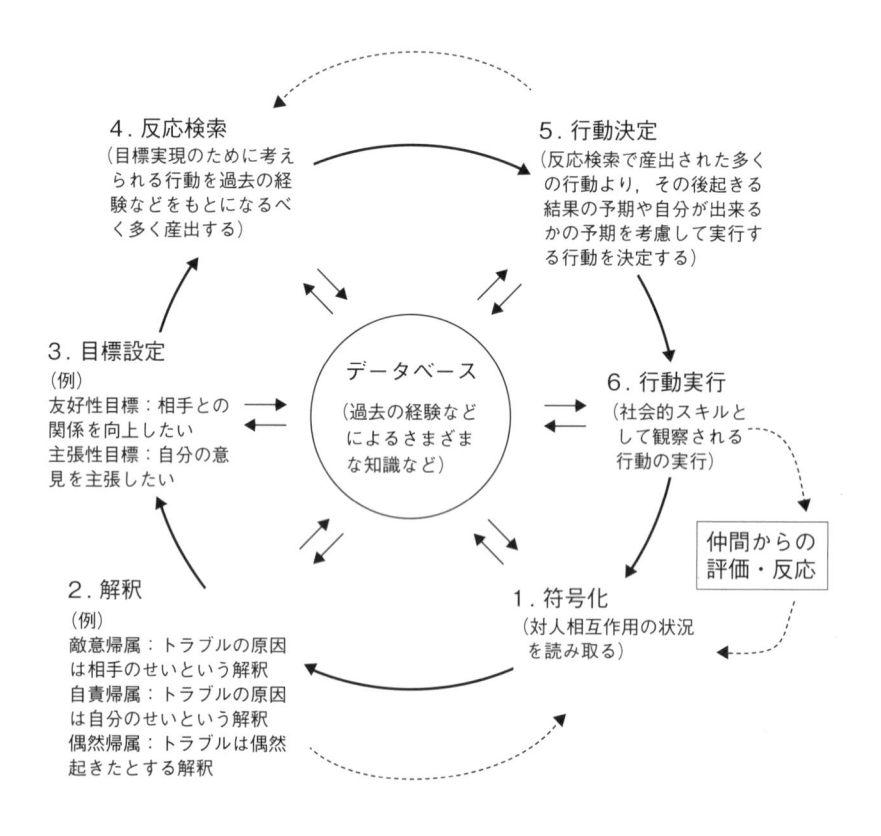

4. 反応検索
（目標実現のために考えられる行動を過去の経験などをもとになるべく多く産出する）

5. 行動決定
（反応検索で産出された多くの行動より，その後起きる結果の予期や自分が出来るかの予期を考慮して実行する行動を決定する）

3. 目標設定
（例）
友好性目標：相手との関係を向上したい
主張性目標：自分の意見を主張したい

データベース
（過去の経験などによるさまざまな知識など）

6. 行動実行
（社会的スキルとして観察される行動の実行）

仲間からの評価・反応

2. 解釈
（例）
敵意帰属：トラブルの原因は相手のせいという解釈
自責帰属：トラブルの原因は自分のせいという解釈
偶然帰属：トラブルは偶然起きたとする解釈

1. 符号化
（対人相互作用の状況を読み取る）

図 2-5-1 社会的情報処理モデル（Crick & Dodge, 1994 をもとに久木山，2005a が作成）

2. これまでの研究

[1] 社会的スキルの高い人の人間関係

　学校における人間関係上の適応と社会的スキルに関連があることについては，小学校から大学まで共通して検討されています。たとえば小学校に関しては，クラスの中で人気者であるとクラスメイトから認知されている児童は，社会的スキルに対する自己評価，および他者からの評価の両方ともに高いことが示されています（前田，1995）。また，中学生や高校生などでも同様の関連がみられることが多く報告されています（菊池，2007）。

　さらに，久木山（2007）は大学生を対象に社会的スキルの自己評価と，所属する専攻の他の学生に知られている度合いについての研究を行いました。その結果，社会的スキルが高いと自己評価している人は，他の学生から知っていると報告されることが多く，社会的スキルの高さと専攻内で他者から認知されることの間に関連がみられました。専攻内で他者から認知されることが少ないということは，引っ込み思案の傾向があると考えられます。この引っ込み思案については，その傾向をもつ場合，集団への不適応につながる可能性があることが先の前田（1995）をはじめ多くの研究で確認されています。これらのことを合わせて考えると，大学生においても社会的スキルと仲間内の適応に関連がある可能性が示唆されたといえるでしょう。

　これらのように社会的スキルはさまざまな学校種別において共通して適応に正の関連があることが示唆されています。そして，教育の場以外にも，インターネット上でのコミュニケーション，職場，看護場面，などのさまざまな場において社会的スキルが有効にはたらくことが菊池（2007）によってレビューされています。

　さらに，学級などの広く一般的な対人関係にかかわる社会的スキルではなく，恋人関係や夫婦関係，看護師－患者などの二者関係のように，対象や状況を限定した上でより具体的かつ詳細に社会的スキルを検討しようとする研究もなされています。その一例としてここでは恋愛における社会的スキルについてみていきます。

　恋愛に関しては，これまで相手との性格などの相性の一致，愛情の深さ，身

体的魅力や収入や職業などの社会経済的要因への注目が多くなされてきました。しかし，恋愛の成就につながる要因として，社会的スキルも重要なものとして取り上げられ検討されています。

堀毛（1994）では，大学生を対象とした調査を行い，男女別で異性関係に有効な社会的スキルの内容を検討しています。恋人群（恋人がいる），BGF群（恋人ではないが特定の異性の友人がいる），GR群（グループ交際），片思い群（片思いの異性がいる）で異性関係スキルの比較がなされました。その結果，女子では「正直に相手の欠点を指摘する」などの積極性や，「会っているときできるだけお互いの距離を近づける」などの寄り添いにかかわる社会的スキルの得点が恋人群で特に高いことが示されています。男子においては，「さりげなく体に触れたり，手を握ったりする」などの情熱挑発，「かざらない自分をみせる」などの開示・リラックスなどの社会的スキルの得点が恋人群で特に高いことが確認されています。

上記の結果は，恋愛に関する社会的スキルが高く，異性関係を円滑なものとする行動の実行面において優れていることが，恋人がいる人とそうでない人たちを分ける要因になり得ることを意味しています。このことより，恋愛の成就に社会的スキルが関係することが示唆されたといえるでしょう。

[2] 社会的スキルと社会的コンピテンスの認知的側面の関連

久木山（2005a）では，社会的スキルの背景に社会的コンピテンスがあると想定し，それが社会的スキルとどのような関係をもつのかについて，社会的情報処理理論に基づいたモデルを使用して検討しました。具体的には，大学生を対象に質問紙調査を実施し，社会的スキル尺度の得点をもとに社会的スキル高群，低群を設定し，それらの間で社会的情報処理がどのように異なるのかを検討しています。

その結果について，前出の図に沿って説明します。社会的スキル低群は高群にくらべて，攻撃的な主張をすることや，言いたいことが言えず非主張的になってしまうことが多いという「行動実行」での違いが確認されました。それに加えて，「解釈」の中の「偶然帰属」，「目標設定」の中の「主張性目標」が低いという違いがあることが見出されました。また，社会的スキル高群において

は,「目標設定」の「主張性目標」をもつことで適切な主張行動が実行できるプロセスが存在するのに対し，社会的スキル低群では，主張したいという目標が攻撃的な主張につながってしまうプロセスが存在しました。さらに，社会的スキル高群では，攻撃的主張を減少させることが可能なプロセスが存在するのに対し，社会的スキル低群では，「目標設定」の「友好性目標」をもったとしても，それが攻撃的な主張の減少につながらないことなどが見出されています。

　上記の検討より，社会的スキルの低い人は，攻撃的になったり寡黙になったりしてしまい適切な主張ができないことがこの研究でも確認されました。そして，その原因のひとつとして，主張性目標が低いため適切な主張をしたいという目標をもちにくいことが確認されたといえます。また，その主張したい目標をもちにくい原因として，相手がわざと自分に嫌なことをしていると捉えやすいため，主張したくなくなるという流れもあることが示されています。さらに友好性目標にかかわる流れをみると，仲良くなろうという目標をもっても，それをうまく行動につなげられないために，上手な主張ができないことも示されたといえます。このように，問題行動の原因を詳細に流れで理解できるようになると，自分の社会的スキルの問題の解決法を自分で考えやすくなるのがわかるのではないでしょうか。

3. 社会的スキルを高めるために

[1] 社会的スキル不足解消へのトレーニング

　社会的スキルが不足している者は，さまざまな人間関係における適応を得ることができず，心理的問題を経験することが確認されています。そのため，社会的スキルが不足した者を対象としてトレーニングを行う実践が，国内外を問わずさまざまな年代およびさまざまな社会的スキルに相当する行動を対象に行われています（たとえば Merrell & Gimpel, 1998; 小野寺・河村, 2003）。

　これまでの社会的スキル・トレーニングは，専門家の監督のもと，社会的スキルが特に低い人を対象として対症療法的に実施されることが主でした。しかし，現在では社会的スキルの不足が多くの人においてみられることが指摘されており，また社会的スキルを学ぶ機会自体が減少していることも指摘されてい

ます（相川・佐藤，2006）。そこで社会的スキル不足の問題に予防的に取り組む働きかけの一環として，学校ですべての子どもを対象として，トレーニングの専門家でなくても実施できるように工夫された実践的な手法が多く開発されています（小学生では小林・相川，1999 など，中学生では相川・佐藤，2006 など）。

　たとえば藤枝（2006）は，小学校4年生を対象に上手な話し方および聞き方を獲得目標とする社会的スキル・トレーニングを実施しました。上手な話し方に関するトレーニングは以下の4つのセッションが設定されています。①教師が，どういうものが「上手な話し方」なのかを教示する（インストラクション）。②教師が「上手な話し方」を実演する（モデリング）。③生徒はグループになり，実際に「上手な話し方」を順番にやってみる（他のメンバーは「上手な聞き方」の練習をする）（リハーサル）。④仲間の話し方（聞き方）で上手な点を共有したり，振り返りカードを作成することで再確認したりする（フィードバック）。そして，このようなトレーニングを受けることにより，教師や仲間からの社会的スキルについての評定が上昇することが確認されています。金山・佐藤・前田（2004）は同様の手続きによる社会的スキル・トレーニングの概観を行い，上手な話し方や上手な聞き方以外にも，適切な応答，仲間への入り方，暖かい言葉かけ，社会的働きかけ，自己紹介などの社会的スキル行動も，社会的スキル・トレーニングによる向上が認められたことを指摘しています。

　こうしたことより，社会的スキルに属する行動の獲得を目指すトレーニングを受けることで，上手な人づきあいに有効なさまざまな行動の習得が可能であることが確認されているといえるでしょう。

［2］社会的コンピテンスの動機づけ要因に着目した社会的スキル向上の可能性

　自分で自分の社会的スキルの問題の原因を客観的に理解できれば，社会的スキル・トレーニングによらずとも自身で社会的スキルの改善がめざせる可能性が出てきます。しかし，それには本人が社会的スキルの改善を望み，その改善に意欲的に取り組むことが必要不可欠でしょう。

　久木山（2005b）では，社会的スキルの改善につながる動機づけ要因はどの

ようなものであるか，およびその要因が実際に社会的スキルの改善につながるのかについて検討しています。大学生を対象とした縦断調査を行い，社会的スキルの改善意欲について測定し，社会的スキル得点の変化との関連を検討しました。

その結果，社会的スキルの改善意欲は，可能性を追求したり，自己形成のために努力したりしたいという意欲をもっていることや，対人関係を大切にする人間関係志向性，他者からの評価などを気にする対人的関心・反応性などと正の関連がみられました。自分は自分，他人は他人と割り切って物事を考える個人主義傾向や，現在の自分に対して満足しており，これでよいと思う自尊感情との間に負の関連がみられました。

また，専門家などによるトレーニングなどを経験しない場合，社会的スキル改善意欲をもつのみでは，社会的スキル全般が自然に上昇することは困難であることが見出されました。ただし，あいさつなどの関係開始スキルや，他者との葛藤の解決などのスキルに関しては，改善の意欲があることで専門家などの介入なしでも自身の力で改善を図ることができることが示唆されました。

これを翻って考えると，あいさつなどの比較的容易な社会的スキル行動に関しては，自身が社会的スキルを改善したいとの動機づけをもち努力することで改善がみられることが示唆されたと考えられます。そしてそうした動機づけを高めるためには，自分の可能性を信じ自分を変えていきたいとの思いを高めたり，周りの人たちとの交流を大切にする思いを高めたりすることに効果がある可能性も示唆されたといえます。これらのことより，社会的スキル行動そのものではなく，動機づけ要因などの背景的要因へ働きかけることで社会的スキル行動の改善が導かれる可能性が示されたと考えられます。

[3] 今後に向けて

行動面での修正を主眼とする社会的スキル・トレーニングに対しては，「表面的・表層的な変化をもたらすだけだ」という批判が存在します（相川, 2009）。すなわち，社会的スキル行動の習得のみでは，社会的コンピテンスの変容を導くことができないため，表層的な学習にとどまることに対する懸念があるのです。佐藤（1996）でも，認知的側面に着目するトレーニングが今後欠かせない

ものであることが指摘されています。

　これはたとえていうと，お店に入った時などに耳にする，マニュアルに従ってなされた「いらっしゃいませ」という表面的なあいさつに違和感を覚えることに近いでしょう。「いらっしゃいませ」というあいさつ行動を店員に覚えさせ，言わせることはトレーニングで容易に可能になります。しかしさまざまなお客に対しての適切なあいさつには，あいさつしたいと本人が心から思い，相手にとって一番よいあいさつは何かと考えることなどが不可欠でしょう。

　これを本節のこれまでの内容で説明すると，行動面のみトレーニングすることは不十分であり，社会的コンピテンスへの働きかけが必要であることを示しているといえるでしょう。そのためには，行動の獲得にのみ注目しがちであったこれまでの社会的スキル・トレーニングを，社会的コンピテンスの枠組みの中で捉え直すことが今後必要になってくると思われます。また，社会的スキル行動を実行する際のネガティブな情動の影響を避けるための社会的スキル・トレーニングも考えられます。さらに，動機づけを高める工夫や，参加する際の動機づけの変化を参考にして社会的スキル・トレーニングの内容を調整する手法の開発なども考えられます。すなわち，行動面のトレーニングのみで終わらない，いわば社会的コンピテンス・トレーニングの研究と開発が今後望まれているといえます。

6　苦手な人とかかわる

　私たちが出会うすべての人が，私たちにとって好ましい人であるとは限りません。誰にでも，苦手な人との関係に苦労した経験はあるでしょう。学校や職場，近所づきあいなど身近な場所に居る苦手な人とのつきあいが，私たちにとってときには大きなストレッサーとなることも指摘されています（日向野・小口，2002など）。

　苦手な人とはつきあわないようにできればよいのですが，現実にはそうばかりもいきません。たとえば職場やサークルなどの集団では，苦手な人とでも協力して活動することが求められます。目上の人からの評価を恐れて，あるいは集団内の雰囲気に気を遣って，苦手な人とも何とか関係を続けようとすることもあるでしょう。苦手な人との関係は，簡単に切れないからこそ悩みの種になるのです。そのため「苦手な人とどのようにかかわるか」という問題は対人関係において注目を集めるテーマのひとつといえます。

　ところが，これまで対人関係についての研究の多くは，「どんな人が好ましい印象を与えるか」「人はどのようにして親しくなるか」といったポジティブな面に注目したものでした。しかし近年では，「私たちがどんな風に人を『苦手』と感じるか」「『嫉み』や『苦手意識』とはどのような感情か」といった対人関係のネガティブな面に焦点をあてた研究がみられるようになってきています。そこで本節では，私たちがある人物を苦手と感じるようになる過程やその原因に注目した研究を紹介し，苦手な人とのかかわり方を考えます。

1．重要な概念

[1] 否定的対人感情

　「好ましい」とか「苦手」といった，特定の人物に向けた持続的な感情は対人

感情と呼ばれ，大きく肯定的対人感情と，否定的対人感情の2つに分けられます。それぞれに含まれる具体的な対人感情の弁別は容易ではなく研究者により違いますが，たとえば齋藤（1990）は，「好意」「尊敬」「優位」「慈愛」を肯定的対人感情，「嫌悪」「軽蔑」「劣位」「恐怖」を否定的対人感情としています。

　肯定的対人感情と否定的対人感情については，「好き−嫌い」と対称的に表現されるように連続した感覚の両極とみなす立場と，それぞれ別の対人感情とみなす立場があることが指摘されています（Taylor, 1991）。このうち，先に紹介した齋藤（1990）による対人感情の分類は，「好意−嫌悪」，「尊敬−軽蔑」，というように肯定的・否定的対人感情を対称的にみなす立場によるものといえます。

　その一方で，たとえば齋藤（1990）が肯定的対人感情とした「尊敬」と，否定的対人感情とした「劣位」が，ある人に対して同時に感じられるような状況も考えられるため，対人感情を「肯定的−否定的」という連続した感覚の両極としてみなすことが難しい場合もあることが指摘されています（高木，2002a）。こうした立場から，近年では，肯定的・否定的対人感情を対称的な感覚ではなくそれぞれ別の感覚と捉え，たとえば対人感情の否定的側面のみに焦点をあてた研究もみられるようになっています（日向野・小口，2002；金山，2002；澤田，2005など）。なお，上記のように対人感情の要素は明確に弁別できるものではないことから，本節では否定的対人感情を詳しく分類せず，種類を問わず否定的な対人感情を形成した人物を「苦手な人」としています。

　ところで，否定的対人感情は持続時間が長く，簡単には覆されない安定した感情であることが指摘されています（吉川，1989）。この持続性や安定性の理由は，私たちがいったん否定的対人感情を形成すると，その人物についての情報を否定的に歪めて解釈しやすく，結果として敵意的な反応を示しやすいこと（齋藤，1986；竹村・高木，1990）や，苦手な人の行動はたとえ自分への好意を示すような行動であっても怒りといったネガティブな情動を喚起しやすいこと（齋藤，1990）などの研究知見から説明できるでしょう。つまり，ある人に否定的対人感情を形成すると，その人物についての否定的な認知的処理が活性化されて否定的対人感情が持続したり，強められたりするという悪循環が生じると考えられます。

このように，否定的対人感情は一度形成されるとその人物についての情報処理にも影響を及ぼす厄介な感情であるといえます。そのため，否定的対人感情の形成過程やその影響要因を整理することは，苦手な人との関係維持や修復を含めたつきあい方を広く考えるうえで意味のあることといえるでしょう。

[2] 対人感情の形成過程：二重処理モデル

否定的対人感情などの対人感情は，どのように形成されるのでしょうか。高木（2004a）は，二重処理モデル（dual process model）の枠組みで対人感情の形成過程を捉えました。二重処理モデルとは，得られた情報が，処理スピードが異なる2つの処理過程を経て認知されるというものです。この2つの処理過程とは，相手についてわずかな情報しか得られない段階で衝動的・感覚的に判断する衝動的処理過程と，やや時間をかけてじっくりと判断する認知的処理過程です。ある人の最初の印象が，つきあっていくうちに変わってゆくことは，しばしば経験されることでしょう。知り合ってからあまり時間が経過していない場合は，相手の人柄を判断できるような情報が乏しいため，外見や行動といった表面的で限られた情報，いわば表面的情報から推測した相手の人柄に対して対人感情が形成されます。この過程が，二重処理モデルの衝動的処理過程にあたります。一方，つきあううちに知った相手の行動や意見の交流などから得られた内面的情報に基づき対人感情を形成する過程は，認知的処理過程にあたります。

なお，こうした処理時間や処理水準が異なる2つの過程からなる二重処理モデルでは，認知的処理過程が衝動的処理過程による対人認知を修正する可能性を含んでいるとされます（Wilson, Dunn, Bybee, Hyman, & Rotondo, 1984）。衝動的処理過程で形成される対人感情は一般に「第一印象」と呼ばれるものに近く，たとえばパッと見た印象から想像した人物像に基づくため，必ずしも相手を正しく理解して形成されるとは限りません。それに対して，つきあう中でじっくり考える認知的処理過程により形成される対人感情は，衝動的処理過程で形成された対人感情よりは現実的な経験に基づくため，衝動的処理と認知的処理の結果が矛盾した場合には認知的処理による判断が勝り，対人感情が修正されると考えられるのです。

2. これまでの研究

[1] 苦手になるタイミングと対人感情の変遷

　二重処理モデルに基づけば，対人感情は相手についての情報が少ない関係初期では特に変わりやすいことが予測できます。そこで高木（2005）は，対人感情の変動やそのタイミングをとらえようと縦断調査や回想法による調査を行いました。まず，四年制大学・短期大学・専門学校の新入生を対象に，4月から5月にかけて2週間間隔の縦断調査を実施し，「新しく知り合った人物」とのつきあいの長さと対人感情の変化の関係を検討しました。その結果，相手への印象が「良くなった」という肯定的方向への対人感情変化は対象人物と出会ってから1〜3週間で多く（61.9％），「悪くなった」という否定的方向への対人感情変化は出会ってから3〜5週間で多い（16.2％）ことが示されました。

　次に高木（2005）は，ヒューストンら（Huston, Surra, Fitzgerald, & Cate, 1981）が面接法で使用したRIT（Retrospective Interview Technique）という手法を応用した集団調査により，対人感情の移り変わりを回想的に捉えようとしました。具体的には，横軸に時間，縦軸に「大好き（＋100）」から「大嫌い（－100）」までの対人感情をとった記入用紙に，記入例（図2-6-1）を参考に対人感情の変遷の記入を求め，対人感情の最大の変化が，つきあいが始まってからどのくらいの時間が経過した頃に多くみられるかを検討しました。その結果，肯定的・否定的対人感情とも大きな変化は関係開始から早い時期に多く，つきあいが長くなるほど減少していきましたが，特に，肯定的方向への変化は出会ってから1週間以内で多く（46.1％），否定的方向への変化は出会ってから2〜3週間頃で多い（20.9％）ことが示されました。

　以上の結果から，関係開始から遅くとも3〜5週間くらいまでの間は対人感情が比較的変化しやすいことと，肯定的方向への対人感情変化は否定的方向への変化よりも少し早く生じることが示されました。この結果から，相手についての内面的情報が少ない関係初期では対人感情が変化しやすいことがうかがえます。

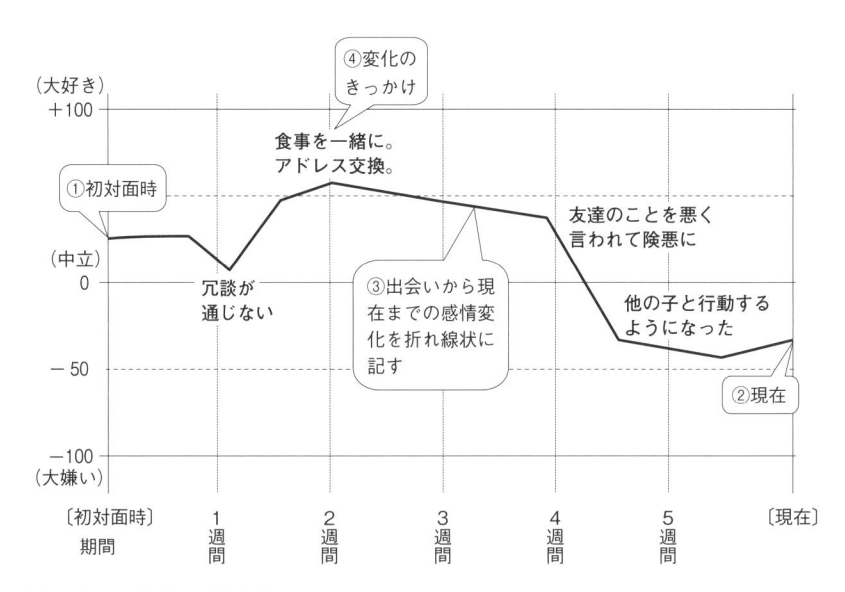

図中のラベル:
- (大好き) +100
- ①初対面時
- (中立) 0
- 冗談が通じない
- 食事を一緒に。アドレス交換。
- ④変化のきっかけ
- ③出会いから現在までの感情変化を折れ線状に記す
- 友達のことを悪く言われて険悪に
- 他の子と行動するようになった
- －50
- ②現在
- －100 (大嫌い)
- 〔初対面時〕期間　1週間　2週間　3週間　4週間　5週間　〔現在〕

注）丸数字は指示した記入順序。

図 2-6-1　RIT　記入例　（高木，2005 を一部改）

[2] 苦手になるきっかけ・修正されるきっかけ

　前項で述べたように，関係初期の段階では対人感情が比較的変動しやすいようです。

　二重処理モデルに基づけば，対人感情は，関係初期には外見などの表面的情報による衝動的処理過程により形成され，その後，相手との相互作用経験やそれを通して得られた内面的情報による認知的処理過程により修正されると考えられます。こうした処理過程による影響要因の違いを検討するため，高木（2002b）は，苦手な人を最初にそう感じたきっかけ（否定的対人感情の形成要因）と，苦手な人の印象が改善されたきっかけ（否定的対人感情の修正要因）について自由記述を求め，得られた記述内容を分類しました。記述は形成要因・修正要因ともに，外見，言動，性格などの「Ⅰ.相手側の要因」，自分の性格や心理状態，対人関係のスタイルなどの「Ⅱ.自分側の要因」，「話が合わない」など違和感の報告や相互作用の経験などの「Ⅲ.相互の要因」，空間的近接性や

接触頻度，相手についての情報量などの「Ⅳ．物理的要因」という4つと，そのどれにも含まれない「Ⅴ．その他」に分類されました（図2-6-2）。

図2-6-2に示すように，否定的対人感情の形成要因のうち83.1%は「Ⅰ．相手側の要因」であり，次に多い「Ⅲ．相互の要因」（14.3%）よりもはるかに多くあげられました。つまり，衝動的処理過程で他者を苦手と感じる理由は，その大半が「相手の要因」から説明されることがわかります。なお，他者を苦手と感じる要因として「相手の要因」が主であり，「相互の要因」が一部あげられるというこの結果は，金山（2003）や日向野（2008）とも一致しています。一方，否定的対人感情の修正要因については「Ⅳ．物理的要因」が37.0%と最多であり，「Ⅰ．相手側の要因」（29.0%），「Ⅲ．相互の要因」（15.2%），と続きました（図2-6-2）。

また，形成・修正要因の両者で「Ⅰ．相手側の要因」と「Ⅲ．相互の要因」が比較的多かったことから，次にこれらの要因の内容をさらに詳しく分類して頻度を比較しました。その結果，「Ⅰ．相手側の要因」では，形成要因には「『観察した』相手の行動」が多くあげられた（39.5%）のに対して，修正要因には「『直接相互作用で経験した』相手の行動」が多くあげられました（46.3%）。ま

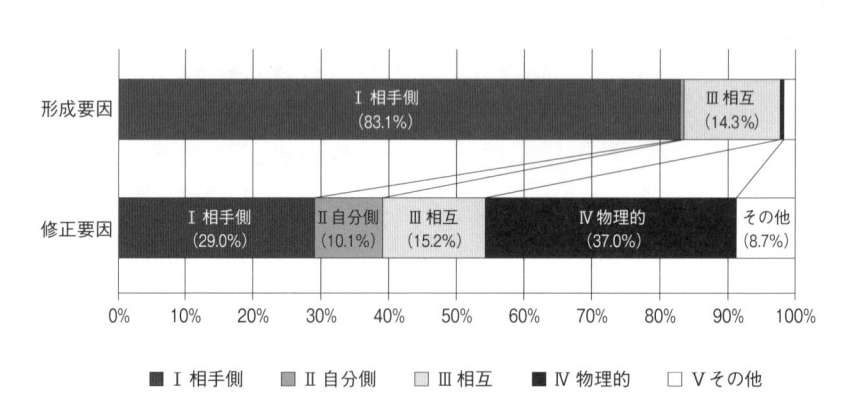

図2-6-2　否定的対人感情の形成要因と修正要因（高木，2002bより作図）

た,「Ⅲ. 相互の要因」では形成要因に「違和感」(70.8%) といった抽象的記述が多く，修正要因には「コミュニケーション量」(60.2%) や「連絡先の交換」(20.5%) などの具体的行動が多くあげられました（高木, 2005）。

　以上の結果から，観察などの表面的情報に基づく漠然とした否定的対人感情が，その人物との直接的・具体的な相互作用を経て肯定的方向に修正されることがうかがえます。これは，衝動的処理過程で形成された否定的対人感情が認知的処理過程により修正されるという二重処理モデルの考え方を支持するものといえるでしょう。

[3] 否定的対人感情を修正する認知的処理

　それでは，二重処理モデルにおいて衝動的処理過程により形成された否定的対人感情は，認知的処理過程でどのように修正されるのでしょうか。

　高木（2003）は，認知的処理のうち，葛藤事態の原因がどの程度相手にあるかの判断である責任帰属に注目し，仮想場面を用いた質問紙調査により他者との葛藤場面の責任帰属とその後に報告される対人感情との関係を検討しました。それによると，仮想場面の責任を何に帰属するかにより葛藤の相手に対する否定的対人感情の程度が異なり，「相手の悪意による」など相手に責任を帰属する場合よりも，「相手に悪気はなかった」など相手の責任を問わない帰属をする場合の方が否定的対人感情は形成されにくいことが示されました。この結果は，不快な経験により衝動的には否定的対人感情を形成したとしても，その後に状況を分析し，相手の責任を問わないような認知的処理ができれば否定的対人感情は修正できる可能性があることを示すものといえるでしょう。

　否定的対人感情を修正する認知的処理には，責任帰属の他にもさまざまなものがあり，多様な認知的側面からの検討が可能でしょう。しかし，いずれにせよ相手を苦手と感じた状況を冷静に見直すことは，感覚的・衝動的に形成されていた否定的対人感情を修正するひとつの方法であると考えられます。

3. 苦手な人と上手にかかわるために

[1] 否定的対人感情修正のための視点

1) 直接相互作用

「苦手な人とのつきあいが辛いなら、苦手でなくなれば良い」というのは、実際のところ非常に楽観的な意見です。しかし、図2-6-2で示したように、少なくとも関係初期の否定的対人感情は、よく知らない他者についての表面的情報のみから衝動的に判断された思い込みにより形成されているものが多いと考えられます。したがって、関係初期ならば、苦手と感じた他者についてすぐに結論を出して距離を置くよりは、ある程度の期間はつきあってさまざまな情報を得たうえでどんな人か判断することが否定的対人感情の修正につながる可能性があります。特に、その人物と積極的に会話するといった直接の相互作用をすることは、相手についての内面的情報を多く得る方法です。関係開始早々に苦手と結論づけて相手を避けてしまうと、対人感情の修正につながるこれらの情報を得るチャンスを逃してしまうかもしれません。

2) 認知的処理の促進と影響要因

本節では、衝動的に形成された否定的対人感情を修正する認知的処理の一例として責任帰属の影響に注目した研究を紹介しました。この研究では、衝動的処理過程により形成された否定的対人感情が認知的処理により修正できる可能性を示しています。したがって、不快な経験から衝動的に形成された否定的対人感情は、冷静にその状況を分析し、認知的に処理することにより修正可能と考えられます。

ただし、否定的対人感情を修正するために認知的処理を活性化することについては課題も残ります。それは、対人関係におけるさまざまな認知的処理には、対人関係に対する動機づけや信念などの個人の要因が影響を及ぼすことです。たとえば、相手を正確に理解しようと努める人ほど、相手についての情報をじっくり検討しようと認知的処理をよく用いることが指摘されています(Fiske & Depret, 1996)。このように、どれほど相手についての内面的情報を得たり葛藤状況を見直したりしても、個人の姿勢によっては否定的対人感情が修正されにくいと考えられます。友人を作りたいと考えている人ほど親密な関

係を築きやすい（山中，1994）．苦手な人との関係を重視し，「親しくなりたい」と思っている人ほど対人感情が改善されやすい（高木，2004b）といった個人特性と対人関係の変化との関係を示す研究結果からも，個人の要因が認知的処理に影響していることを説明できるかもしれません。

また，否定的対人感情の対象人物についての情報処理は否定的に歪められる傾向があるという研究（Averill, 1983；齋藤，1990；竹村・高木，1990など）を踏まえると，認知的処理にかかるこうしたバイアスの排除も考慮しなくてはなりません。

以上より，認知的処理に影響する動機づけや個人の信念などの個人要因への介入や，認知行動療法的アプローチなどによる歪んだ情報処理の改善による否定的対人感情の修正方法の検討も視野に入れるべきでしょう。

[2] 今後に向けて

本節では関係初期の段階で形成された否定的対人感情の修正可能性を中心に，苦手な人とのつきあいかたを考えてきました。しかし，実際は私たちの「苦手な人」の中には，既に対人感情が固定してしまった人や，長くつきあう中で苦手になった人もいるでしょう。二重処理モデルから考えると，関係形成から時間が経過すると対人感情は固定し，容易には修正できませんが，それでも「苦手な人」との関係が私たちの負担となることには変わりありません。したがって，時間が経過して対人感情が固定してしまった苦手な人とのつきあい方については，対人感情の修正以外の対処が求められるでしょう。たとえば，苦手でつきあわねばならない人に対しては「つかず離れず，あたりさわりなくつきあう」といった距離を調整する対処が用いられることが知られています（日向野ら，1998など）。また，否定的対人感情の悪影響を緩和するためには，関係をうまく終結させることも対処のひとつとの指摘もあります（増田，2001）。

そのほか，苦手な人との関係自体に意義を見出す，といった視点の転換も考えられます。これまでの多くの研究では，ネガティブな対人関係はストレスなど個人の負担に結びつくため，回避・改善すべきこととみなされてきました。ところが，否定的対人感情やその対象者の存在には，(1) 私たちの成長・発達に貢献する，(2) 対抗心から意欲を喚起する，(3) 苦手な人以外の友

人からのサポート獲得や連帯感の高まり，などの生産的側面の指摘もあります（Abecassis, 2003）。このように考えると，「苦手な人」とつきあうことやそうした人の存在は，必ずしも修正しなくてはならない悪い面ばかりではないのかもしれません。

　以上のように，苦手な人との関係についての研究は，否定的対人感情修正の試みとその方法や影響因の詳しい検討のほか，対人感情の修正よりもむしろ関係性の調整に焦点をあてた対処方略の提案や，苦手な人との関係についての新たな視点からの検討など，今後もより広い観点からの議論が必要だといえるでしょう。

7 他者への怒りを表明する

　近年，怒りの制御がうまくできない子どもの存在がしばしば指摘され，そのような子どもへの対応が求められています。たとえば，文部科学省（2010）の調査報告では，小中学生の暴力行為は過去最多となり，その一因は感情の制御ができないことにあると考えられています。怒りは他者に与える影響の大きい否定的な感情であるため，それをあらわにすること，そしてときにそれを感じることすらも忌避されがちです。しかし，怒りの経験や表出から目をそむけていては，適切に怒りを表出するスキルを習得・発揮できず，怒りを内に抑え込むことになります。そして最後は溜まった怒りが突然噴出し，かえって取り返しのつかない結果に至る可能性があります。

　本節では，怒りは適切に表現されれば建設的な役割をもちうるという立場から，他者への怒りの表出について論じます。具体的には，怒りの伝達が他者との関係において果たす役割，および，その表出は文化内で共有されているルール（表示規則）に応じて調整されるものであることについて概説します。そして私たちが用いる怒りの表し方（怒り表出行動）の種類とその適切性に関する研究を紹介します。また，適切とされる怒り表出行動が対人関係に与える影響を確認し，怒りの経験を建設的なものとするために考慮すべきことがらについて考えます。

1. 重要な概念

[1] 怒りの役割

　同じゼミの仲間と共同で卒業論文に取り組むことになり，毎週決まった時間に話し合いをする約束でしたが，相手はいつも30分ほど遅れてきて平然としています。最初は黙って我慢していましたが，あまりに度重なるため，ついに

相手に暴言を吐いてしまい，その後気まずくなって肝心の話し合いもできない，というような状況は容易に想像できるのではないでしょうか。これは一見，怒りで失敗した例のようにみえます。このような怒りは社会生活を営む人間にとって有害無益なものなのでしょうか。

　従来，感情は人間の心の正常な働きである理性的判断を妨げるものと捉えられ，その役割も明確にされていませんでしたが，近年では，環境適応に関する問題に対処するために重要な役割を果たすものであるという考え方が優勢になってきました（遠藤，1996）。このような考え方における感情の役割のひとつに，個体間の情報伝達があげられます。怒りという感情については，戸田（1992）が野性環境において縄張りへの侵入者に対して警告を発するという役割をもっていたことを指摘していますが，現代社会においても怒りには同様の役割があり，怒りを表すことは個人の権限範囲の侵害に対する警告としての働きがあると述べています。先の例であげた怒りについていえば，約束に遅れることやその謝罪や釈明がないことは，自分の時間や尊厳を侵害する行為であり，これへの警告を発する役割があったわけです。

　さらに，アヴェリル（Averill, 1982）は，怒りによって生じた行動の目標（怒りの動機）として，お互いの関係をより強固なものにすることや，相手自身のためになるだろうとの思いから相手に行動を修正させることなどを取り上げています。これらは建設的な怒りであるとされ，怒りの肯定的な側面が強調されています。このような動機の存在は日常的な怒りの経験に関する調査でも確認されており（たとえば Averill, 1982; 大渕・小倉, 1984），怒りに伴い生じる行動に建設的な役割が期待されている場合があることがわかります。

[2] 表示規則

　それでは，建設的な役割を果たせるように怒りを表すにはどうすればよいでしょうか。怒りを含め感情はその喚起および表出などの側面において社会的・文化的要因に規定される，という見方があります。つまり，感情にかかわる現象には生育過程において学習により獲得されてきた側面があると考えられているのです。エクマンらによれば，基本的な感情は固有の神経生理学的表出パターンをもち文化を越えて共通ですが[1]，社会的な場面での感情表出は各社

会・文化のルール（表示規則）によって変化すると考えられています（たとえば Ekman & Friesen, 1969）。表示規則とはさまざまな社会的環境や役割に応じてどのように感情表出を管理するかについての社会的・文化的規範や因習のことであり，文化による違いが実証されてきました（たとえば中村, 1991）。

このような表示規則を社会化の過程を通して身につけていくことは，社会生活を営む人間にとって重要な課題のひとつといえます。なぜなら，表示規則を獲得し，他者への感情表出を上手く制御することは，対人関係を円滑に営むために不可欠なスキルであると考えられるからです。

なお，怒りに関する表示規則については，日本人は欧米人などに比べて他者に対する怒り表出を抑制する傾向が強いといわれます（たとえば Argyle, Henderson, Bond, Iizuka, & Contarello, 1986）。さらに，相手との関係によっても表示規則が異なります。たとえばアメリカに比べて日本では，目上の人に対してよりも目下の人に対しての方が怒りを表出することが許される傾向が強いことが指摘されています（Matsumoto, 1990）。また，目下の人が目上の人に対して怒りを表出することは強く制限されます（工藤・マツモト, 1996）。欧米に比べて日本では一般に怒りの表出は抑制されることが多く，怒りを表す場合には相手との関係に留意すべきであることがわかります。

2. これまでの研究

[1] 怒りに対する反応

怒りが生じたときに私たちがとる反応にはさまざまなものがあります。アヴェリル（1982）は怒りに対する反応のひとつとして道具的反応をあげています。道具的反応とは顔が赤らむなどの生理的な反応とは異なり，怒っている人が状況に何らかの変化をもたらす目的で意識的に行う反応のことで，「直接的攻撃行動群（言語的攻撃，利益停止，身体的攻撃）」「間接的攻撃行動群（告げ口，相手の大事なものへの攻撃）」「置き換え攻撃行動群（人に八つ当たり，物

---

1) エクマンの本来の立場は，怒り，悲しみ，喜びなどの基本的な感情の基盤は生得的に備わっているというものです。

に八つ当たり)」「非攻撃行動群（相手との冷静な話し合い，怒りと反対の表現，心を鎮める，第三者と相談）」の4つに分類されます。そしてアヴェリルのデータでは，怒りを感じた場合にこれらを実行した率は，非攻撃行動群の心を鎮める（60%）や第三者と相談（59%）において高いことが示されています。つまり，怒りが生じた際の反応として，攻撃以外の行動（非攻撃行動群）が多用されるといえます。また，直接的攻撃行動群の言語的攻撃の実行率は49%と，これらの行動に次いで高い値を示していますが，怒りを感じた場合にこの行動への衝動が経験された率は82%であったことを考えると，実際には行動化されにくいものであるといえます。怒りの表出というと怒りの対象になっている相手への直接的な攻撃（直接的攻撃行動群）がイメージされるかもしれませんが，これは怒りに対する反応の一形態に過ぎず，怒りが即，相手への攻撃行動を導くとは限らないことがわかります。

　怒りを喚起させた人に向けられる怒り表出行動に注目した研究（木野，2000）では，「感情的攻撃」「嫌味」「表情・口調」「無視」「遠回し」「理性的説得」「いつもどおり」の7種類が日本人の怒り表出行動として紹介されています（表2-7-1)。「理性的説得」や「遠回し」など主張的，婉曲的な行動を含め，攻撃以外の形態もあることがこの研究からもわかります。

　これらの行動は使用頻度の高いものばかりではなく，なかには使用されにくいものもあります。具体的には「遠回し」「表情・口調」「いつもどおり」は実行される頻度がより高いのですが，「感情的攻撃」は最も使用頻度が低いという結果が得られています。また，怒りを示す相手によって使用頻度が異なることもわかっています。たとえば「感情的攻撃」「理性的説得」は目上の相手に対してよりも目下の相手に対しての使用頻度が高く，その逆に「いつもどおり」では目上の相手に対しての使用頻度が高いことが示されています。

　このように怒り表出行動を細かく区別することは，単に怒りを表出するか表出抑制するかの二分法で怒りの表出を検討するよりも，どのような原因による誰に対する怒りであるのかなどの各状況にふさわしい怒り表出行動を検討する上で有効です。また，細分化により，怒り表出が建設的な働きをする可能性を正確に吟味できるようになります。

表 2-7-1 対人場面における怒り表出行動の分類と実行頻度比較の主な結果
(木野, 2000 をもとに作成)

カテゴリー名	内容	実行頻度の比較[注]
感情的攻撃	相手に対して感情的に怒りをぶつけ,相手を非難する 例)怒りをぶつける,詰問する,強く責める,感情的に反応	目下へ>目上への表出 男性どうし>女性どうし
嫌み	相手の態度に対して嫌みや皮肉を言う 例)文句を言う,嫌みや皮肉を言う,苦労を伝える	
表情・口調	相手を責めるようなことは何も言わないが,非言語的な部分では怒りを示す 例)冷たい口調,怒りの表情,冷たい態度,乱暴な態度	
無視	相手に対して何の反応もしない 例)無視する,相手にしない	
遠回し	自分が怒っていることを遠回しにさりげなく伝える 例)軽く言う,冗談のように言う,さりげなく言う,さりげなく理由を聞く	女性どうし>男性どうし
理性的説得	決して感情的になることなく,相手の言動の非を冷静かつ理性的に説明する 例)説得・説教,注意,理由をよく聞く,謝罪の要求,意思の主張	同輩・目下へ>目上への表出
いつもどおり	気にしていないふりをして,いつもと変わらない態度で接する 例)ふだんどおり,平静にふるまう,調子をあわせる,怒りは示さない,聞き流す	目上へ>同輩・目下への表出 女性どうし>男性どうし

注)実行頻度の比較は,相手との地位関係や性別を考慮して検討された。不等号は実行頻度の多少を示す。地位関係や性別を超えた全体の傾向は,「遠回し」「表情・口調」「いつもどおり」>「無視」「理性的説得」「嫌味」>「感情的攻撃」であった。

[2] 怒り表出行動の適切性

われわれが実行しうる怒り表出行動は対人関係を営む上でどのように評価されるのでしょうか。これらの怒り表出行動の特徴を捉えるために,適切性[2]と

---

2)適切性は効果性とともに効率的に他者との相互作用を営む能力(対人コンピテンス)を捉える上では欠かせない観点であり(Spitzberg & Cupach, 1989),コンピテント(有能)であるかどうかは,適切で効果的な行動ができるかどうかにより評価することができます。効果性とは目標や課題を本人が満足のいく形で達成できるかを,適切性とは社会的・対人的な規範やルールに従ったその場面や状況にふさわしい行動であるかを意味します。このうち適切性は社会的規範やルールに関わるものであり,文化の影響をより受けやすいものとされています(髙井, 1994; Takai & Ota, 1994)。

いう観点から各行動を評価した結果をみてみましょう。

　表2-7-1で取り上げられた怒り表出行動について，怒りの原因が相手の怠惰な行動であった場合の適切性を検討した研究（木野，2004）があります。この研究によれば，怒りの原因が相手の怠惰な行動であった場合に最も適切であると評価されたのは「理性的説得」でした。このような場合には，感情的にならず，怒りの原因となる相手の言動の非を明確に主張することが適切だと認められていることがわかります。「理性的説得」につづいて評価が高かったのは「遠回し」でした。一般的な認識としては，「いつもどおり」のように怒りを相手に全く示さないよりは，婉曲的にでも相手に怒りを示した方が適切であると考えられていることも明らかになりました。

　ただし，怒り表出行動を向ける相手（受け手）との関係によっても適切性の評価は異なります。この研究では受け手との地位関係（目上，目下，同等）によって行動の適切さが異なるのかも検討されており，目上に対する怒りの場合に比べて目下に対する怒りの場合は，「理性的説得」はより適切であり，「いつもどおり」は適切ではないと評価されることが示されました。これはマツモト（Matsumoto, 1990）の指摘と整合する結果であり，私たちの文化における怒りの表示規則についての認識を表すと考えられます。すなわち，上下関係を重んじるといわれる日本社会においては，目上の立場であれば，地位の違いを守るためにも毅然とした態度で怒りを示すことが適切な怒り表出行動であり，逆に目下の立場であれば，たとえ冷静かつ理性的な表現であっても目上の者への怒りの表出は目上の相手が行う場合ほどには許容されないものであると考えられていることがわかります。以上から，相手や状況によっては怒りを表出すべきであり，それにふさわしい表出の仕方があることが示唆されます。

[3] 適切な怒り表出の効果

　相手の怠惰な行動に対する怒りを表出する場合に適切だと評価されやすい「理性的説得」がどのような結果をもたらすのかについて，怒り表出の対人的影響に着目した研究をみてみましょう。先の適切性に関する研究は第三者の立場から客観的な判断を求めた場合の評価でしたが，ここでは怒り生起状況の当事者としての評価を捉えたものになります。

まず，怒り表出に関する実際のエピソードを検討した結果（木野，2003）をみてみましょう。この研究で収集されたエピソードにおける怒りの原因は，83%以上が相手の怠慢や不注意または意図的で不当な加害行為であり，相手に非があると考えられる状況が回答の大半を占めました。そして，「理性的説得」を行った場合，他の表出行動に比べて，受け手（怒られた人）が表出者の怒りに気づいた場合でも相手からの反発を受けにくく，反省を促す傾向にあることがわかりました。さらに，受け手が表出者の怒りに気づき，反発せず，反省を示すことは，表出者の怒りを弱めることも示唆されました。また，怒り表出行動に対する受け手の印象を，怒りの原因が受け手自身の怠惰な行動であるという仮想場面を取り上げて検討した研究（木野，2005）では，表出者が目上の立場で，強い怒りを感じていると受け手が推測している場合に「理性的説得」が行われると，受け手は表出者に肯定的印象を抱きやすいことが示されています。他者の言動に対して怒りを感じた場合には，冷静かつ説得的に相手の言動の非を伝えることが，相互理解を深めるという肯定的な結果につながりやすく，さらには人間関係をより親密にする方向に働く可能性があると考えられます。

3．怒りを建設的に利用するために

[1] 表出者の立場から

　以上から，適切に怒りを表出することは，生じた怒りを建設的に利用する上で有効であることがわかります。したがって，自らの怒りの制御に困難を感じている場合には，状況に応じて上手く相手に怒りを伝えるスキルを身につけることが，怒りへの対処の一手段となるでしょう。

　このようなスキルは訓練により身につけることが可能と考えられています。怒りのスキルトレーニングは，怒りのもつ情報伝達の役割を重視し，「怒りという送信スキルを磨いて，相手との関係を損なわずメッセージを伝えること」（中井，2008）を目標とします。中井（2008）はこの実践例として，怒りを感じやすい大学生を対象とした研究（増田・長江・根建，2002）を紹介しています。この研究ではトレーニング効果の一部に，想起した怒り喚起場面において適切な行動を実行できるという確信（自己効力感）が上昇することが示されていま

す。このように自己効力感を高めることは，行動実行の可能性を高めることになるでしょう。

　ただしこの研究では，トレーニング効果は，総合的にみると怒りを表出する傾向の高い人の方が抑制する傾向の高い人よりも優れていたことから，個人の特性によってより適切なトレーニングが異なることも指摘されています。怒り表出傾向の高い人にとっては，怒りの表し方を建設的な方向に変容させるのみであり，行動変容に対する抵抗が比較的低いのですが，怒り抑制傾向が高い人は，怒りを表すことに対して否定的な結果を予期している可能性があり，怒りを表すことそのものへの抵抗感が大きく，怒りを表すという行動を獲得しにくいのではないかというのです。そして後の研究（金築・金築・根建，2008）において，怒り抑制傾向の高い人には，各種怒り対処行動の利点と不利な点を考えさせるという認知的な働きかけを併せて行うことにより，怒りを抑制することに対する肯定的な意味づけを弱めることができ，トレーニング効果が高まることも示されています。これは，ある行動を肯定的に捉えているか否定的に捉えているかで，その行動を積極的に選択するかどうかが異なるためと考えられています。

　各行動がどのような結果を招くのかなどの行動に対する評価が，その行動の実行を左右する可能性については，先述の適切性に関する研究（木野，2004）でも示されています。すなわち，各怒り表出行動の適切性を高く評価することはその行動の実行可能性を高めるというのです。また，怒り表出としての攻撃行動は，否定的な結果が予期される場合には，抑制されることが見いだされています（阿部・高木，2003）。したがって，望ましい怒り表出行動に対する肯定的評価をもたせるような働きかけが，その行動を獲得させるために有効と考えられます。他者に感情を示すことがどのような結果に結びつくかについての理解は感情コンピテンスのひとつであり（Saarni, 1999），この理解を促進することは，感情を上手く扱う能力の向上につながるでしょう。

[2] 受け手の立場から

　前項では，怒りを感じている人の立場から考えてきました。しかし，怒りにまつわる一連のやり取りは，表出者と受け手の双方の認知と行動によって成り

立つものです。したがって，もう一人の当事者である受け手がどのような反応をするかも，怒りを建設的に利用できるかどうかにかかわります。

2の［3］では，受け手が表出者の怒りに気づき，反発せず，反省を示すことは，表出者の怒りを弱める可能性があることに言及しました。このことは，受け手が表出者の怒りに理解を示すかどうかが，怒りが建設的に利用されるかどうかを左右する可能性を示しています。

しかし，表出者と受け手では，怒り表出に関する一連の出来事に対する捉え方が異なることが，いくつかの研究で示されています（たとえば阿部・高木，2005; Baumeister, Stillwell, & Wotman, 1990）。表出者は怒りの原因を受け手の責任と捉えやすく，怒りの表出が正当であるとしますが，受け手は怒りの原因となった自分の言動について正当な理由があるとしたり，相手の怒り表出行動を過剰と捉えたりします。つまり，どちらの立場も自分をより正当化しようとするのです。そして，お互いがこの食い違いに気づいていないことが，相手との対立を深める可能性があるというのです。

また，2の［1］でみたように，相手との関係など，状況によって怒りが表されにくいということにも留意しておく必要があるでしょう。したがって，一般には怒りを表すのが好ましくない状況であっても，怒りが伝えられたのであれば，その相手の訴えをより重く受け止める必要があるのではないでしょうか。

表出者が受け手に配慮して適切な表出をしていても，受け手がそれを受け止められなければ，怒りは建設的な役割を十分に果たしえません。怒りを建設的に利用するためには，怒りを表している人がなぜ怒っているのか，状況をどのように理解しているのか，何を求めているのかなどを正しく把握しようとする姿勢が，受け手にも求められるのです。

［3］今後に向けて

本節で取り上げてきた研究は，場面想定法や実際のエピソードの回想に基づくものでした。エピソードの回想に基づくものは，あくまでも表出者の視点からの回答であり，受け手の反応については推測の域を出ません。また，場面想定法による回答は，社会的に望ましい方向に回答が歪められている可能性を否めません。したがって，怒りがどのようなときに，どのように表され，どのよ

うな結果をもたらすのかをより正確に捉えるには，実際の怒り喚起状況をより忠実に捉える試みが必要と考えられます。その一例として，怒り喚起場面にかかわる二者，つまり表出者と受け手を二者関係の単位で捉え，より現実に近い相互作用を解明することがあげられます。これは怒りを建設的に利用するための直接的な問題解決につながるものではありませんが，一連の現象をより正確に把握するためには有効でしょう。

　加えて，怒り表出後の過程も含めた一連の現象を検討することも有益でしょう。こうした検討により，怒り表出を制御できなかった場合に，その後どのような心理過程をたどり，どのような対人関係の調整を行うのかを明らかにすることができます。そしてその成果は，怒りの制御が困難な青少年の心の理解，および，円滑な対人関係の回復のためのスキル教育に貢献するものと考えられます。

8　他者に共感する

　近年,「勝ち組・負け組」という表現をよく耳にするようになりました。社会が変われば,その変化に適応するため人々の思考や行動パターンが変化していくのはある意味当然です。しかし一方で,競争意識が昂じてきた現代では皆が自分ばかりに注意を向け,周囲に気を配る余裕がなくなっているとの指摘が増えていることも事実です。
　「それも仕方がない。他人が得をするように振る舞うのは,自分が負けることを意味する」,そんな声が聞こえてきそうです。たしかに,誰かが勝てば必ず誰かが負ける,それが競争です。しかし,自分だけが得をして周囲に対して気まずい思いをしたことはないでしょうか。逆に,他者を助けたり優しくしたりして感謝され,温かい気持ちになった経験はありませんか。
　少なくとも,筆者はこのようなことを経験してきました。そこで本節では,自分のことばかり考えて他者とかかわることが必ずしも心の安寧につながらないこと,相手の立場に立って優しく接することが自身の精神的健康にもよい影響を及ぼす可能性について考えてみたいと思います。

1. 重要な概念

[1] 共感性

　私たちは日々他者とかかわりながら生活する中で,他者の思考や感情を理解しようとしたり,その結果何らかの気持ちや考えを抱いたりということを日常的に経験します。このような他者の心理状態に対する推測,理解,反応といった心的傾向を「共感性」といいます（鈴木・木野・出口・遠山・出口・伊田・大谷・谷口・野田, 2000）。
　一般に「共感する」というとき,相手の考えや気持ちが理解できる,もしく

は同じような考えや気持ちを抱くことを意味します。共感性に関する研究では，前者（他者の気持ちの推測や理解）を共感性の認知面，後者（他者の気持ちへの反応）を共感性の感情面と呼んでいます。また，近年ではこの共感性の認知面・感情面の区別に加えて，共感的な理解や反応が相手と自分のどちらの視点から生じたものなのかという指向性（他者指向－自己指向）が考慮されるようになってきています（Davis, 1983; 鈴木・木野，2008）。つまり，誰かがある状況にあるとき，「あの人はきっとこう感じているだろう」と他者指向的な視点をとるか，「自分ならきっとこう感じるだろう」と自己指向的な視点をとるか，両者を区別しようということです。この指向性の違いは，その後の心理や行動の違いを生むことが多いため，重要だと考えられています（鈴木・木野，2008）。

表2-8-1は，共感性の認知・感情面と他者・自己指向性を組み合わせた下位概念を示したものです。そもそも共感性という用語は，ドイツ美学で使われていた観察対象を理解する手段としての自己投影を表す「感情移入（Einfühlung）」から派生しました（Wispé, 1986）。共感性を測定するため開発された初期の尺度のひとつに（Stotland, Mathews, Sherman, Hansson, & Richardson, 1978），主に小説や映画などの登場人物に自分自身を投影して想像する傾向を測るものがあります。これが現在「想像性」と呼ばれる認知面のひとつです。ただし，今日，より重視されているのは「自分が」どう感じるかではなく，「相手が」どう感じているかを想像できる能力です。この相手の立場から理解しようとする他者指向的な傾向は，先の想像性と区別して「視点取得」と呼ばれます。愛他的な言動や行動には視点取得を必要としますし（Davis, 1994），視点取得ができることは決して他者のためだけではなく，自分にも利すると考えられています。たとえばミード（Mead, 1934）は，他者が世界をどうみているかを推測し，そこで得た理解を自分がさまざまな場面で適応するため

表 2-8-1　共感性の認知・感情面と他者・自己指向性を組み合わせた下位概念の分類

	認知面	感情面
他者指向	視点取得	他者指向的反応
自己指向	想像性	自己指向的反応

に使う，すなわち視点取得を社会適応の学習という観点から重要だとみなしています。そして個人がこの認知能力を活用することで，社会的な組織が成り立つと述べています。自分が社会に適応するために，さらにはよりよい社会が形成されるためにも，視点取得が必要だというわけです。

　この他者指向の重要性は，共感性の感情面にも及びます。他者とのかかわりを考えたとき，相手の気持ちを推測するだけでは終わりません。当然，自分自身に何らかの気持ちや考えが生まれます。そして，どのような気持ちや考えを抱いたかによって，その後の自身のあり方や他者への振る舞い，さらにはその相手との関係性まで変わる可能性があります。たとえば，悩んだり苦しんだりしている人を前にして反応するといった場合，もし自分の中に相手の抱える問題に対して同じように「苦悩」が生じたとしたら，自分を相手の立場に置き，相手と同一視していますので，この反応の焦点は相手にあります。これを「他者指向的反応」と呼びます。一方，「可哀想に」と声をかけたとしたら，多くの場合自分の中に生じているのは「憐憫」です。可哀想なのはあくまで相手だけで，自分が相手に対して抱いた憐みの情を表明したにすぎないのですから，この反応の焦点は自分にあります。これを「自己指向的反応」と呼びます。前者のパターンでは相手が自分と同じように問題に向かうあなたの姿に仲間意識を感じるかもしれませんが，後者のパターンでは「同情なんてされたくない」と心配するだけ無駄だったと思うような言葉が返ってくるかもしれません。相手にとっても，自分自身にとっても，また二人の関係性にとっても，他者指向的な反応をしたほうがよさそうなことがうかがえます。

[2] 主観的ウェルビーイング

　人は誰しも，心の安寧を維持しつつ暮らしたいと願っています。悩み苦しんでいては，生きていくこと自体がとても辛いものになってしまいます。これまで精神的健康に関する研究領域では，抑うつやストレス反応など「いかに精神的に不健康か」という視点から主に検討されてきました。しかし，精神的健康という概念は，精神的に不健康ではないことだけを指すものではありません。また，精神的に不健康ではないことは，精神的に健康であることを保証するものでもないのです（Ryan & Deci, 2001）。このような考え方は，1948年より効

力を発している世界保健機関（WHO）憲章前文「健康とは，肉体的にも，精神的にも，そして社会的にも完全に良好な状態（well-being）であって，単に疾病や病弱の存在しないことではない」という健康定義にもみてとれます。

　そのため，健康な心的機能の維持や，才能・資質を伸ばすといった「いかに精神的に健康か」という視点に立った研究をもっと進めようというポジティブ心理学（Seligman & Csikszentmihalyi, 2000; Sheldon & King, 2001 参照）が提唱されて以降，この動きは日本でも活発になりつつあります（島井，2006）。本節で取り上げる「主観的ウェルビーイング（subjective well-being）」は，このポジティブ心理学でよく扱われる概念のひとつです。主観的ウェルビーイングとは，「自分自身による個人生活の評価」と定義され（Diener, 2000），日頃快感情を多く経験しているか，不快感情を経験していないかに加え，日常生活全般における満足感と特定の重要領域における満足感も含む，感情面と認知面の両方から構成される概念です。なお，特定の重要領域とはその人の満足感に大きく影響する中心的な領域をさします。鈴木（2009）は，学校に通う青年（中学生，高校生，大学生）にとって重要な意味をもつ領域として，学業領域（学校生活）と対人領域（友人関係，家族関係）を提案していますが，社会人なら勤労生活，既婚者なら結婚生活があげられるなど，その人の生活環境によって若干異なります。

　人の精神的健康にとって，その人が日常生活でどう感じ，評価しているかという「主観」が大きな役割を果たすというのは重要な視点です。健康診断結果といった客観的な健康状態や，収入，社会的地位などは個人のウェルビーイングにあまり影響しません（Diener, Shu, Lucas, & Smith, 1999）。ただし，何でも自分に都合よく解釈したり，自分が幸せと思えばそれでいい，日々楽しく暮らせればそれでいいと刹那的に行動することを意味するものではありません。本当に幸せな状態とは，安楽ではなく美徳を重んじる姿勢を伴うものです（Seligman & Pawelski, 2003）。大石（2006）によれば，日本では周囲に受け入れられていたり，認められていたりする姿を最も理想的とみなす人が多いようですが，人は社会的な生き物なのですから，他者との関係性を考慮した美徳は広く求められるものではないでしょうか。

2. これまでの研究

[1] 共感の指向性と性格的な特徴との関連

「重要な概念」の項で述べたように，共感性には認知的な側面と感情的な側面があります。そして，それぞれに他者指向的・自己指向的な区別がなされており，他者指向的な認知能力（視点取得）を備え，他者指向的に反応する方が自分にも他者にも望ましいようだということが示唆されています。ところで，個人によって他者指向的な共感性や自己指向的な共感性は異なるのでしょうか。共感の指向性と個人の性格的な特徴との関係について，これまでの研究からわかってきたことをみてみましょう。

まず，外向的な人ほど他者指向的に反応することが増えます（鈴木・木野，2008）。★尺度集 外向性は，性格の基本的な一側面と考えられており，陽気で活動的，人好きで話好きなど，何に対しても積極的で誰に対しても社交的であるほど外向性が高いとみなされます（和田，1996）。同様に，鈴木・木野（2009）は，対人場面において緊張や不快を感じるといったシャイな人は自己指向的な共感性（想像性と自己指向的反応）が高いのに対して，シャイでない人は他者指向的な共感性（視点取得と他者指向的反応）が高いことを報告しています。シャイだと他者と接する際に不安を感じてしまうため，消極的，回避的な対人関係につながるといわれています（大渕・堀毛，1996）。人付き合いに消極的だと，他者からどう思われているのか評価を得る機会が減ってしまい，その結果ますます不安になり回避行動が増えるという悪循環が生じかねません。

[2] 共感の指向性と主観的ウェルビーイングとの関連

「重要な概念」の項では，精神的健康にはその人の主観が大きくかかわること，個人のウェルビーイングにとって日常生活や対人関係における満足感が重要であることを指摘しました。自分に不安があるからといって，生活や周囲の人々に対して満足していないとは限りません。そこで，ここでは共感の指向性と主観的ウェルビーイングの関係についてみてみましょう。

まず，他者指向的な共感性が高いほど生活満足感が高く，快感情経験も多いのに対して，自己指向的な共感性が高いほど不快感情経験が多い傾向が一貫し

てみられています（鈴木, 2002a, 2003）。もちろん，他者指向的な共感性も自己指向的な共感性もともに高い／低い人や，一方のみ高い人がいます。両者の組み合わせによって主観的ウェルビーイングにどのような違いがみられるかを図 2-8-1 に示しました。他者指向的な共感性が高い群（共感高群，他者指向群）は，低い群（自己指向群，共感低群）より生活満足感が有意に高い結果となっています。快感情経験については共感性自体が低い共感低群が他より少ないだけですが，不快感情経験については自己指向的な共感性が高い群（自己指向群，共感高群）が低い群（共感低群，他者指向群）より多くなっています。生活満足感が高く，快感情経験が多く，不快感情経験が少ないのが最も望ましい主観的ウェルビーイングのあり方ですから，他者指向的な共感性が高く自己指向的な共感性が低い他者指向群がそれに適合しているといえます。

また，鈴木（2002b）は学校生活や家族・友人関係といった主観的ウェルビーイングの重要領域ごとに共感性との関連を検討し，特に友人関係満足感が高い人ほど他者指向的反応も自己指向的反応も多いことを指摘しています。友人関係はそもそも対等な関係ですし，特に青年期には友人とのかかわりが増えます

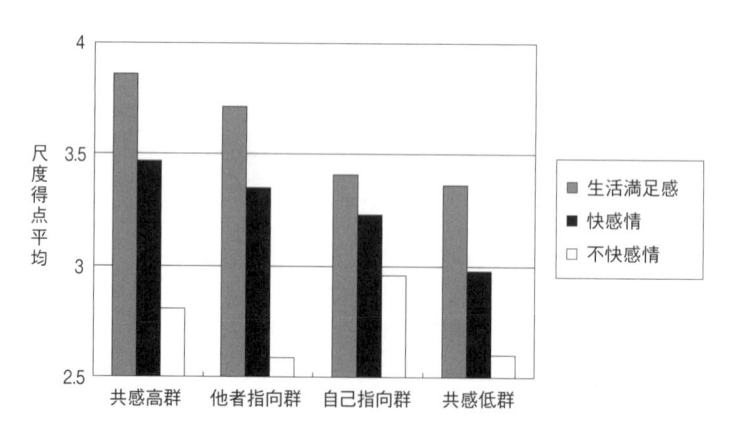

注）共感高群：他者指向的な共感性が高く，自己指向的な共感性も高い。
　　他者指向群：他者指向的な共感性が高く，自己指向的な共感性が低い。
　　自己指向群：他者指向的な共感性が低く，自己指向的な共感性が高い。
　　共感低群：他者指向的な共感性が低く，自己指向的な共感性も低い。

図 2-8-1　共感指向性の違いによる主観的ウェルビーイングの差異（鈴木, 2003 より作成）

ので，お互いに相手を思いやったり自分を主張したり，どちらの反応もたくさんやりとりされるのは不思議ではありません。ただし，その中で快感情を多く経験している人が，友人関係に満足できる結果となっています。なお，自己指向的反応が自尊感情を低下させることも示唆されていますので，自己満足を追求してばかりでは結果的に自己評価を下げてしまう危険性も心に留めておくべきでしょう。さらに，友人関係満足感の高い人でも，他者指向的反応が少ないと自己の怒りを周囲へ向ける傾向があることを示した研究（鈴木，2004）もあります。良好な友人関係を維持するためにも，他者指向的な共感性が必要であるといえます。

3. 他者に共感しながら健やかに過ごすために

[1] 自分に意識を向けすぎない

共感の指向性に着目したこれまでの研究から，他者指向的に共感することが相手のためだけでなく自分自身にとっても望ましいこと，また逆に自己指向的に共感することは相手との関係を壊す恐れがあるばかりか，主観的ウェルビーイングにも悪影響を及ぼす可能性のあることがわかりました。自己指向的な共感性が不安傾向や自尊感情の低下と関連するという示唆も得られています。したがって，まずは自己指向的に共感しないこと，そのためにもあまり自分に意識を向けすぎないことが大切です。

そもそも人は，自分が今何をどう考え感じているか，折に触れて自分自身に意識を向けることを自然に行っています。自分を知ることは，社会に適応するためにも，社会で成功するためにも，自己成長を遂げるためにも必要です。そのため，自分に意識を向けること自体は悪いことではありません。しかし，それもいき過ぎれば精神的健康に悪影響を及ぼします。共感性の研究では，自己指向的な共感性が高い人ほど公的自己意識も高いことが明らかとなっています（鈴木・木野，2008）。公的自己意識とは，他者から見られる自分の姿が気になる程度を表す特性で，周囲からの評価に敏感になるため対人不安をもたらします（Fenigstein, Scheier, & Buss, 1975）。さらに，自己指向的な共感性は自己没入とも関連します（鈴木・木野，2008）。自己没入とは，自分に注意を向け

る強さと持続性の程度を表す特性で，抑うつの危険因子だとされています（坂本，1997）。もちろん，自分に注意を向ける傾向の強さはすぐさま抑うつにつながるわけではありません。ただ自分に注意を向けるということは，あたかも他者が見たり考えたりするように自分で自分を客観視することですから（押見，1992），先の公的自己意識における「他者の目」が「自分の目」に置き換わっただけのようなものです。つまり，自己注目が不安を生み，その不安が強く長く続くことで抑うつにいたるのです（田中・佐藤・境・坂野，2007）。さらに，自分なら現実の自分が理想に届いてないこともわかってしまうので，不安にならずとも自信を失うとか，何らかの不快感情を引き起こしてしまいます（Duval & Wicklund, 1972）。共感の際に自分を意識することは，ほどほどにしておくべきでしょう。

[2] レジリエンスを高める

「重要な概念」の項で述べたように，個人の主観的ウェルビーイングにとって日常生活でなるべく不快感情を経験しないことは重要な要因です。とはいえ，人は日常生活の中でさまざまなストレスを経験しますし，まったく不快にならず生きていくことなどできません。ストレスのかかる状況でも精神的健康や適応行動を維持できる，あるいはネガティブな心理状態に陥っても回復できる特性をレジリエンスといい（Rutter, 1979），青少年の社会適応を視野に入れた人格的成熟や健全なウェルビーイングの獲得・維持・高揚をめざした健康教育でも注目されています（Blum, 1998）。鈴木（2006）によれば，レジリエントな人ほど主観的ウェルビーイングが高く，他者を援助するといった向社会的行動を負担に感じることなく実際に多くとっています。ここでいうレジリエントな人とは，将来に対して希望や目標をもつ，色々なことに関心を向け挑戦する，自分の感情をコントロールできる，このような人を指します。ですからこれらの点を意識することは，他者に共感しつつ自らが健やかな生活をおくるためにも有益だと考えられます。ただし鈴木（2006）の研究では，たとえ日常生活において多くの不快感情を経験し，レジリエンスが高くても，対人関係を含め日常生活に満足できていなければ，そのレジリエンスの高さが向社会的行動にはつながらないことが見出されています（図2-8-2）。したがって，社会適応を伴う

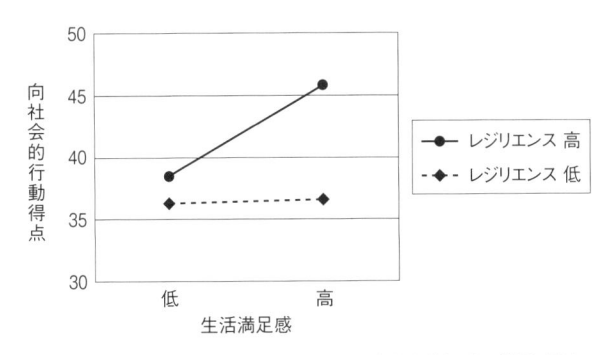

図 2-8-2　レジリエンスと生活満足感の違いによる向社会的行動の差異（鈴木, 2006）

人格的成熟にはレジリエンスを高めることに加え，対人関係や日常生活に満足すること，つまり高い主観的ウェルビーイングが必要といえるでしょう。

[3] 今後に向けて

これまでみてきたように，自分にばかり注意を向けることは精神的にあまりよい影響を及ぼさないこと，他者に思いやりをもって接することが相手のためだけでなく自身にとっても望ましいことなどが研究で示されてきました。近年，クレイマーやモンスター〇〇といった言葉がメディアで躍っていますが，自分（たち）のことばかり考えるあまり周囲に気を配る余裕がなくなっている人が増えてはいないかと危惧されます。あるいは，負け組に入ったらどうしようと戦々恐々とし，この厳しい競争社会に他人のことなんか構っていられないとばかりに権利を主張しているのかもしれません。いずれにしても，他者とのかかわりにおける不安や不満が背景にありそうです。

誰かが得をすれば残りの人は損をする，そのような競争の社会ではなく，皆が何がしか得るものがある協同の社会に変わっていくことが望まれます。そこで得られるものは，皆が同じである必要はありません。本節で述べてきたように，個人のウェルビーイングにとって大きな役割を果たすのは「主観」なのですから，金銭でも賞賛でも信頼でも余暇でも，その人にとって価値あるものが手に入ればよいのです。もちろん，社会のあり方が急激に変化することは滅多にありませんし，他者指向的な共感性で万事がうまくいくわけでもないでしょ

う。その思いやりを相手にうまく伝える力，自分や相手が抱える問題の解決策を講ずる力，ストレスや不快感情に対処できる力，このようなライフスキル（WHO, 1994）と呼ばれる能力を身につけることで他者指向的な共感性をうまく活かす可能性が拓けるのではないでしょうか。今後は，どのようなライフスキルをどのような場面で発揮することが求められるのか，特に良好な対人関係と自身の精神的健康にとって有益な方策を探っていくこと，また，そのようなライフスキルを発揮する際に他者指向的な共感性が果たす役割などを明らかにしていくことが研究課題といえるでしょう。

コラム2 ◆ レジリエンス

　大きな困難に直面したとき，それによって心身の健康を損なってしまったり，長期間感情的に落ち込んだ状態になったりする人もいれば，時間が経つにつれしだいに回復できる人もいます。こうした逆境への強さの違いは何によってもたらされるのでしょうか。この問いについて，欧米では1970年代からレジリエンス（resilience）という概念を用いて検討されています。もともとレジリエンスは物理的な「弾力，復元力」を示す言葉ですが，転じて「回復力，立ち直る力，快活さ」などの意味でも用いられます。心理学では主に「困難な状況にもかかわらず，うまく適応する過程・能力・結果」（Masten, Best & Garmezy, 1990）と定義されています。類似した用語にハーディネス（hardiness）がありますが，ハーディネスは精神的な強靭さを示し，困難を跳ね返す力であるのに対し，レジリエンスは困難な状況における一時的な落ち込みから回復し，良好な適応状態（コンピテンス）を取り戻すプロセスに焦点をあてていることに特徴があります。

　レジリエンス概念への注目は，心理社会的または生物学的にリスク要因をもつ子どもの中にも，健康で望ましい成長をとげているケースが少なからず報告されたことに始まっています（小花和，2004）。実際に，さまざまな困難があってもそれらを跳ねのけて適応的な発達をとげる子どもは決して少なくありません。たとえばウェルナーとスミス（Werner & Smith,1982）は長期にわたる縦断調査の中で，2歳時に慢性的な貧困などの複数の困難を経験していても，3割程度の子どもは深刻な問題を示さず，職場や社会生活でも十分な適応を示し，現実的な目標や期待をもつ「レジリエントな子ども」であったと報告しています。

　レジリエンス研究では，リスク要因，プロテクト要因，そしてコンピテンスという3つの概念が鍵であるとされています（中谷，2008）。つまり個人が発達する過程において，困難や逆境（リスク要因）に直面した場合，個人の能力や周囲のサポート（プロテクト要因）によって深刻な不適応に陥ることなく有能さや良好な適応状態（コンピテンス）を維持することができるという力動的なプロセスに注目しているのです。さらにレジリエンスの視点では，これらの要因の単独の影響だけでなく，要因間の相互の関連が重要だと考えられています（小花和，2004）。

　具体的なリスク要因としては，身体障害，経済的な困難，親のアルコール依存，両親の離婚や不適切な養育などの家庭環境の問題があげられます。心身の適応を支えるプロテクト要因については，マステンとリード（Masten & Reed, 2002）が，個人がもつ安定した気質などの「個人内要因」，養育者との親密な関係などの「家庭内要因」，有能で向社会的な大人とのかかわりを指す「家族あるいは他の関係内の要

因」，向社会的組織との結びつきなどを含む「コミュニティ内の要因」の4カテゴリに分けて整理しています。

たとえば個人内要因について，小塩・中谷・金子・長峰（2002）がレジリエンスの状態を導くパーソナリティ特性を「精神的回復力」とよび，「新奇性追求」「感情調整」「肯定的な未来志向」の3つの下位尺度からなる尺度を作成しています。そしてこの尺度を小学生に対して用いた調査で，特に「感情調整」が学年始めのストレスを緩衝する効果をもつことが示されており（中谷・小塩・金子・中山，2007），自らの感情をコントロールできる能力がレジリエンスにとって重要だと考えられます。

また，プロテクト要因の中でも養育者との親密な関係を基本とする家庭内要因がレジリエンスにとって重要なのはもちろんですが，逆に養育者による虐待がある場合などのように，家庭内の問題がリスク要因となっている場合も少なくありません（Masten & Wright, 2009）。その場合，その他の対人関係，特に教師や学校の仲間をはじめとするコミュニティにおける支持的な大人とのかかわりが，レジリエンスを導く重要な環境要因になると考えられます（Masten, Herbers, Cutuli, & Lafavor, 2008）。

レジリエンスは，困難を回避したり単によい適応を求めるということではなく，逆境の中でのポジティブな側面に注目しています。さまざまな困難が避けがたい現代社会において，困難に「耐える力」ではなく困難を「経験した上で乗り越える」力を示すこの概念に，これからますます注目が集まるものと思われます。

第3章
社会とかかわる

1 社会的な意欲を育てる

　皆さんの記憶をたどって頂くことから始めたいと思います。小，中，あるいは高校のとき，皆さんが学校に通うことで学んだものは何だったでしょうか。教育関係者からみれば，それは「知識」あるいは「学力」だというでしょう。しかし実際には，「友だちとのかかわり方」や「先生とうまくやる方法」であったり，「がまんして授業を受ける態度」であったりするかもしれません。学校は学びの場であると同時に生活の場であり，その点で，子どもが「人と人の間で自分はどのように生きていくか」という人生にかかわる大きな課題を学び始めるところだといえるでしょう。

　「社会的な意欲」とは，人が人とかかわり，集団や社会の中でよりよく生きていくために必要な意欲といえます。「社会的な意欲」とは，これまで心理学の領域では「社会的コンピテンス」や「社会的動機づけ」といった用語で研究されてきたものです。本章では，子どもの育ちや学びを支えるものとして，この「社会的な意欲」に注目し，いわゆる頭のよさだけではなく，本人のもつ社会的要因や支えについて，近年の研究を概観したいと思います。子どもの社会的な意欲を育てる教育について考えてみましょう。

1. 重要な概念

[1] 社会性

　我々の生活は他者の存在や社会とのかかわりなくしては成り立ちません。心理学では，他者や社会と適切にかかわる能力やパーソナリティのことを「社会性」と呼びます。子どもが社会性をもつことは，他者や友人とよい関係が築けるかどうかに密接にかかわっています。相手の気持ちや感情に配慮した言葉を選んだり，集団の性質やそのときの状況に合った行動をすること，そしてその

とき場面に合わせて自己を主張したり抑制したりすることは，社会性のもつ重要な働きです。

また子どもがさまざまな場や状況で社会性を獲得してゆく過程のことを社会化と呼びます（たとえば Grusec & Hastings, 2007; 斉藤・菊池, 1990）。年齢や学校段階が上がるのに伴って，子どもは新たな社会化の過程を歩んでいくといえるでしょう。社会性に類似した概念として，社会的コンピテンス，向社会性，道徳性などがありますが，いずれも個人の内的特性として要因を捉えているものです。また一方で，社会的スキルという概念もあり，こちらは適応的な行動や技術としての社会性を意味しており，行動レベルに焦点があるといえます。

[2] 社会的目標

私たちが何かの行動をしようとするとき，しばしば自分の行動の指針や方向性を決める意識をもちます。たとえば，勉強であれば「いい成績がとれるようにがんばろう」「質問されても，自分で説明できるようにちゃんと理解しよう」，またスポーツであれば，「ライバルに負けないように練習しよう」「自分の納得のいく技ができるよう稽古しよう」といった具合です。

このように，個人のもつ行動の志向性のことを，目標（あるいは目標志向性）と呼びます。ここでいう目標とは，一般的に想像されるような，「○○大学合格」や「次のテストで○点とるぞ」といった，具体的な基準や対象を意味するものではありません。目標とは，さまざまな行動全体にかかわる，個人のパーソナリティ特性のことを意味しています

個人のもつ目標について，従来ドウェック（Dweck, 1986）やエイムズとアーチャー（Ames & Archer, 1987）などの研究者は，学習場面での目標を主に考えてきました。しかし子どもたちのもつ目標は学習に関するものだけではなく，友だちやクラス，クラブ活動など，さまざまな対象に向かっています。

ウェンツェル（Wentzel, 1991）は，子どものもつ学習以外の目標を多面的目標と名づけ，なかでも他者や社会にかかわる目標である社会的目標に注目しました。また中谷（2007）では，我が国の小学校高学年児童を対象とした，他者への援助や思いやりに関する向社会的目標と，他者や集団の規範の遵守に関する規範遵守目標の2つの内容からなる社会的責任目標尺度を開発しています。★尺度集

これまでの教育政策の中で，学業的目標と同様に社会的目標も，重要な教育的価値だと考えられてきました。表3-1-1は，過去から近年まで，アメリカの教育政策の指針であるナショナル・レポートで示された目標内容の一覧です。教育目標の領域は，学業だけでなく，社会的責任の領域に渡っており，学力と社会性の両面が，公教育で担うべき重要な教育的価値である捉えられてきたことがわかります。
　ここから，学校教育の目的とは，子どもたちに学力をつけさせることだけではなく，他者への配慮や思いやり，社会に対する肯定的，適応的な態度を育てることも含まれるものであることがわかります。近年いわれる市民性（シチズンシップ）教育という考え方にもつながる，広くいえば「市民社会に生きる力」といえるものです。

［3］学校の人間関係

　学校という場は，さまざまな人間関係から成り立つ社会的な文脈です。気の合う友だちとおしゃべりするのが楽しくて学校が好きになる，という場合もあれば，学校でどうしても気の合わない先生がいて，授業でうまく発言できずやる気を失くしてしまう，ということもあるでしょう。子ども同士の友人関係，そして教師と生徒の人間関係の重要さはいうまでもありません（たとえばBrophy & Good, 1974）。
　また学校では，教師同士もひとつの組織を運営するメンバーとして機能しています。校長や教頭などの管理職のリーダーシップ，教務主任や学年主任の先生方の役割は，学校組織という教員同士の人間関係の中で特に重要な意味をもちます（石隈, 1999）。
　このように，学校では，多層的，複合的な人間関係の上に，毎日の教育・学習活動が営まれています。一人ひとりの子どもの学びにも，このような多層的な人間関係は少なからず影響するでしょう。子どものつまずきに対して，それを適切に察知し，必要な援助を与えたり学習を促すことができるかは，単に教師の力だけではなく，子どもが学習の困難を発信できる環境にあるか，教師や学校が子どもの学びと人間関係に焦点をあてた学級づくりや学校づくりができているかにかかわっています。

表 3-1-1　national reports において推奨された社会的責任と学業目標：1883-1983（Wentzel, 1991）

目標領域	社会的責任				学業						
	対人的コンピテンス	市民性の発達	道徳性・倫理性	家族としての責任	言語	数学	理科	社会	美術への精通と審美的興味	外国語	批判的思考
12th annual reports: Horace Mann: 1883	×										
Committee of ten: 1893					×	×	×	×		×	
Committee of nine: 1910					×	×	×	×		×	
Cardinal principles: 1918			×	×	×	×		×			
Issues of secondary educ.: 1936	×	×			×	×	×	×			
Social-economic goals of America: 1937	×	×					×	×			
Functions of secondary educ.: 1937	×										
High school and life: 1938	×	×	×		×	×		×			
Purpose in educ. in American democracy: 1938	×	×	×		×	×	×	×	×		
Educ. For all American youth: 1944	×	×			×	×	×	×	×		
American high school today: 1959					×	×	×	×			
Goals for Americans: 1960					×	×	×	×		×	
Central putpose of educ.: 1961		×									×
Coleman report: 1972	×										×
Kettering foundation report: 1973	×	×			×	×	×	×			
Educ. of Adolescents: 1976	×	×			×	×	×	×	×		
Paideria proposal: 1982		×			×	×	×	×	×		
High school: 1983		×			×	×	×	×			
Making the grade: 1983					×	×	×			×	
Action for excellence: 1983	×				×	×	×				
Nation at risk: 1983					×	×	×	×			

2. これまでの研究

[1] 子どもの感情と学業達成

　社会性の形成の前提として，社会的場面において適切な感情反応をもてるかどうかがかかわっていると思われます。子どもの感情と学業達成の関連に注目した研究のひとつとして，フェッシュバックとフェッシュバック（Feshbach & Feshbach, 1987）があげられます。8歳と11歳の2時点において縦断的な調査を行い，実験的手続きや自己評定，教師評定など多面的な方法によって感情を測定し，成績との関連を検討しました。その結果，共感性は学業成績と正の相関を示し，一方で攻撃性や抑うつは成績とは負の相関を示しました。この研究から，子どもが教室において社会的，対人的な状況で肯定的な感情をもつこと，そしてそれに基づく社会性を有することは，学習を進める上で有意義であることが示唆されるでしょう。

[2] 社会的目標と学業達成過程

　教室という場に生きる子どもたちが社会性を身につけることによって，良好な友人関係や教師との関係を築くことで，教室でのより豊かな学びを可能にしうる，というメリットが生まれます。他者から信頼され，良好な人間関係を築くことは，子ども自身が学習の理解や習得，動機づけの上でも重要な結果をもたらします。

　中谷（2007）は，このような教室の社会的文脈における学業達成過程について，図3-1-1のようなプロセスを想定し，検証しています。社会的責任目標をもつ子どもは，他者を思いやり，クラスのきまりを守るといった社会的責任行動をとるために，教師からみて社会性の高い，信頼できる生徒であると認知されるでしょう。またクラスメイトから見ても，困ったときに助けてくれたり約束を守ったりする行動は，日頃接しやすい，一緒にいて安心でき，信頼できる対象であると理解されやすいと思われます。

　教師と友人というクラスにおける重要な他者からの受容は，教室における学習上のメリットに結びつきます。つまり，授業の内外で教師からの肯定的な目配りがある，理解を促すようなコミュニケーションが生じやすい，誤答に対し

158　第3章　社会とかかわる

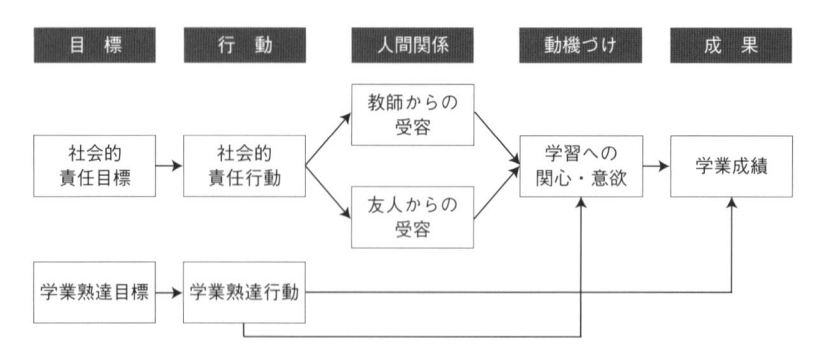

```
   目　標　　　 行　動　　　　人間関係　　　　動機づけ　　　　成　果

                            教師からの
                              受容
  社会的　　　　社会的　　　　　　　　　　　学習への　　　　学業成績
  責任目標　　　責任行動　　　　　　　　　　関心・意欲
                            友人からの
                              受容

  学業熟達目標 → 学業熟達行動
```

図 3-1-1　社会的責任目標が学業達成に影響を及ぼすプロセス（中谷，2007）

ても受容的で，子どもの理解の実態に立った学習指導が得られやすい，といったことが考えられます。

　また友人からの受容は，たとえばグループ学習の機会には，より積極的な相互作用をもたらし，難しい問題に直面した際には，受容されることで，他の子どもと試行錯誤しながら回答を考えるといったやりとりを促す可能性があります。それによって子どもは，求めに応じて自分の考えを相手に教えたり，反対にわからないところについて援助を求めたりといった，理解の促進，深化をもたらすコミュニケーションを多くもつでしょう。

　このように，教師やクラスメイトとの学習促進的なコミュニケーションは，子どもの学習動機づけを高め，結果として学業達成にも結びつくと考えられます。

［3］社会的目標を促進する教師行動

　これまで，社会的目標が対人関係や学業達成に積極的な影響を及ぼすことが示されてきました。では，子どもの社会的目標を促進するためには，教室のどのような要因が重要となるのでしょうか。

　中谷（2006）では，社会的責任目標を促進するクラス構造について，教師行動の観点から以下の4つの次元を提起し，目標との関連を検討しています。すなわち，子どもへの親しさや尊重を示す親和次元，子どもにルールやきまりの意味を教える説得次元，クラスにおいて子ども相互のかかわりを促す協同次元，

そして子どもの行動を指示したり抑制したりする統制次元です。これらの次元は，教師への信頼感を媒介し，社会的責任目標に影響するというモデルが想定されました。小学4～6年生1,070名を対象とした調査の結果，説得次元と親和次元が教師への信頼感を媒介して社会的責任目標の促進に影響していることが示されました。日頃子どもに親しく接し，また教室のきまりの意味を教えてくれるといった働きかけは，教師に対する信頼感を高め，結果として子どものもつ社会的責任目標を促していることがわかります。最近の研究（Wentzel, Battle, Russell, & Looney, 2010）からも，教師からの情緒的サポートや安心感が，子どもの社会的目標を高めていることが確認されています。

3. 社会的目標と学業的目標の両面を高めるために

[1] クラスの社会的環境の創造

近年の研究では，子どもの社会的目標と学業的目標の両面を高めようとする視点が注目されています。これまで社会性と学業達成は別々の研究領域として扱われてきましたが，実際の教室場面や子どもの生活を考えれば，学習は対人関係や社会的環境の中で行われ，両者は密接に関連をもっていることから，このような展開はきわめて妥当なものといえるでしょう。それでは，子どもの社会的目標と学業的目標の両面を高めるには，どのようなクラスの要因が重要になるでしょうか。

そのひとつとして，教室において，お互いに助け合い，尊重し合うような環境づくりが重要だといえます。クラスの社会的環境に注目したライアンとパトリック（Ryan & Patrick, 2001）では，中学1年生から2年生への移行の中で，どのような環境的要因が子どもの社会的，学業的意欲を促しているかについて縦断的な検討を行っています。233名の生徒を対象に，教師による相互作用の促進，相互尊重の促進，遂行目標の強調，サポートの提供という4つの次元が提起され，生徒の社会的効力感（対教師，対友人）および学業的効力感の各変数との関連が検討されました。その結果，教師による相互作用の促進や相互尊重の促進，そしてサポートの提供の各次元は，生徒の社会的な効力感を高め，同時に学業への効力感も高めていることが示されました。ここでいう効力感の内

容は，これまで述べてきた社会的，学業的目標に近いものといえます。

教師が，生徒同士で助け合い，互いを大切にし，認め合う社会的環境を創造することは，教室の中に肯定的な社会的関係や雰囲気を形成するでしょう。そのことは生徒に，教師とよい関係をもてる，友人と仲良くできそうだ，という積極的な社会的目標や意欲を促進し，同時に学習への興味や熟達志向といった学習目標の促進に寄与すると考えられます。

［2］ クラスの個性に合わせた学級づくり

また，社会的目標と学業的目標の両面を促進するためには，学級をどう構造化するかに関する教師の信念や，それに基づく行動に目を向けることが重要だと思われます。これまでの研究では，量的調査に基づく相関研究がほとんどでした。しかし，より実際的で妥当性の高い視点から検討するためには，実際に教室の中で教師が生徒とどのようにコミュニケートし，どのようなクラスが形成されたのか，という点からアプローチすることが必要でしょう。

中谷（2008）では，教室での具体的な教師の行動に焦点を当て，1学期当初の教師の働きかけが，学期末の子どもの多面的目標の形成にどのように影響しているかについて，質的，量的研究法を組み合わせたミックス法（mixed method research）によって縦断的な検討を行っています。まず，1学期当初に授業観察を行い，クラスに関する談話を分析します。その上で，特徴の異なる2つのクラスに注目し，それぞれのクラスでのクラス認知や教師行動（学級構造化）と，児童の多面的目標との関連を分析しました。その結果が表3-1-2です。

A組，B組とも，20年以上の教職歴をもつベテラン教員ですが，談話分析から，その働きかけには違った特徴がみられました。A組では，行動に対する注意やより高い理想の喚起といった，比較的統制的な働きかけが多かったのに対し，B組では，親和的な働きかけや，ルールやきまりの意味といった理由を伝えるなどの説明的な指導行動が多くみられました。

クラスによって，目標とクラス認知，および教師行動の関連も異なっていました。A組では，クラス認知や教師行動の多くの変数が，児童の向社会的目標（思いやり）と正の関連をもっていたのに対し，B組では，多くの変数が向社会的目標だけでなく，学業熟達目標にも積極的なかかわりをもっていました。す

表3-1-2 両クラスにおけるクラス認知，教師行動と多面的目標の関連

A組

	規範目標	向社会目標	学業熟達目標	学業遂行目標
クラス認知				
規範	0.27	0.62***	0.12	-0.04
関与	0.27	0.61***	0.29	-0.02
居心地	0.08	0.69***	0.25	-0.09
教師行動				
説得	0.20	0.39*	0.21	0.11
肯定的期待	0.38*	0.36*	0.01	0.13
親和	0.34*	0.49**	0.30	0.32
意欲	0.26	0.36*	0.12	0.12
尊重	0.38*	0.50**	0.29	0.24

B組

	規範目標	向社会目標	学業熟達目標	学業遂行目標
クラス認知				
規範	0.20	0.57***	0.27	0.07
関与	0.33	0.44**	0.57***	0.31
居心地	0.27	0.39*	0.46**	0.16
教師行動				
説得	0.34	0.35*	0.41*	0.37*
肯定的期待	0.39*	0.29	0.44**	0.50**
親和	0.10	0.33*	0.55***	0.32
意欲	0.39*	0.31	0.42*	0.58***
尊重	0.25	0.49**	0.38*	0.22

*$p < .05$ **$p < .01$ ***$p < .005$

なわち，クラスという文脈が異なれば，教師が同じように働きかけたとしても，促進される児童の目標内容は異なってくる，という可能性が示されたといえます．

この研究から明らかにされることは，学業的目標の促進を考える上でも，学業に直接かかわる働きかけだけではなく，人間関係面や情緒面などの適切な社会的働きかけを行うことが重要な意味をもつ，ということです．挑戦の奨励や失敗の受け止め方を変えることで，自信の重要さや期待を伝え，親しさやルールに関する説得的なコミュニケーションが，子どもの社会的・学業的な目標や意欲を引き出すといえるでしょう．

またこの際，社会的・学業的目標を促進する上で，教師のもつ信念や行動の影響は必ずしも一様なものではない，ということを考慮しなければなりません。それまでの教職経験に裏打ちされた教師の信念や行動は，そこにあるクラスや，一人ひとりの子どもたちの個性との相互作用によってはじめて影響力をもつといえます。すなわち，教師がクラスや子どもの個性を適切に捉え，それに合った方法で子どもとの関係を形成し，クラスづくりへと展開していくことが，社会的な意欲や学力を育成するための重要な観点だといえるでしょう。

［3］今後に向けて

　子どもの社会的意欲に関する研究の歴史は古いものではありません。特に学習意欲と社会的意欲の相互作用という観点は，最近注目され始めた問題であり，今後多くの研究知見の積み重ねが期待されます。

　我々の社会が，個人ごとの達成が推奨されるだけではなく，対人間・集団で課題を遂行するものである以上，学校教育の場で社会的意欲を育てることは重要な課題です。近年我が国では学力低下の問題が叫ばれると同時に，良好な人間関係をもつことへの困難さやそこでの脆弱性が指摘されています。単に，子どもの学力あるいは社会性という一方の要因に原因を帰すのではなく，それらがどのようにかかわり合い，影響し合っているのか，その結果として児童のどのような問題が生じているのかを，教育心理学の観点から明らかにし，その改善策を探ることがこれからの課題となると思われます。

2 学習意欲と職業

　学校教育の場においては，いかに授業の中で児童・生徒・学生のやる気を高めるかが教師の大きな関心事です。教材の提示方法，話し方，身振り手振り，わかりやすさなど，さまざまな要因が学習意欲に影響すると考えられます。そこに学習者が思い描いている「職業」が関係していると考えたことはあるでしょうか。大人になってからの学習であればもちろんですが，まだ仕事に就いていない段階での学習においても，将来の展望，具体的には職業への意識が学習意欲を左右するひとつの要因になるのではないでしょうか。

　人はなぜ学ぶのか，この問いに答えるのが学習意欲研究であり，学ぶ理由や目標の中身によってさまざまな種類の動機づけ概念が提唱されてきました。本節では，そうした研究の中から，学習意欲を価値という視点から捉える立場に注目し，学習者の目的と学習内容との関係を捉える研究の枠組みを紹介します。そして，大学生を対象とした調査から，単に楽しさやおもしろさの追求にとどまらない学習意欲のあり方を探求します。職業という切り口を通して，私たちがいったい誰のために学んでいるのかを考えてみましょう。

1. 重要な概念

[1] 課題価値

　人は，学習する内容に価値があると感じられればその課題への意欲は高まり，逆に価値がないと判断すれば意欲は低下します。この「価値」という側面から意欲を捉えるための概念が，エクルズとウィグフィールド（Eccles & Wigfield, 1985）によって提唱された課題価値（task values）です。目の前にある課題にどのような価値があると学習者自身が感じているのかを問い，後述するように，その答えを価値の性質によっていくつかに分類しています。

そもそも，価値が生じるメカニズムとはどのようなものでしょうか。たとえば社会学者の見田（1996）によると，価値とは「主体の欲求を満たす客体の性能」であると定義されます。学習場面に置き換えると，主体は学習者，客体は課題（学習内容）ですから，課題価値とは「学習者の欲求を満たす学習課題の性能」と定義できます。ゆえに，学習者の側に欲求が存在しなければ，どの学習課題にも価値は生じません。たとえ世の中において多くの人が価値を認めている内容であっても（学問や教育内容はその典型例ですが），ある個人としては全然価値が感じられないこともあるわけです。逆に，特殊な欲求をもっているならば，多くの人が注目しないような学習内容にさまざまな価値を見出すこともありえます。

　そして，エクルズとウィグフィールド（1985）は，3つの課題価値を挙げています。ひとつは，学習することに楽しさやおもしろさを感じるという興味価値（interest value）です。学習している瞬間に感じられるポジティブな感情として自覚され，背景にある欲求としては知的好奇心，すなわち知りたいという欲求が考えられます。2つめは，学習することで理想の自己像に近づくという獲得価値（attainment value）です。なりたい自分になっていく成長のプロセスとして学習が実感されるため，成長欲求の存在が背景として想定されるでしょう。そして3つめは，学習することが将来の職業的な目標と関連するという利用価値（utility value）です。今すぐ役に立つわけではなくても，近い将来に学習成果が活かされるという見通しです。背景にある欲求は，働きたい，他者や社会に貢献したいといった向社会的なものが想像されます。

　もし学習者が複数の欲求を同時にもっているならば，将来の仕事で役に立つだろうと感じつつ，理想の自分に向かって成長している実感もあり，学ぶことが楽しいと思えるといった具合に，ひとつの学習課題に対して複数の価値づけをする可能性があります。そして，学習意欲と職業との関係を考える上では利用価値が中心的な概念になりますが，利用価値が他の2つの価値とどのような関係にあるのか，たとえば複数の価値が相容れない状態になっているのか，それとも共存・統合されているのかということも，一人の学習意欲を丸ごと捉える上では重要な観点になります。

[2] 内容同質性

　学習意欲の研究で最も広く受け入れられてきたのは内発的動機づけの概念でしょう。鹿毛（1994）によると，学習することそれ自体が目的となっているような動機づけという捉え方が一般的です。逆に，学習することが何らかの目的を達成するための手段として位置づけられている場合には，外発的動機づけと呼ばれてきました。この学習が目的なのか手段なのかという視点は，形式的でわかりやすい区分のようにみえます。しかしながら，学習が手段になっていると一口にいっても，実際にはさまざまな場面がありそうです。

　たとえば，漢字テストで100点を取ったら親から500円のお小遣いがもらえるという場面で，お小遣いをもらうために漢字の勉強を頑張るというのは，明らかに学習が手段性を帯びていますので外発的動機づけになるでしょう。一方で，もともと読みたい本があって，その文章中に出てくる漢字を読んだり意味を理解したりするために漢字の勉強をするという場合はどうでしょうか。本を読むのが目的であって，その手段として漢字の学習をするのだから外発的動機づけであるといってよいでしょうか。漢字そのものに関心をもっているという意味では内発的動機づけとも考えられますが，本を読むという目的に照らせば，やはり手段性を帯びた外発的動機づけのようにも思えます。

　そこで，目的性－手段性という区分にとらわれずに内発的動機づけを捉えようとしたのが，ヘックハウゼン（Heckhausen, 1991）の提唱した内容同質性（thematic similarity）という概念です。これは，学習者の目標と学習内容との間に本質的な関係があることを指します。すなわち内容的なつながりがあるならば，手段的であっても内発的動機づけと考えてよいのではないかということです。先の例であれば，500円をもらうことと漢字を理解することの間には内容的につながりがありません。そもそも500円のお小遣いと漢字を結びつけたのは第三者によるものだからです。一方，本を読むことと漢字を学習することの間には内容同質性が認められます。漢字を使って本が書かれている以上，本を読むことは必然的に漢字の学習を要します。これは第三者の意思にかかわらず，もともと内容的に切り離せない関係にあるといえます。

　この内容同質性は，職業と学習との関係において一層わかりやすくなります。たとえば，ある大学生が将来スクール・カウンセラーとして児童・生徒を支援

したいという目標をもっていたとします。その人にとって，心理学の理論や技法を学ぶことは，スクール・カウンセラーの仕事をする際に必要な内容を含んでいるでしょう。この場合，スクール・カウンセラーの仕事をするための手段として心理学が位置づけられますが，これを「手段だから外発的動機づけだ」と決めつけるのは，内容同質性の視点からは早計であると言えるでしょう。なぜならば，カウンセラーの仕事と心理学は内容的に結びついており，その結びつきは必然的であると考えられるからです。もう一歩踏み込んで説明するならば，心理学は児童・生徒をはじめとしてさまざまな人々を支援するために研究されてきたという一面をもっていますので，心理学という学問そのものの目的と，心理学を学ぶ人の目的（この場合，スクール・カウンセラーになって児童・生徒を支援すること）が一致することになります。

2. これまでの研究

[1] 課題価値概念の精緻化

伊田（2001）は，先にあげた課題価値の概念的枠組みをもとにしながら，大学生向けの質問紙尺度（課題価値測定尺度）を作成しました（図3-2-1）。★尺度集 具体的には，エクルズとウィグフィールド（1985）による3つの価値のうち，概念が比較的明確な興味価値はそのまま生かし，学習者の自己意識のあり方および先に挙げた内容同質性の観点から，獲得価値と利用価値の概念をそれぞれ精緻化しました。

まず，獲得価値は，学習することで理想の自己像に近づくことができるというものですが，「理想の自己像」が自分自身の基準で考えられた理想像なのか，それとも他者の基準によって考えられた理想像なのかによって，ずいぶんと意味が変わってくるように思われます。そこで，自分の考える理想的な自己像に近づくという私的獲得価値と，他者から見て望ましい（と本人が考えている）自己像に近づくという公的獲得価値の2つに細分化されました。

そして利用価値は，学習することが将来の職業的な目標と関連するというものですが，「職業的な目標」がいつの時点を指すのか，具体的には，就職することそれ自体なのか，それとも就職した後の職業実践を想定しているのかによっ

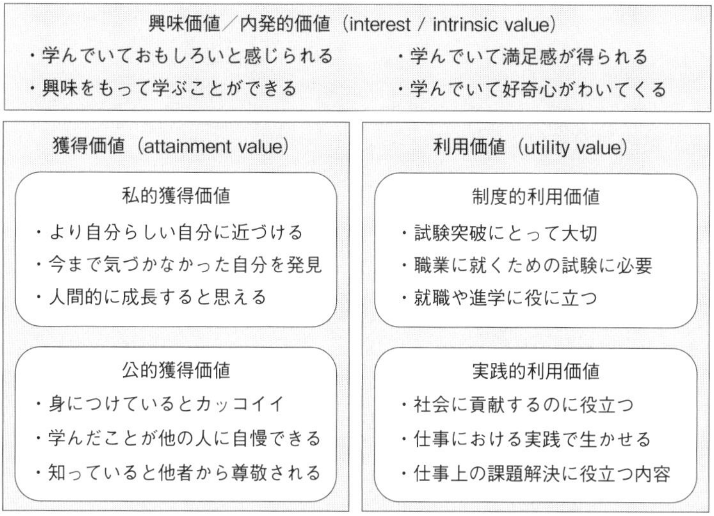

```
┌─────────────────────────────────────────────────────────┐
│     興味価値／内発的価値（interest / intrinsic value）      │
│ ・学んでいておもしろいと感じられる  ・学んでいて満足感が得られる │
│ ・興味をもって学ぶことができる     ・学んでいて好奇心がわいてくる │
└─────────────────────────────────────────────────────────┘
```

獲得価値 (attainment value)　　　　　利用価値 (utility value)

私的獲得価値
・より自分らしい自分に近づける
・今まで気づかなかった自分を発見
・人間的に成長すると思える

制度的利用価値
・試験突破にとって大切
・職業に就くための試験に必要
・就職や進学に役に立つ

公的獲得価値
・身につけているとカッコイイ
・学んだことが他の人に自慢できる
・知っていると他者から尊敬される

実践的利用価値
・社会に貢献するのに役立つ
・仕事における実践で生かせる
・仕事上の課題解決に役立つ内容

図 3-2-1　課題価値の分類と項目例（伊田, 2001 をもとに作成）

て内容が変わってくるように思われます。そこで，進学や就職等の試験突破に役立つという制度的利用価値と，進学や就職後の実際の学習や仕事に役立つという実践的利用価値に細分化されました。制度的利用価値は，あくまで試験という制度によって成り立っている学習内容の有用性であるのに対して，実践的利用価値は制度の有無にかかわらず，学習内容と仕事の実践内容との間に本質的な関係があるという点で異なります。すなわち，実践的利用価値は，先に述べた内容同質性を含んでいると考えられます。

[2] 職業を見通した大学生の学習意欲

　内発的動機づけが最も望ましいとされてきた学習意欲研究の中にあって，課題価値はどの価値が望ましいとは決められていません。課題価値研究では，研究の目的や対象者の特徴を踏まえて，その都度「望ましさ」の基準となる変数を設定し，その変数との関連から，特定の条件下においてどの課題価値が望ましいといえるのかを検討しています。

　伊田（2003）は，教員養成課程の学生を対象に，教職に関する必修科目「生

徒指導」の講義における課題価値，教職志望程度（第一志望か否か），そして自我同一性（谷，2001），職業レディネス（下村・堀，1994）および達成動機（堀野，1994）を調査しました。自我同一性は，青年期の発達に関する重要な概念で，過去から現在までの時間的なつながりを指す「自己斉一性・連続性」，やりたいことが明確であることを指す「対自的同一性」，他者から理解されているという「対他的同一性」，現実の社会で自分らしく生きられる自信を指す「心理社会的同一性」から構成されています。職業レディネスは，就きたい仕事が決まっている「明瞭性」，その実現に向けて取り組んでいる「関与」，さらに逆転項目として，職業選択の先延ばしを指す「非選択性」から構成されています。達成動機は，他者との比較や一般的な社会的基準での達成を目指す「競争的達成動機」と，自分なりの基準において高い水準で物事の達成を目指す「自己充実的達成動機」から成ります。

　この研究では，対象が青年であること，特定の職業との結びつきが強い学習の場であること，学習者本人が自分なりの基準で行動しているかどうかに着目し，自我同一性，職業レディネス，そして自己充実的達成動機の3つを自律性の指標として位置づけました。すなわち，従来の内発的動機づけ概念を特徴づける楽しさやおもしろさといった感情にとらわれず，発達的視点から学習意欲（課題価値）を評価しようという試みです。

　まず，使用したすべての尺度の平均値と標準偏差を教職志望度の群別に求めました（表3-2-1）。この結果から，教職第一志望の人は，自分のやりたいことが明確で（対自的同一性），希望の職業も明確で（明瞭性），その実現に向けて積極的に取り組んでおり（関与），自分なりの基準で物事を成し遂げようという意欲があり（自己充実的達成動機），目の前の授業内容が将来の仕事に役立つと考えている（実践的利用価値）という傾向を有することがわかります。ただし，これはあくまで平均値の話であり，各群の内部には個人差が存在します。この個人差という点を踏まえて，次に自己充実的達成動機と課題価値との相関係数を教職志望度の群別に求めました（表3-2-2）。ここで注目されるのは，教職第一志望の群において自己充実的達成動機と最も強い相関を示したのは実践的利用価値であり，非第一志望の群における相関係数よりもかなり高くなっている点です。

表 3-2-1　教職志望度による各尺度平均値の比較

	教職第一志望	非第一志望	t検定		
	n=125	n=79	t	df	p
自己斉一性・連続性	5.02 (1.43)	4.66 (1.49)	1.72	202	†
対自的同一性	4.65 (1.28)	4.06 (1.24)	3.24	202	**
対他的同一性	4.14 (1.07)	3.89 (1.25)	1.49	146	
心理社会的同一性	4.59 (0.98)	4.31 (1.06)	1.97	202	†
明瞭性	5.25 (1.06)	3.82 (1.31)	8.18	140	***
関与	4.97 (0.91)	4.40 (1.13)	3.75	139	***
非選択性	2.98 (1.00)	3.58 (1.15)	-3.93	202	***
自己充実的達成動機	5.67 (0.70)	5.41 (0.77)	2.49	202	*
競争的達成動機	4.52 (0.90)	4.51 (0.84)	0.09	202	
興味価値	5.39 (0.94)	5.09 (1.29)	1.80	130	†
私的獲得価値	4.83 (0.99)	4.73 (1.19)	0.64	202	
公的獲得価値	4.43 (1.06)	4.42 (1.23)	0.09	202	
制度的利用価値	5.07 (0.92)	4.73 (1.04)	2.43	202	*
実践的利用価値	5.64 (0.84)	5.11 (0.88)	4.28	202	***

注1)（　）内は SD
注2) t 検定の df が 202 でないものは，2 群の等分散性の仮定が棄却され，ウェルチの方法によって検定したことを意味する．
注3) † $p<.10$, * $p<.05$, ** $p<.01$, *** $p<.001$

表 3-2-2　自己充実的達成動機と課題価値の相関係数

	教職第一志望	非第一志望
興味価値	.38***	.36**
私的獲得価値	.39***	.37***
公的獲得価値	.09	.18
制度的利用価値	.27**	-.05
実践的利用価値	.53***	.21 †

† $p<.10$, ** $p<.01$, *** $p<.001$

　この結果は，上述した内容同質性の観点から解釈できます。すなわち，教職第一志望の群において「自分なりの基準」が明確である自律的な人は，その基準の中に教職という観点が含まれている可能性が高く，自己充実的達成動機の得点が高いほど「こんな教師になりたい」という将来像をより明確にもってい

ると推測されます。それゆえに，その具体的な目標に照らして，目の前にある教職科目の授業内容を自分なりに価値づけ，将来の教育実践に役立つという実践的利用価値を感じることができると考えられます。まさに，学習者の目的と学習内容（手段）との間に本質的な関係がある状態であるといえるわけです。

一方，興味価値と私的獲得価値は，教職志望度に関わらず，自己充実的達成動機との間に中程度の相関が認められました。学習することの楽しさや学習を通しての自己成長は，どのような場面においても「自分なりの基準」を土台とした自律的な学習意欲として捉えることができるものと思われ，従来の内発的動機づけ研究の知見とほぼ重なります。

3. 価値に根ざした学習意欲をはぐくんでいくために

[1] 職業を軸とした自律的動機づけの可能性

上述したように，自律的な学習意欲は，学習者の目的（希望職業）と学習内容との関係性によって変わる部分（実践的利用価値）と変わらない部分（興味価値，私的獲得価値）が含まれると考えられ，決してひとつの価値のみが理想的というわけではないことが明らかになりました。従来の内発的動機づけは後者の変わらない部分に注目してきたといえそうですが，課題価値の観点からは望ましい学習意欲の可変的な部分まで捉えることができます。

この可変的な部分を捉える上で「職業」という切り口が内容同質性の考え方とともに鍵になっています。従来ならば外発的動機づけの典型例とされる制度的利用価値も教職第一志望の群においては自己充実的達成動機と弱い正の相関を示していました。具体的な将来の教師像に基づいて実践的利用価値を感じつつ，教師になるための通過点である教員採用試験のためにもなるという制度的利用価値を同時に感じていると考えられる結果です。複数の価値を同時に追求すること，そして複数の価値が例えば職業的目標のもとに統合されていることなど，その人の生き方や価値観に基づいて統合されているような意欲を「自律的動機づけ」（速水, 1998）として捉えることができるように思われます。それは内発と外発という区別を超えて，両者が統合された動機づけであるといえそうです。

[2] 今後に向けて

　従来の学習意欲研究では，内発的動機づけ（学習者が楽しい）にしても外発的動機づけ（学習者が報酬を得る）にしても，学習者自身の利益にばかり目を向けていました。しかしながら，実践的利用価値には他者や社会に貢献するという側面が結果的に伴ってくることからも，人間は，他者の利益をも想像しながら学習に取り組む存在であると考えられます。学習は，自分のためだけではなく，また，他者のためだけでもなく，両者を含む「私たちのため」（苅谷，2005）に行われるものだということでしょう。

　そして，自分と他者の利益を統合する上で要となっているのが内容同質性でしょう。学習者の目的と学習内容が本質的な関係をもつというのは，学習者の目的と学問の目的が一致していることであるとも考えられます。大げさにいえば，多くの先人達が築き上げてきた学問の歴史を背負いつつ，そこに込められた目標と自分の目標を重ね合わせて歴史を継承していくことが学びの本質であるのかもしれません。上の世代から提示される「やるべきこと」と，自分の「やりたいこと」との間にあるギャップをいかに埋めていくのかという自律性の問題は，学習意欲と職業をめぐるメインテーマであるように思われます。そして，次の世代の育成に向けて新しい「やるべきこと」「学ぶべきこと」を提示していくことが職業人の役割であると考えられます。こうした向社会的な学習の性質という視点から，職業的な発達と学習意欲の発達をパーソナリティ発達に関連づけて描いていくような研究が期待されます。

3 目的をもった集団へのかかわり

　成人期には，会社組織はもちろん，子どもを介した関係（いわゆる「ママ友」やPTAなど），地域の付き合い，趣味の集まりなどさまざまな目的をもった集団に所属し，社会の形成者として活動する場面が増加します。このような目的をもった集団での関係性は，青年がそれまでに慣れ親しんできた一人対一人の親密さを基盤とした関係性とは異なるものです。そのため，目的をもった集団においても適応的な行動ができるよう，それまでに何らかの準備をしておくことが必要になります。

　ところが近年は，こういった目的をもった集団での活動に対する準備ができていないまま社会に出て行く青年が増えてきているようです。たとえば，会社はそのような集団のひとつですが，新卒で入社した青年たちが3年もしないうちに離職してしまうことが問題視されています。その理由を尋ねた調査（労働政策研究・研修機構，2007）では，給与への不満やキャリアアップのためという離職理由に続いて，職場の人間関係がつらい，ということがあげられているのです。

　それでは，一人対一人の親密さを基盤とした関係性ではない，目的をもった集団での関係性は，青年期においてどのような形で経験されているのでしょうか。また，青年はそこで何を学んでいるのでしょうか。本節では，青年期における目的をもった集団での経験を検討することから，成人期への準備の可能性を探っていきます。

1. 重要な概念

[1] 社会的ネットワーク

　人と人とが暮らしている様子を捉える試みは多くなされています。そのひ

とつとして，人は周囲の人々と結びつき，ネットワークの中で暮らしているという視点から，社会的ネットワークという考え方が提唱されています。社会的ネットワークの全体像を視覚的に捉えられるように，カーンとアントヌッチ（Kahn & Antonucci, 1980）は，社会的コンボイ・モデルを提唱しました。このモデルは，母艦が多数のコンボイ（convoy；護衛艦）に守られているように，個人が複数の人々のネットワークによって支えられているということを比喩的に表そうとしたものです。

　この社会的コンボイ・モデルでは，本人を中心とした3つの同心円の中に，関わりのある人々（ネットワークメンバー）を重要な順に配置することで，その人のネットワークを視覚化します（図3-3-1）。最も本人に近い内側の同心円（内円）には，長期にわたり安定した，役割に依存しない親密な関係が配置されます。たとえば，配偶者，親友，（特に仲の良い）家族といったメンバーです。その外側の円（中円）には，役割に基づいた，時間の経過に伴って変化する可能性のある親密な関係が配置されます。たとえば，（内円に含まれない）家族や

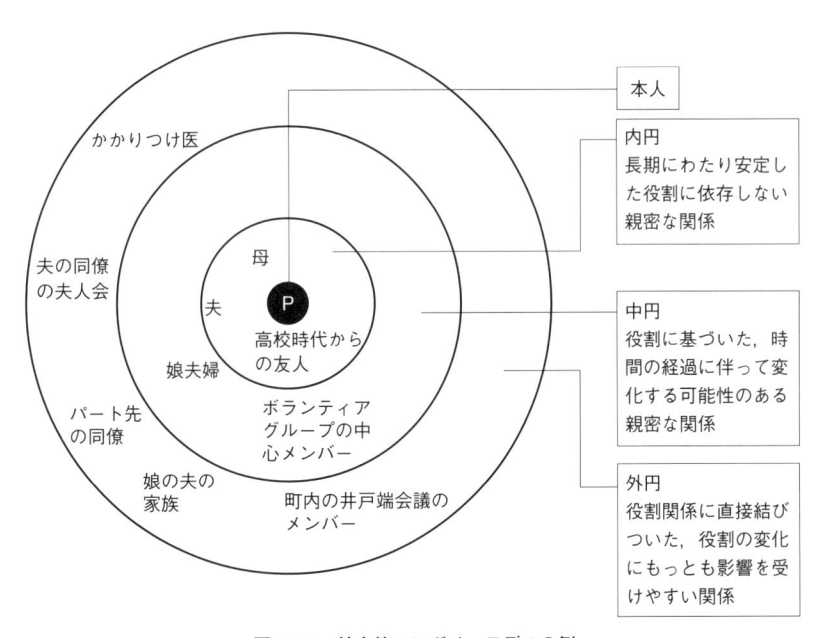

図3-3-1　社会的コンボイ・モデルの例

親戚，職場の友人，近所の親しいつきあいの人といったメンバーです。最も外側の同心円（外円）には，役割関係に直接結びついた，役割の変化にもっとも影響を受けやすい関係が配置されます。たとえば，遠い親戚，上司・同僚，あまり付き合いのない近所の人，専門家（医師など），といったメンバーです。

　この社会的コンボイ・モデルを用いた追跡調査（Kahn & Antonucci, 1980）では，ネットワークが変化していくことが示されています。環境が変わり期待される役割が変化すると，内円に含まれるメンバーは維持されたまま，外円や中円に配置されるネットワークメンバーは入れ替わります。また，基本的には内円に含まれるメンバーには変化が少ないのですが，何らかの理由（いさかい，死亡など）でいなくなることも起こります。このような場合，外側の円から内側へとメンバーの位置づけが変化するといったことが起こります。

　このように，社会的コンボイ・モデルを用いることで人間関係をネットワークとして表現することができ，またそこに含まれる関係性を親しさや役割，継時性といった面から捉えることができます。

[2] フォーマルな関係性とインフォーマルな関係性

　社会にはさまざまな集団があります。その中には，目的をもち，その目的達成のためにメンバーが役割分担をしている集団もあります。このような集団をフォーマル集団と呼びます。フォーマル集団は，①達成すべき目的のために形成されており，②各メンバーの職務や役割，集団の構造が明確に決められています。一方，インフォーマル集団というものもあります。インフォーマル集団には，①自然発生的に形成され，メンバー相互の好意的感情に基づいて成立しており，②集団の目標や規則，役割分担などが不明確で，③暗黙のうちに共有された規範や目標をもつ，といった特徴があります（森，2004）。

　フォーマル集団では，まず役割があり，そこに人が配置されます。ですから当初一人ひとりは個人的なつながりがないこともよくあります。集団が目的に向かって動いていくためのいわば歯車として，人が置かれているわけです。このような人と人とのつながりを，ここではフォーマルな関係性と呼びます。ところが実際に仕事を始めると，日々顔を合わせやり取りが行われるので，そこに自然発生的な関係，つまりインフォーマル集団が形成されます。インフォー

マル集団におけるつながりをインフォーマルな関係性と呼びます。

　また，フォーマルな関係性とインフォーマルな関係性という2つの関係性は，同じ二者間で同時に成立することもあります。たとえば，ある会社の同じ部署にAさんとBさんが所属しており，Aさんが営業に出て，Bさんは事務所でバックアップをしていたとします。ここには，役割によって結びついたフォーマルな関係性があります。ある時にAさんとBさんはサッカー好きだと分かり，休憩時には，Jリーグの話で盛り上がるようになりました。ちょうど大きな国際試合があり，一緒に観戦したことをきっかけに，仕事以外の時間にもよく話すようになりました。この関係性は，互いの好意に基づいたインフォーマルな関係性です。このように，ひとつのフォーマル集団の中にはフォーマルな関係性だけがあるのではなく，同時にインフォーマルな関係性が存在することもあるのです。

　このような関係の二重性は，明確に組織化された集団において顕著にみられます。自然発生的な集団が目的をもち組織化される場合（たとえば，友人同士が新たにサークルを立ち上げる場合など）でも，このような二重性が生じます。二重の関係性の中では，集団で活動するにあたり，状況に応じてどちらの関係性に基づいて振る舞うかを判断しなければなりません。個人的に仲が良く敬語で話すのが面倒でも，あるいはケンカをしたので会いたくないと思っていても（インフォーマルな関係性に基づいた行動），フォーマルな場ではお互いの役割に相応しい振る舞いが要求されます（フォーマルな関係性に基づいた行動）。この2つの関係性は相容れないものではありませんが，状況に応じて調整が必要なものなのです。

2. これまでの研究

[1] 青年期の社会的ネットワーク

　青年期には，直接一人対一人で結びつく関係性，親友と呼ばれるような関係性が非常に重要になります。家族（特に親）以外に親密な関係性をもつことは，青年の発達にとって大きな意義があります。そのため，これまで親友についての研究は，国内外で数多く行われ，親友との付き合い方や機能，発達的な変化

などが明らかにされてきました（たとえば，落合・佐藤（1996）など）。

　この親友や家族は，社会的コンボイ・モデルの内円に含まれる関係性です。しかし，青年の日常生活の社会的ネットワークには内円に含まれる関係性のみが存在しているわけではありません。友人関係を取り上げてみても，そこにはいくつかの関係性があります。たとえばディビスとトッド（Davis & Todd, 1985）は，大学生の年齢以上の人を対象に，実際につきあいのある友人を具体的に想起させて，「親友」，「同性の親しい友人」，「異性の親しい友人」，「知人」，「以前の友人」という6種類に分類させました。その結果，ほとんどの調査対象者が3, 4種類以上の関係に友人を分類しました。つまり青年の友人には，親しい関係の友人だけではなく，「知人」などの社会的コンボイ・モデルの中円から外円に含まれるような関係性も存在していることが窺えます。

　また，難波（2005）では，大学生・短大生・専門学校生24名に対し，同年代の人たちとの関係を表す言葉にはどのようなものがあるか，またそれはどの程度の親しさをあらわすものかを尋ねています。その結果，ひとりあたり平均で約10個の関係を表す言葉が回答されました。そのうち，2～3個は「彼氏」や「彼女」，「家族」，「親友」といった一人対一人の関係で，最も親しい関係性と位置づけられました。また他の2～3個は「顔見知り」や「他人」といった不特定多数の関係で，最も親しくない関係性と位置づけられました。そして，残りの約半数は「サークルの友だち」といった集団内の関係や，目的を共有している集団での関係であることが記述されている言葉でした。これは，中程度の親しさであるといえます。この中程度の親しさの関係性は，社会的コンボイ・モデルにおける中円から外円に含まれる関係性と考えられます。

　これらのことから，青年期の社会的ネットワークには，社会的コンボイ・モデルで示せば中円や外円に含まれると考えられる関係性も多く存在していることがわかります。すなわち，役割に基づいた，時間の経過に伴って変化する可能性のある関係性を経験している場合も少なくないと考えられます。

[2] クラブやサークル活動を通して学ぶ

　以上のように，青年の生活上には，役割に基づいた，時間の経過に伴って変化する可能性のある関係性も多くあるということは，彼らが何らかの目的を共

有するようなフォーマル集団に所属して生活していることを示すでしょう。そのようなフォーマル集団のひとつに学校でのクラブやサークル活動があります。

　ではこのようなフォーマル集団に所属することで，どのようなことを経験しているのでしょうか。新井（2004）は，大学のサークル活動に注目し，先輩・後輩といった序列のある組織での先輩に対する行動を検討しています。具体的には所属している集団フォーマル性（どの程度構造化され，明確な規則や目的をもち，役割分化しているかなど，フォーマル集団的性質の強さを意味する），集団の凝集性（集団への好意，メンバーであることの満足などを意味する）という集団状況要因と，社会的勢力（先輩からの強制力についてどのように認識しているか）という後輩の認知要因が，先輩に対する行動にどのように影響を及ぼすかを検討しました。

　その結果，まず，先輩に対する行動として，「礼儀」（先輩には失礼のないように接する，など），「服従」（先輩の使い走りをする，など），「親交」（先輩に個人的な相談にのってもらう，など），「衝突回避」（先輩と意見が食い違ったら譲る，など），「攻撃」（先輩の問いかけに応じないことがある，など），「参照」（人と接するとき，先輩のように行動したい，など）という6つの側面があることが明らかにされました。そして，「礼儀」，「衝突回避」，「服従」，「参照」の行動は，集団フォーマル性との正の関連が示されました。また，「親交」は，集団フォーマル性とは関連せず，集団凝集性や社会的勢力の一部と正の関連が示されました。

　つまり，フォーマル集団の性質を強くもつサークル活動に参加するほど，礼儀に従って失礼のないようにしたり，先輩の行動を真似ること，先輩を立てたり従ったりするような行動を経験しているようです。このような行動は，上下関係のようなフォーマルな構造をもたない関係では必要とされません。一方で，「親交」のような個人的な関係の形成は，集団への好意と関連しており，集団内のインフォーマルな関係性に影響を受けていると考えられます。このことから，サークル活動にはフォーマルな関係性とインフォーマルな関係性が二重に存在していることが推測されます。サークル活動に参加することは，フォーマルとインフォーマルの2つの関係性をどのように形成し，どのように振る舞うかを考える場になっていると考えられます。

[3] 協同学習を通して学ぶ

　青年期におけるフォーマル集団には、授業の中で経験されるものもあります。協同学習と呼ばれるような、グループでの話し合いや課題解決を含む活動がこれにあたるでしょう。このような協同学習は、学習や課題の達成を目標とし、その達成のために集団が構成されます。すなわち協同学習は、フォーマル集団に所属した活動ということができます。

　協同学習については、これまでに役割意識や話し合いの進行、どのように集団を構成することが有効かなど、さまざまに検討が加えられてきました。また、その成果は協同学習を用いた授業に生かせるような技法として提案されています（Barkley, Cross, & Major, 2005 など）。ここでは、協同作業に対する認識の研究について取り上げます。

　長濱・安永・関田・甲原（2009）は協同学習の場面で、学習者がそもそも協同作業をどのように認識しているかを検討しました。その結果、協同作業に対する認識には、「協同効用」（みんなと一緒にやればできる、他人の意見を聞くことができて有益である、など）、「個人志向」（一人でやる方がよい、自分の思うようにできない、など）、「互恵懸念」（協同は仕事の出来ない人のためのもの、など）といった側面があることを見出しました。また、難波（2009）は、集団で協同作業を行うときの行動指針として、個人の目標（メンバーと仲良くする）を優先するのか、集団の目標（集団で成果を出せるように調整する）を優先して行動するのか、というものと、自分だけで取り組みたいという、という個人主義的な考えがあることを示しました。

　このように、青年は、協同について効果的なやり取りができるという意識や集団で成果をあげていくという意識をもっていることがわかります。しかし一方で、一人で取り組む方が良い、という協同作業に対する否定的な意識や、フォーマルな集団であるにもかかわらずインフォーマルな関係性を優先するという志向性があることも示されています。

　このような意識に関して、長濱ら（2009）は協同学習の基本原理や応用を含む授業を、協同学習の技法を用いて実施し、その前後で協同作業に対する認識の変化が起こるかどうかも併せて検討しています。その結果、「協同効用」が上昇し「個人志向」が低下することが示されました。このことは協同学習を行う

だけでなく，協同作業そのものに対する知識を得ることで，学習者の協同作業に対する認識が変わる可能性を示唆しています。

このような介入によって，より協同作業をしやすい意識が形成されたら，集団内でどのように振る舞うのがよいのか，どんな対人関係を築けばよいのか，といったことにも目が向きやすくなるでしょう。単にフォーマル集団の経験をするだけではなく，それについての整理された知識をもてるような支援を得ることで，よりよい経験を積めることが期待されます。

3. 目的をもった集団での経験を有意義なものにするために

[1] 青年を取り巻く状況

近年は，行政が青年の社会参加，社会にあるさまざまなフォーマル集団への参加を促す方針を示しています。たとえば，子ども・若者育成支援推進法に基づいて策定された「子ども・若者ビジョン」(内閣府，2010)では，子どもや若者に対する社会形成・社会参加支援が謳われています。子どもや若者が社会参画の意識をもち，社会参加できる機会を増やそうというものです。また，職場体験やインターンシップなどの機会を設ける動きも広がりつつあります（内閣府，2008）。このような，学校という枠を超えて，社会のさまざまなフォーマル集団へ参加する機会を増やすことはもちろん大切でしょう。しかし，このような政策が展開されるということは，現状では子どもや若者がそういう経験をする機会が少ないと認識されているのかもしれません。

これまで述べてきたように，フォーマル集団に所属し，役割に従った行動をしたり，フォーマル集団での人間関係のあり方を学んだりすることは，一人対一人の親密な関係では経験できないことです。もしこのような経験が少ないまま社会に入って，突然新しい関係性を学ばなければならないとすると，受け入れる側はもちろん，青年にとっても負荷が高いことが予想されます。青年自身にとって，社会に本格的に参加する前に，フォーマル集団に関わり，そこでの関係性について考え，スキルを身に付ける経験をしておく必要性は高いといえます。

近年大学生に敬遠される傾向にある，いわゆる体育会系と呼ばれるようなク

ラブは，フォーマル性の高い集団であることが多いといえます。ところが，一般的に言って，青年期で加入する集団は，社会に出てからの集団とくらべると，フォーマル性は低いでしょう。さらに，その学校に所属している間のみ，授業時間のみ，という空間・時間の限られた加入であることが多く，脱退による不利益は比較的少ないといえます。青年の身近にある，このような比較的緩やかなフォーマル集団への参加を促し，これらの機会を十分に活用していくことも重要でしょう。

[2] 今後に向けて

　ここまでみてきたように，青年期にクラブやサークルなどへの積極的な参加は，社会に出ていく準備をする機会になるといえ，積極的な参加が望まれます。
　とはいうものの，授業の都合や経済的な事情，青年期までの集団活動でのつまずきなどさまざまな理由で，そのような活動に積極的に参加できない場合もあります。あるいは，魅力ある集団が身近に存在しない場合もあります。そのため，たとえば協同学習を取り入れた授業を増やすことが，フォーマル集団の経験を増やすひとつの対策かもしれません。
　さらに，単に参加経験を増やすだけでなく，協同で作業をすることの意味やそこでの関係の取り方について学べるような機会を設定することも必要といえます。たとえば，協同の必要な授業場面では，学習目標の達成だけでなく，フォーマル集団での考え方や行動についても身につけられるよう，授業内容や介入の方法を整備し，教員もその点を意識して授業を進めるといったことです。他にも，就職セミナーのような形で，効果的な集団活動の経験の場や知識を提供することもできるのではないでしょうか。
　また同時に，フォーマル集団に関する知見の蓄積も必要です。集団の形態やパフォーマンスなどについての知見は，特に社会心理学の分野で多く蓄積されているものの，集団が固定されていることを前提とした研究が多いといえます。青年が社会のフォーマル集団にどのように参入していくのか，あるいは，参入した個人が集団内にあるインフォーマルな関係性とフォーマルな関係性をどのように調整していくようになるのかといったような点に関して，発達的な，あるいは参入していく個人の視点からの研究は多くありません。こういった知見

が蓄積され，青年の社会参加，組織集団への加入が円滑になり，社会における目的をもった集団での活動継続のために役立てられることが期待されます。

4 「働くこと」の価値観を形成する

　大学を卒業すると，人はさまざまな進路をとります。大学院に進学する人，留学する人，結婚する人，その進路はさまざまですが，多くの人が，職業の世界へと参入していきます。

　それでは，学校卒業後に職業の世界へと移行する際，人はどのように職業を選択するでしょうか。多くの若者は，業種，職種，会社や企業を選択する際，「やりたいことを仕事にしたい」「社会に貢献したい」「安定した収入を得たい」など，「働くこと」に対する自らの価値観を用いて，職業を選択することでしょう。しかし，若者の中には，職業を選択する過程で「働くこと」にどのような意味があるのだろうと，「働くこと」に対する価値を見出すことができず，立ち止まってしまう人が少なからず見受けられます。

　このように，「働くこと」に対する価値観を形成することは，職業を選択する上で非常に重要です。本節では，学校から職業社会への移行の際「働くこと」に対する価値観が職業選択にどのような影響をもたらすかについて論じたうえで，「働くこと」に対する価値観がどのように形成され発達していくのかについて概観していきます。

1. 重要な概念

[1] 役割特徴

　人は一生涯のうちに，小学校から中学校へ，学校から職業社会へ，職業社会から家庭へ，といった生活環境の移行を経験します。こうした環境移行に伴い，個人の重視する役割は大きく変化していきます。たとえば，在学中，地域活性化のためのボランティア活動を積極的に行ってきた学生が，就職してからはそうした活動をやめ，職場での仕事に一生懸命取り組んでいるとします。この学

生の場合，学校から職業社会への移行に伴い，個人の重視する役割が，市民としての役割から労働者の役割へと変化したといえますが，このように役割とは，人が生活環境の中で時間やエネルギーをかけて遂行する役回りや社会における働きを示します。

　人は，市民としての役割や労働者としての役割といったさまざまな役割を担いますが，個人的に重視する役割の他にもいくつかの役割を担っています。このように，人生の中で重層的に構成される役割の特徴のことを「役割特徴（Role Salience）」といいます。スーパー（Super, 1980）は，キャリア発達に関わる人生の主要な役割として，子ども，学生，労働者，市民，家庭人，余暇人などの役割を取り上げ，人によって異なる役割特徴があることを指摘しました。

　この個人の役割特徴を図示したものが，「ライフ・キャリア・レインボー」です。図3-4-1に示された「ライフ・キャリア・レインボー」の例をみてみると，この人の場合，幼少期は子どもや学生としての役割が相対的に多くの割合を占めてきたことがわかります。ところが，20歳頃，子どもや学生としての役割とともに，余暇人や市民としての役割を同程度担うようになり，27歳頃になると，学生の役割が一端途絶え，かわりに労働者としての役割が多くの割合を占める

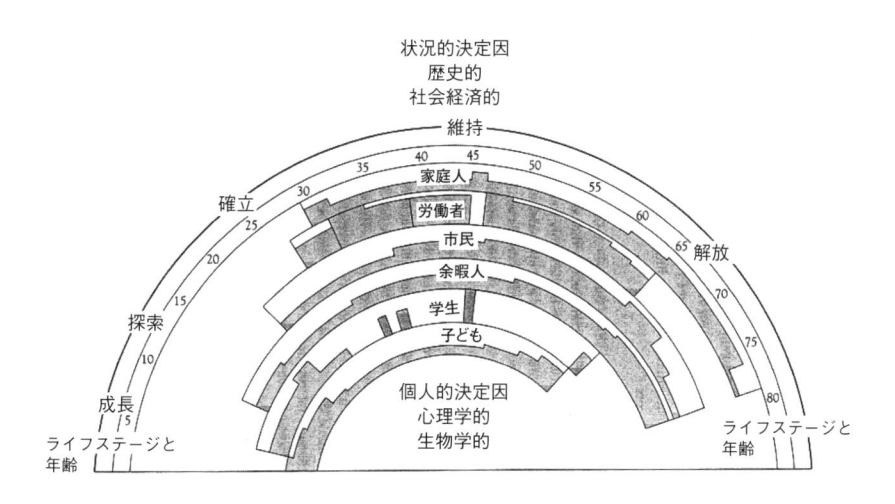

図3-4-1　ライフ・キャリア・レインボー（Super, Savickas, & Super, 1996）

ようになったことが確認できるでしょう。

このように，生涯にわたるキャリア発達の中で，個人の役割特徴はさまざまに変動します。とくに，環境移行に伴う役割特徴の変化は大きく，学校から職業社会への移行の際にも役割特徴の調整が求められ，その結果，個人が担う役割のバランスは大きく変動します。

[2]「働くこと」に対する価値観

人は，キャリア発達に伴い何度も環境移行を経験します。その中でも，とくに学校から職業社会への移行に大きな影響を及ぼす要因のひとつとして，「働くこと」に対する価値観が取り上げられてきました。

秋葉（2000）によれば，価値とは対象がもつ属性のことで，その価値を個人が意識化したものが価値観であるとされます。「働くこと」には，「自分の能力を発揮すること」，「社会的な役割を担うこと」，「収入を得ること」など，さまざまな属性・特徴があげられます。こうした「働くこと」のさまざまな属性・特徴の中で，ある人は「自分の能力を発揮すること」を大切にし，またある人は「収入を得ること」を重視するかもしれません。「働くこと」に対する価値観は，「働くこと」のさまざまな属性・特徴である価値を，個人が意識化・内在化したものだといえます。すなわち，「働くこと」にはさまざまな価値が想定でき，「働くこと」に対してどのような価値を見出すかも，人によって大きく異なるのです。

「働くこと」に対する価値観について，たとえばスーパー（1970）は，WVI（Work Values Inventory）として尺度化し，15の側面（創造的，審美的，計画的，理論的，多様性，自律性，監督，同僚，作業条件，生活様式，社会福祉，保障，物質的，社会的評価，熟達）にまとめています。また，藤本（1982）は，「働くこと」に対する価値観について，WVIを参考に日本人の特徴を考慮し，「仕事の外面」「活動の性質」「仕事のやり方」という観点から構造化した18側面からなる労働（職業）価値観尺度を開発しています（表3-4-1）。

このように，「働くこと」に対する価値観として取り上げられる側面は，文化によっても，研究者によっても異なります。また，「働くこと」そのものも，「労働」や「職業」，「勤労」，「仕事」などさまざまに概念化がなされ検討されて

表 3-4-1　藤本（1982）による労働（職業）価値観尺度の 18 側面

仕事の外面	活動の性質	仕事のやり方
1. 安定性	7. 奉仕的	13. 多様性
2. 収入	8. 美的	14. 自律性
3. 社会的評価	9. 創造的	15. 達成感
4. 労働時間	10. 研究的	16. 能力発揮
5. 作業環境	11. 対人接触的	17. 性格活用
6. 上役	12. 管理監督的	18. 道義性

います。しかし,「働くこと」に対する価値観が多様な側面を有していること,そして,職業選択に影響する要因として捉えられていることは,進路選択研究の中で共通しています。

2. これまでの研究

[1] 職業選択における「働くこと」に対する価値観

「働くこと」に対する価値観には多様な側面がありますが,どの側面を重視するかは,「働くこと」を通して個人がどのような欲求を満たそうとしているかに大きく影響を受けています。自身の欲求を満たすために特定の「働くこと」に対する価値観が形成されると,その価値観によって,職業選択に関する情報の判断が行われたり,職業生活に関する行為の選択が行われたりします。

そのため,「働くこと」に対する価値観がもたらす影響を検討した研究では,価値観によって職業選択がどのように異なるかが明らかにされてきました。たとえば,エクルズ（Eccles, 1987）は,職業の選択において性差が生じるのは,価値観の違いが影響していることを示しました。具体的には,男性が社会的地位の獲得や業績に価値を置くのに対し,女性は人間関係や社会的な貢献を重視しがちであることにより,性別によって異なる職業が選択されることを明らかにしました。

また,菰田（2005）によれば,職業選択場面における行動として,自分が置かれた現実に合致した選択を行おうとする人は,「働くこと」に対する価値観として自己価値（仕事に対するやりがいや個性の発揮）を重視せず,労働条件を重視することが確認されています。他方,進路決定の先送りをしようとする人

は，自己価値だけでなく，社会的評価（世間から認められること）を重視するような価値観を有していることが示されています。

このように，「働くこと」に対する価値観によって職業選択は大きく方向づけられます。「働くこと」に対する価値観は，職業選択に対して判断基準を提供し，自身の欲求を満足させるように決定や行動を導いているのです。

[2]「働くこと」に対する価値観の形成

次に「働くこと」に対する価値観はどのように形成され，発達するのかを概観します。「働くこと」に対する価値観が職業選択に影響を及ぼすのであれば，職業選択を行うまでに「働くこと」に対する価値観をある程度形成しておくことが重要です。そのため，進路選択研究では，「働くこと」に対する価値観の形成に寄与する要因についての検討がなされてきました。

ここでは，「働くこと」に対する価値観の形成に寄与する要因として，「働くこと」の直接的な経験と，社会的ネットワークにおける相互作用に注目した研究を概観していきます。

1)「働くこと」の直接的な経験

近年，中学校において就業体験が導入されるなど，初等・中等教育から「働くこと」に対する価値観を育成することが目標とされています。大学においても「インターンシップ」という形で導入されており，労働者としての役割を試行できる機会であるといえます。

たとえば佐藤・堀・堀田（2006）では，とくに会社の基幹的な業務の一部を行う「中核業務型」のインターンシップを経験した大学生からは，「働くこと」のイメージが明確になったと報告されることを明らかにしており，価値観が育まれている様子がうかがえます。また，新名主（2005）でも，インターンシップ前には就業意識が低く，焦燥感まで抱いていた大学生が，約2週間のインターンシップを経験することによって，仕事そのものに対する姿勢や考え方，仕事と人生の関わりに対する考え方といった「働くこと」に対する価値観を形成したことを示しています。

ただし，インターンシップを経験しても，すべての人が「働くこと」を肯定的に価値づけできるとは限らないようです。新名主（2005）によれば，インター

ンシップの内容に不満をもった人は,「働くこと」に対する不安や悩みを深めたことを示しています。このように,たとえインターンシップ参加の際に職業選択に対して積極的であった人でも,インターンシップ自体に満足感が得られなければ,「働くこと」を否定的に価値づけることにつながりかねません。

　働いた経験がほとんどない学生だからこそ,インターンシップのような短い期間の就業体験であっても,その体験の仕方によって,「働くこと」に対する価値観は大きく左右されるのでしょう。このように,ただ単に就業体験をすればよいというわけではなく,どのように体験するかが非常に重要だといえます。

2) 社会的ネットワークにおける相互作用

　就業体験のみならず,「働くこと」に対する価値観は,他者とのコミュニケーション(情報伝達)を通した間接的な経験によっても形成されます。親とのコミュニケーションはその一つだといえるでしょう。たとえば,仕事に疲れて家に帰ってくる親をみて育った子どもと,仕事の楽しさを生き生きと話す親をみて育った子どもでは,「働くこと」に対する価値観を異なる形で形成することが想像できます。また,子どもに対する親の態度が良好であるほど,親子の「働くこと」に対する価値観は高い類似度を示すことが明らかにされています(松井,1986)。

　もちろん,他者とのコミュニケーションは,親とのコミュニケーションに限りません。青年期にもなれば,個人は親との関係性だけでなくその他のさまざまな関係性から構成された社会的ネットワークに位置付けられていることでしょう。当然,個人のキャリア発達において,親や他の大人は重要な役割を果たしています。しかし,青年の生活の中ではその他の対人関係も重要な役割を果たしており,進路選択研究の中でとくに友人関係は重要視されてきました(Young, Antal, Bassett, Post, DeVries, & Valach, 1999)。

　杉本(2007)では,個人の社会的ネットワークに注目し,家族との関係性と同時に,親しい友人との関係性や所属グループ数を取りあげ,就職することに対するイメージとの関連について検討しています。その結果,家族との会話の量に関わらず,親しい友人と就職についての会話をする人,あるいは所属グループ数が多い人は,就職することに希望を抱いており,「働くこと」に対して肯定的な価値観をもっていることが明らかになりました。一方で,家族との会話を

たくさんしていても，親しい友人と就職についての会話をしない人，あるいは所属グループ数が少ない人は，就職することを拘束されるものと捉えていることが明らかにされました。つまり，親しい友人と就職についての会話をしない，あるいは家族以外のネットワークが限定的であると，いくら家族との関係性が良好であっても「働くこと」に対して肯定的な価値観をもつことは難しいといえるでしょう。

　さらにこの結果は，親や友人といった親しい対人関係だけでなく，所属グループ数の多さなど社会的ネットワークの拡がりにも留意する必要があることを示唆しています。古くから，「弱い紐帯の強さ（the strength of weak ties）」(Granovetter, 1973）と表現されるように，人が職業を得る際，家族や親友などの強いつながり（紐帯）よりも，あまり知らない人，会う機会の少ない疎遠な人などの弱いつながり（紐帯）から，有益な情報を得ていることが明らかにされています。たとえ関係性の質として弱いつながりであっても多様な社会的ネットワークに自分の身を置くことは，「働くこと」に関するさまざまな話題や価値観に触れることにつながります。そうした中で自分の欲求を満たすような価値への気づきがあり，「働くこと」に対する価値観の形成を促すと考えられます。

[3] 役割特徴と「働くこと」に対する価値観

　こうした「働くこと」に関する体験や情報伝達は，労働者としての役割の直接的，あるいは間接的な試行であるともいえます。学校から職業社会への移行においては，それまでに経験のない労働者の役割を自身の役割特徴の一部として引き受けることであり，その重要性は必然的に大きくなることでしょう。

　ただし，職業社会へ移行するといっても，労働者役割を最も重視するような役割特徴をもつ人もいれば，そうでない人もいます。たとえば，大学を卒業して職業社会へは参入するけれども，労働者としての役割よりも家事や育児など家庭人としての役割を積極的に担いたいと考えている人は多いでしょう。こうした人の場合，「働くこと」に対して職場で自分の能力を発揮することにはあまり価値を置かないかもしれません。それよりも労働時間がフレックスタイム制であることや転勤がない職場環境であることを重視するような価値観を抱くこ

とでしょう。このように「働くこと」に対する価値観を考える上で，個人の志向する役割特徴に注目することは非常に重要です。

　森永（2000）では，女子大学生の希望する就労パターン（就労を継続するか，結婚や出産後に退職するか，再就職するかなど）と仕事に関する価値観との関連について検討されています。この希望する就労パターンには，学校卒業後のキャリアの中で，労働者としての役割を重視するか，それとも家庭人など労働者以外の役割を重視するかといった，志向する役割特徴があらわれていると考えられます。結果として，フルタイムで長く働き続けるといった労働者としての役割を重視する学生は，そうでない学生よりも，仕事でキャリアを積み，仕事から知的刺激を得たいという「働くこと」に対する価値観を有していることが明らかにされています。また，大卒女性においても，労働者と家庭人としての役割を両立を重視している人は「働くこと」の自己成長的な側面に価値を置き，家庭人としての役割を重視している人は労働環境に価値を置くことが確認されています（安達・室山，1998）。

　キャリア発達の中で個人が志向する役割特徴はさまざまですが，こうした役割特徴の志向性によって「働くこと」に対する価値観も大きく異なるといえるでしょう。

3. ライフ・キャリアをデザインするために

[1]「働き方」から考える

　ここまでみてきたように，「働くこと」に対する価値観は職業選択に影響を及ぼします。このことは，職業を選択する時点で，「働くこと」に対する価値観を自分なりに形成しておくことが必要であることを示しています。とはいえ，まだ働いた経験がない学生や働き始めたばかりの人にとっては，「働くこと」に対する価値観といわれてもなかなか想像しづらいものです。役割特徴から考えると，学校卒業までの役割は子どもや学生であることが多く，労働者としての役割は，これまでほとんど経験のない役割です。そのため，労働者の役割を通した価値を見出すことが難しいのは当然のことといえるかもしれません。

　しかし，職業社会へ移行してからの10年間を想像してみると，自分の役割

特徴に変化があると想像することは容易でしょう。実際，キャリア発達の中で役割特徴は大きく変化していきます。たとえば，男性の役割特徴は，20代から30代にかけて，労働者や家庭人としての役割が重視されるようになり，余暇人としての役割が重視されなくなることが明らかにされています（中西・三川，1987）。

「働くこと」に対する価値を見出すことができないと，「働くこと」とは何かという問いに固執してしまったり，考えすぎてより一層わからなくなってしまったりすることがあるかもしれません。そのような場合，生涯にわたるキャリア発達，すなわちライフ・キャリアの中で自分の志向する役割特徴を考えてみることが「働くこと」に対する価値観の認識に役立つこともあるでしょう。あくまでも，労働者として担う役割は，生活の中で担う役割のひとつです。人によっては，学校から職業社会への移行の際，労働者としての役割よりも，家庭人や余暇人，市民など，その他の役割を重視したいと思うかもしれません。そのような場合，どのような役割を重視するかによって，「働き方」は大きく異なります。どのような役割を重視していきたいかを，「働くこと」からだけではなく，これからの人生，あるいは日常生活を踏まえつつ「働き方」から考えてみることは，自分自身の「働くこと」に対する価値観，さらには自分自身の生活全般に対する価値観の明確化につながることでしょう。

[2] 今後に向けて

これまでの日本では終身雇用制が定着していたため，学校から職業社会への移行の際に職業を選択・決定できれば，ある程度先の将来まで予測することができました。しかし，現在の不安定な社会では将来を予測することは難しく，職業の選択・決定が一度で十分だとはいいきれません。自分のライフ・キャリアを柔軟にデザインしていく必要があります。本節で取り上げた「働くこと」に対する価値観は，そうした社会を生き抜くためのひとつの道標となるでしょう。

ただし，「働くこと」に対する価値観は，キャリアに関する意思決定や発達において非常に重要な概念であるにもかかわらず，あまり研究が行われてきていません（Robinson & Betz, 2008）。とくに，価値観の形成に関しては，本節

で取り上げたように形成を支える特定の条件や要因については明らかにされ始めているものの，価値観がどのように形成されていくのか，発達していくのか，そのプロセスに注目した研究はほとんど見受けられません。

「働くこと」に対する価値観の形成プロセスを検討することは，「働くこと」に価値を見出せず，価値観を形成することが困難なため職業が決められない青年の理解に役立つことでしょう。また，学生は就職して働いた経験がないにもかかわらず，社会人よりも就職して働くことをネガティブに捉える傾向にあり，そうしたネガティブなイメージは職業選択に対する消極的な態度と関連することが明らかにされています（杉本，印刷中）。こうした青年の「働くこと」に対するネガティブな価値観の形成プロセスを理解することにもつながるでしょう。

不安定な社会の中で多様化するキャリア選択について，より詳細に検討していくような研究が求められています。今後は，ライフ・キャリアにおいて個人が重視する役割特徴に注目しつつ，「働くこと」に対する価値観の形成プロセスを明らかにしていくことが必要でしょう。

5 社会へのかかわりとしての就職活動

　職業の重要性には，生活していくためのお金を得るという面がありますが，それだけに留まるものではありません。それ以外にも，個人と社会をつなぐという大切な役割があります（尾高，1941）。

　人は，社会の中に身を置いて生活をしています。社会とは多くの個人から構成されるもので，そこでは個人が役割を分担し合っています。この役割分担には，たとえばボランティアのような形もありますが，その主たる形は職業といえます。近年では，この職業に関するさまざまな問題が注目を集めていますが，それを個人の問題として論じるだけでは不適当です。個人と社会のかかわりの問題という視点から考えていく必要があります。

　本節では，職業を選ぶということ，なかでも就職活動というものについて考えてみたいと思います。就職活動は就職先を探すための活動ですが，これは継続的に安定した収入を得る先を探すための活動でもあり，社会の中で自分が引き受ける役割を探すという活動でもあります。そこには，社会を構成する一員としての自分を位置づけるという意義があります。また同時に，自分というものを，社会を構成する人々に認識してもらうための場を得るという意義もあります。

　このように，就職活動が積極的に行えるかどうかということは，個人が社会とのかかわりをもてるかどうかという問題と深く関係しています。そのかかわりを支えている力について考えていきます。

1. 重要な概念

[1] 自己効力感

　本節では，バンデューラ（Bandura, 1977）によって提唱された自己効力感と

いう概念を用いて就職活動を考えていきます。

まず自己効力感ですが，この概念を提唱したバンデューラは，行動を規定する要因として期待というものを重視しています。そしてその期待を，効力期待と結果期待に区別しています。効力期待とは，その行動を自分ができるかどうかという期待であり，結果期待とは，ある行動がある結果につながるという期待のことです。

人は，これらの期待を区別してもちます。たとえば，「毎日しっかりと練習すれば，次の試合でよい成績をおさめることができるだろう」という結果期待をもっていても，毎日しっかりと練習するとは限りません。「私は，毎日しっかりと練習することができるだろう」という効力期待をもてないと，練習するという行動が生まれないのです。そこでバンデューラは，ある行動がある結果につながるとわかっていても，その行動を自分ができるかどうかという判断に自信をもっていなければ，結果についての判断は人の行動に影響しないと考えました。

バンデューラは，人はある行動が自分にうまくできるかどうかという期待（効力期待）をもち，本人に認識された効力期待を自己効力感と呼びました。そしてこれは，行動に影響をおよぼす主要な変数であり，また行動の変容にも影響をおよぼす変数として位置づけられます。さらに，行動を開始するか否か，どれくらい努力を継続するか，困難に直面した際に，どれくらい耐えうるかを決定するとされています。加えてこの概念の特徴として，自己効力感は人の特性もしくは性格などの静的なものではなく，環境や他の動機づけ的メカニズム，自己制御的メカニズム，個人の能力や才能などと複雑に相互作用する，動的なシステムだと考えられています（Bandura, 1986）。

[2] 進路選択行動と自己効力感

以上のような自己効力感の概念を，進路を選択するという行動に対してはじめて用いたのは，テイラーとベッツ（Taylor & Betz, 1983）による研究でした。テイラーらは，進路を決められないという状態へのアプローチとして，自己効力感に着目したのです。

それ以前から自分の進路を決めることができない人の存在は認識されており，

なぜ進路を決めることができないのか，難しいのかという問題に対する研究が行われてきました。そこでは，決めることへの自信が欠如しているという原因が指摘されていました。テイラーらは，この自信の欠如という点に自己効力感を適用したのです。すなわち，進路を決めることへの自信のなさは，進路選択にかかわる行動に対する自己効力感が低いためではないかと仮定したのです。そしてテイラーらは，そのような自己効力感を測定するために，「進路選択に対する自己効力感（Career Decision-Making Self-Efficacy）」という概念を設定し，尺度を作成しました。

この尺度は，その名称の頭文字を並べてCDMSEと略記されますが，現在でも頻繁に利用される尺度であり多くの知見が蓄積されています。また日本における研究においても，このCDMSEは重要な位置にあります。浦上（1991, 1995），古市（1995）といった初期の研究から，花井（2008）などの最近の研究まで，多くの研究でCDMSEが参考にされており，そこから多種の尺度が開発されています。

進路選択に対する自己効力感というものを測定する際に最も重要になるのは，進路を選択する行動とはどのようなものを指すのかという点でしょう。自己効力感は，ある行動が自分にうまくできるかどうかという本人の判断を指します。すなわち，自己効力感の測定には，「ある行動」を明確に示すことが不可欠なのです。そのため，進路を選択する行動とはどのようなものを指すのかという定義が非常に重要になります。

前出のテイラーらの研究では，測定対象を，進路を選択・決定する過程に関連する行動とかなり広く定義しています。そしてそれを具体化するために，クライツ（Crites, 1965）が示した「職業選択能力」に着目しました。クライツの指摘する「職業選択能力」は，①目標選択，②自己認識，③職業情報の収集，④将来設計，⑤課題解決，から構成されます。テイラーらは，この5つの要素別にそれぞれ10項目の具体的行動を列挙し，50項目から構成されるCDMSEを作成したのです。

先に，日本においてもCDMSEを参考に多くの尺度が開発されていることを紹介しましたが，尺度が複数作成されているのは，進路を選択する行動の捉え方の違いによるためともいえます。たとえば同じ進路選択行動といっても，中

学生と大学生では具体的な行動レベルでは大きな違いがあります。進学をする場合と就職をする場合でも違うでしょう。もちろんどのような場合でも不可欠な行動もありますが，進路選択行動の捉え方の違いによって，各種の測定尺度が作成されています。

2. これまでの研究

[1] 自己効力感と進路選択活動

先に触れたように，進路選択に対して自己効力感という概念が用いられたのは，進路を決められないという問題との関連が着目されたからです。そのため，進路選択に対する自己効力感と進路選択行動の関連について多くの研究が重ねられてきました。以下では，いくつかの研究を概観します。

進路を決められないという心的傾向は，進路未決定，進路不決断などと呼ばれます。CDMSE を開発したテイラーらの研究では，この進路不決断は，進路選択に対する自己効力感と有意な負の関連にあることが見出されています (Taylor & Betz, 1983)。これに続く研究においても，ほぼ一貫して進路不決断と自己効力感の間には有意な関連があることが示されています。

さらに進路選択に対する自己効力感は，心的傾向との関連だけではなく，実際の進路を決めるための行動との関連も検討されています。理論的背景から，自己効力感の高い者は進路選択行動を活発に行い，また努力もすると考えられます。このような点を確認しようとした研究があります。たとえばソルベルグら (Solberg, Good, Fisher, Brown, & Nord, 1995) は，「興味のある職業領域で，ボランティアとして働いた」「自分がつきたいキャリアをリストアップした」などの職業選択に関連する活動を取り上げ，大学生を対象に過去 6 ヶ月間に行ったことのある活動の数と自己効力感の関連を検討しました。そしてそれらの間には，中程度の関連が認められることを報告しています。

また冨安 (1997) は，大学生を対象に，具体的な進路決定行動と進路選択に対する自己効力感の関連を検討しています。この研究では，自己効力感は，「就職のための勉強を始めた時期」や「職場訪問を始めた時期」，「就職に関することで年長者と相談した程度」との間に有意な関連が認められています。進路選

択に対する自己効力感の高い者は，より早くから就職のための勉強や職場訪問を始め，年長者と相談する程度も高いといえます。

[2] 自己効力感と就職活動の持続性

浦上（1997）は，女子短大2年生を対象として，1年生の1月から2年生の10月までの就職活動への力の投入の程度をグラフ化させ，進路選択に対する自己効力感との関連を検討しています。1年生時の自己効力感の平均値で調査対象者を二分し，2年生の11月下旬頃で内定が得られていない者のみを取り上げ，活動への力の投入の程度をグラフ化したものが図3-5-1です。図3-5-1に示されるように，就職活動グラフの形状は，高低群両方においてほぼ同じ形を描きますが，活動後半ともいえる7月後半から9月前半においては差が認められました。すなわち，就職活動のピークを越えた時期にも自己効力感の高い者はより多くの力を投入していたのです。

これらの諸研究より，進路選択に対する自己効力感の高い者は，進路を決められないという心的傾向が弱く，また進路を決定するためにより積極的，持続的に活動するといえるでしょう。換言すれば，自分で進路を決められないと訴える者，就職活動を始めるのが遅い者，積極的に活動しない者，活動をすぐに

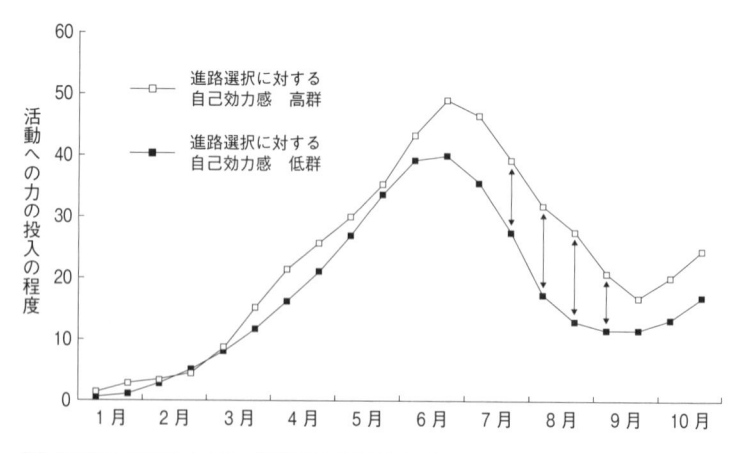

注）矢印間には有意もしくは有意傾向にある差が認められている。

図 3-5-1　内定未取得者の就職活動グラフ
（浦上，1997より，図中，「セルフ・エフィカシー」を「進路選択に対する自己効力感」に修正）

あきらめてしまう者などは，進路選択に対する自己効力感が十分に高くないと考えられます。

最初にも述べたように，就職活動が積極的に行えるかどうかということは，個人が社会とのかかわりをもてるかどうかという問題と関係しています。そして進路選択に対する自己効力感は，就職活動と関連していることが明らかにされてきています。個人の職業を通した社会参加を促進するために，このような自己効力感を育成することが求められるといえるでしょう。

3. 進路選択に対する自己効力感を高めるために

[1] 4つの情報源

以上に概観してきたように，これまでの研究によって，進路選択に対する自己効力感は，就職活動と関連があることが見出されています。自己効力感の提唱者であるバンデューラは，自己効力感は4つの情報源から導かれると指摘しています。それらは，「遂行行動の達成」「代理的経験」「言語的説得」「情動的喚起」です。

「遂行行動の達成」は，自分でその行動をやってみて，できたという感覚を味わうことです。バンデューラは，これが最も影響力の強い情報源になると考えています。次に「代理的経験」は，誰かがそのような行動をするのを観察することです。3つ目の「言語的説得」は，他の人から「あなたならきっとできるよ」などと励まされる経験のことです。そして最後の「情動的喚起」は，それをやろうとしたとき，やっているときの自分の内部に起きる感覚のことです。たとえば何かをしようとするとき，自分が落ち着いていると感じられることは，「これならできそうだ」と自己効力感を高めると考えられています。

このような4つの情報源を進路選択の場面にあてはめてみると，自己効力感を高めるためのさまざまな介入方法が考えられるでしょう。たとえば，先輩の就職活動体験を聞くこと，就職活動の流れや，個々の場面で求められることについての知識を得ること，落ち着いて試験を受けるための方法を身につけることなどです。しかし，これらは特に目新しい介入ではなく，すでに就職支援として実施されてきています。現在支援として行われていることの中には，自己

効力感を高めると考えられるものが含まれているのです。

[2] 認知傾向の影響

　自己効力感は，以上の4つの情報源を主に育成されると考えられますが，近年では，単にそのような情報がありさえすれば自己効力感に変化が生まれるわけではないことも明らかにされています（たとえば下村，2000など）。その原因のひとつとも考えられる，特徴的な認知傾向を取り上げてみます。

　浦上（2009）は，進路選択に対する自己効力感の低い者の特徴を検討しています。この調査では，浦上（1995）の作成した30項目から構成される尺度が用いられ，「まったく自信がない（1点）」「あまり自信がない（2点）」「少しは自信がある（3点）」「非常に自信がある（4点）」の4段階で回答が求められています。★尺度集 そのため，すべての項目に「あまり自信がない」と回答した場合は60点になります。この調査では，かなり多くの対象者は60点から90点の間に位置し，59点以下，91点以上は少なくなっていました。そこで，59点以下を進路選択に対する自己効力感の低い学生として抽出し（全体の7.2％），それ以外の学生（60点から90点を中位，91点以上を上位とする）と比較検討を行っています。

　この検討から，進路選択に対する自己効力感の低い学生の特徴が，いくつか明らかになりました。その特徴の中でも，認知面での特徴を示す例を紹介します。大学3年生を対象とし，学校で行われているキャリア形成支援のための科目の受講状況（図3-5-2）と，少しでも受講した経験のある者だけを対象として，その経験に対する評価の回答を整理したものです（図3-5-3）。

　受講状況にも自己効力感によると考えられる若干の差が認められますが，科目として設定されていることもあり，受講率には大きな差はないといえるでしょう。ところが，受講経験に対する評価には大きな違いが認められます。自己効力感の高い学生では，21.7％が「かなり影響を及ぼしている」と評価しているのに対して，低い学生ではそのように評価する者は一人もいませんでした。また，「あまり影響を及ぼしていない」「まったく影響を及ぼしていない」とする割合も，他の群に比較すると2倍程度になっています。このような傾向は，他の項目でも認められ，総じて自己効力感の低い学生は，活動や経験をしても，

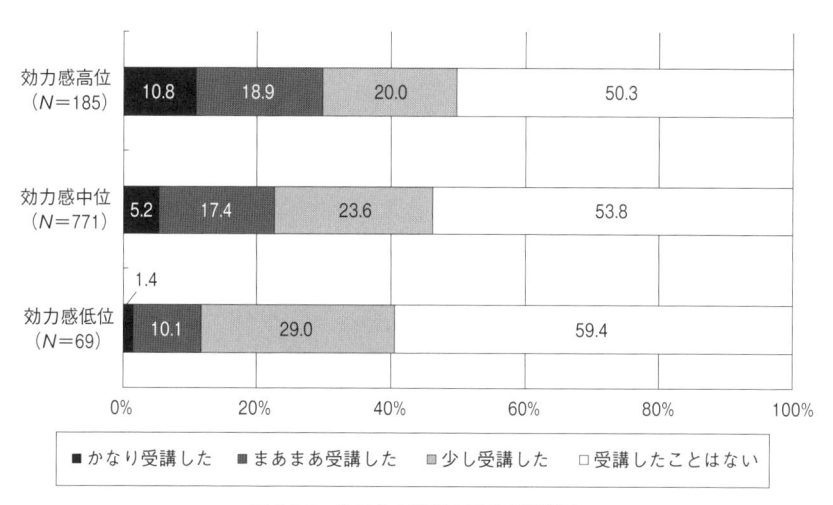

5 社会へのかかわりとしての就職活動

図 3-5-2 自己効力感得点別の受講状況

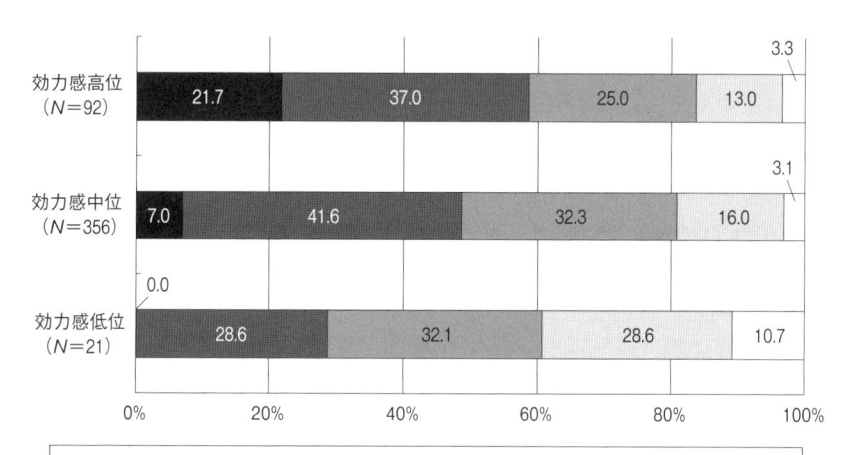

効力感高位 (N=185): かなり受講した 10.8 / まあまあ受講した 18.9 / 少し受講した 20.0 / 受講したことはない 50.3
効力感中位 (N=771): 5.2 / 17.4 / 23.6 / 53.8
効力感低位 (N=69): 1.4 / 10.1 / 29.0 / 59.4

凡例：■かなり受講した　■まあまあ受講した　■少し受講した　□受講したことはない

図 3-5-3 自己効力感得点別の受講経験に対する評価

効力感高位 (N=92): かなり影響を及ぼしている 21.7 / まあまあ影響を及ぼしている 37.0 / どちらとも言えない 25.0 / あまり影響を及ぼしていない 13.0 / まったく影響を及ぼしていない 3.3
効力感中位 (N=356): 7.0 / 41.6 / 32.3 / 16.0 / 3.1
効力感低位 (N=21): 0.0 / 28.6 / 32.1 / 28.6 / 10.7

凡例：■かなり影響を及ぼしている　■まあまあ影響を及ぼしている　■どちらとも言えない　□あまり影響を及ぼしていない　□まったく影響を及ぼしていない

それに対しての意味づけが低いことが明らかにされています。

先に，自己効力感には4つの情報源が考えられていることを指摘しましたが，それらはあくまでも「情報源」に過ぎません。同じ経験をしたとしても，個人

の認知的な特徴によって，その経験という情報が自己効力感に大きく影響することも，あまり影響しないことも考えられるのです。活動をしても，それに対する意味づけが低いということは，自己効力感に影響が及びにくいといえるでしょう。このような自己効力感への情報源の影響力が個人の認知傾向などによって左右されることは，バンデューラ自身も指摘していました。そのため，個人の特性を考慮した支援の検討が必要といえるでしょう。

[3] 今後に向けて

　本節の最初にも記しましたが，職業を選ぶということは，自分と社会をつなぐ接点を選ぶということであり，また社会の中での自分の役割を選ぶということでもあります。社会は個々人が役割分担を果たすことによってうまく機能しますし，社会がうまく機能すれば個人もその恩恵を受けることができます。そのため，職業の選択に対して消極的であることは，その個人にとっても，また社会にとっても望ましいこととはいえません。

　ここで取り上げた進路選択に対する自己効力感の高い人は，積極的に広く社会にかかわろうとする人に通ずる特徴をもっているといえるでしょう。少し拡大解釈になりますが，就職のための行動という問題に留まらず，個人が地域や国，世界と積極的にかかわり，よりよい社会を作り上げていくという観点からも，重要な力といえるのではないでしょうか。

　進路選択に対する自己効力感を高めるためには，就職や職業に関するさまざまな経験をさせたり，情報を与えたりするといった支援が考えられます。現在でも，キャリア教育，キャリア形成支援などを通して多くの実践的研究が行われています（富永，2008など参照）。しかし先にみたように，経験させるだけ，情報を与えるだけでは，自己効力感の育成として十分に機能するとはいえないこともわかっています。今後は，情報が自己効力感にうまくつながるような支援をめざした研究が不可欠といえます。

6 成人期のライフスタイルと心理的発達

　今から20年後にどのような生活を送っているか，想像してみてください。現在20歳であれば，40歳の自分です。仕事をしていますか？　結婚していますか？　子どもがいますか？　社会活動に参加していますか？　余暇をどのように過ごしていますか？　その答えは十人十色，きわめて多様であると予想することができます。

　現代の日本では，成人になってからの過ごし方が非常に多様です。各々の個人が，仕事をするかしないか，結婚するかしないか，子どもをもつかもたないか，結婚や出産後も仕事を続けるかどうか，社会活動に参加するかどうかなどを，その時々に選択していかなければなりません。それらの選択の多くは，社会とどのようにかかわるか，社会の中でどのような役割を担うか，という問いを含んでいます。

　このようにライフスタイルの選択肢が多く存在し，自分で自分の人生を作り上げていくことができる現代は，もちろん魅力的な時代といえるでしょう。一方，岡本（2000）が指摘するように，そのライフスタイルの多様化が，新たな迷いや焦燥感を生み出していることも事実です。誰もが「あのときあの道を選んでいたら」と後悔したり，「私の人生はこれでいいのだろうか」と自問自答を迫られたりする可能性があるのです。そこから抜け出すのは困難なことかもしれません。しかしながら，この危機に挑戦することがまた，新たな成長をもたらす契機となることもあると考えられます。今日では，人の心は一生を通じて発達するという考え方が浸透しています。どのようなライフスタイルを選択するか，それもまた，生涯にわたって心理的な発達に影響すると考えられます。

　本節では，成人期の多様なライフスタイルがどのように心理的な発達と関連するのかについて，特に女性の生き方に焦点を当てて検討していきます。そして，それらの知見を手がかりとして，社会の中で自分らしい生き方を選択して

いくための方策について考えてみることにします。

1. 重要な概念

[1] ライフサイクル

　ライフサイクルは，心理的な発達を考える際の枠組みを提供する，有効な概念です。もとは生物学の用語で，受精，胎児，出生後の発育，成熟，衰退を経て，死に至る生命の循環を表しています。この概念が心理学に応用され，人間の誕生から死までの一生と，その中に含まれる発達段階を意味するようになりました（杉村，1995）。人間の発達をいくつかの段階に分けて特徴を記述し，その変化の規則性に注目して生涯を捉えようとする考え方をライフサイクル論といいます。

　ライフサイクル論の基盤を築いたのは，エリクソン（Erikson, 1963）です。エリクソンは，人は社会とのかかわりの中で発達すると考え，生涯にわたる発達段階論を展開しました。個人のライフサイクルを超えて，世代から世代へのライフサイクルも視野に入れて発達を洞察していることも大きな特徴です。また，レヴィンソン（Levinson, 1978, 1996）の提唱した発達段階論も広く知られています。レヴィンソンは，生活の基本パターンを生活構造と呼びました。そして個人の発達を，生活構造の安定期と，生活構造が変わる過渡期が交互に現れるプロセスであると考えました。

　ここで着目すべきなのは，エリクソンやレヴィンソンなどのライフサイクル論が，一般の人々に共通していると考えられる，発達の各段階に特徴的な課題を示しているということです。このようなライフサイクルの視点からみると，役割をもったり，出来事を経験したりすることによる心理的な影響は，ライフサイクルのどの時点に位置するかによって異なることがわかります。また，青年期と高齢期の間に位置する成人期が非常に長期に及ぶこと，その間にはさまざまな発達的変化があることを確認することができます。なお，成人期の年齢範囲については諸説ありますが，本節では，レヴィンソンが大人の世界へ入る時期とした25歳前後から，老年への移行期とした65歳前後の間を成人期として想定しています。

[2] ライフスタイル

　ライフスタイルとは個人の生活様式のことで，趣味・交際などを含めたその人の個性を表すような生き方を表す概念です（広辞苑第6版，2008）。この用語は多くの領域で使われています。たとえば医療の場面では，生活習慣病を防ぐライフスタイルとして，栄養バランスを考えた食事をすること，定期的に運動することなどがあげられます。この場合，ライフスタイルは生活習慣という意味で用いられています。また，マーケティングの分野では，消費者のライフスタイルを分析して製品開発に役立てたり，効果的なマーケティングの方法を考えたりします。ここでのライフスタイルには，生活志向や価値観などを含むことが多いようです。

　一方，成人発達研究では，社会や家庭での役割，あるいはそれらの役割の組み合わせをライフスタイルと表現します。たとえば，団塊の世代が定年退職を迎える時代となり，退職後の適応的なライフスタイルについての関心が高まっています。また，現代のライフスタイルの問題として，仕事が忙しくて心身の健康を害したり，仕事と子育てや介護との両立に悩んだりする人が増えていることが指摘されています。

　ここで注目したいのは，最近の女性において，成人期のライフスタイルがきわめて多様化していることです。1970年代半ばころの日本は，「男は仕事，女は家庭」という男女の固定的役割分業が徹底された社会でした（厚生省，1998）。女性は，学校を卒業すると，短期間仕事をして，結婚や出産をきっかけに退職し，その後は家事，育児に専念するというのが一般的なライフスタイルだったのです。しかし現在では，仕事をするかどうか，結婚するかどうか，子どもをもつかどうか，地域でのボランティアや自治会活動に参加するかどうかなど，社会や家庭の中で担う役割の選択肢が多く存在します。女性は発達の段階に応じて，どのような役割を選択し，組み合わせていくか，決定しなければなりません。このようなライフスタイルの多様化は，現代の女性に特有の課題と心理的な発達をもたらしていると考えられます。

[3] 心理的ウェルビーイング

　ウェルビーイングとは，満足のいく状態，幸福感のことです。これまでに，

成人期のウェルビーイング，すなわち，満足している，幸福であると感じる程度を測定するために，生活満足度尺度（たとえば Havighurst, 1961），PGC モラール尺度（Lawton, 1975）などが開発されてきました（小田, 2004）。

ところが，リフ（Ryff, 1989）は，これらのウェルビーイングの測定は，理論的な根拠が不十分であると批判しました。そして，エリクソンやユング（Jung, 1933）のライフサイクル論など，生涯にわたる発達や自己成長に関する複数の主要な理論を整理して，それらに共通する「心理的に発達したよい状態」の6つの側面を見出し，心理的ウェルビーイング（psychological well-being）の6次元として提唱しました。リフの心理的ウェルビーイングの6次元とは，「人格的成長」「人生における目的」「自律性」「環境制御力」「自己受容」「積極的な他者関係」で，それぞれが表3-6-1のように定義されています。

表 3-6-1　心理的ウェルビーイングの6次元 (Ryff, 1989; 西田, 2000)

人格的成長：発達と可能性の連続上にいて，新しい経験に向けて開かれている感覚
連続して発達する自分を感じている；自己を成長し発達し続けるものとしてみている；新しい経験に開かれている；潜在能力を有しているという感覚がある；自分自身がいつも進歩していると感じる

人生における目的：人生における目的と方向性の感覚
人生における目的と方向性の感覚をもつ；現在と過去の人生に意味を見出している；人生の目的につながる信念をもつ；人生に目標や目的がある

自律性：自己決定し，独立，内的に行動を調整できるという感覚
自己決定力があり，自立している；ある一定の考えや行動を求める社会的抑圧に抵抗することができる；自分自身で行動を統制している；自分自身の基準で自己を評価している

環境制御力：複雑な周囲の環境を統制できる有能さの感覚
環境を制御する際の統制力や能力の感覚を有している；外的な活動における複雑な状況をコントロールしている；自分の周囲にある機会を効果的に使っている；自分の必要性や価値にあった文脈を選んだり創造することができる

自己受容：自己に対する積極的な感覚
自己に対する積極的な態度を有している；良い面，悪い面を含む自己の多側面を受け入れている；自分の過去に対して積極的な感情を持っている

積極的な他者関係：暖かく，信頼できる他者関係を築いているという感覚
暖かく，満足でき，信頼できる他者関係を築いている；他者の幸せに関心がある；他者に対する愛情，親密さを感じており，共感できる；持ちつ持たれつの人間関係を理解している

注）各次元の定義と，感覚を強く有する者の特徴を記述している。

リフの心理的ウェルビーイングの考え方には，次のような特色があります。まず，心理的ウェルビーイングの各次元は，長期にわたる成人期全体の心理的な特徴を集約して定義されていることです。したがって，成人期のすべての時期の発達を捉えることが可能ですし，各段階の発達の様相を比較することができます。次に，心理的ウェルビーイングの各次元が，人生で直面するさまざまな危機への挑戦による発達を示しているということです。たとえば，「環境制御力」は，思い通りにはならない経験から得た，周囲の状況に折り合いをつけながら自分らしく生きることができるという感覚です。また，「積極的な他者関係」は，いつも良好な人間関係を築けるわけではないという経験から学んだ，他者に対する愛情や親密さの感覚を表しています。こうして得た心理的ウェルビーイングの感覚は，次に新たな役割を獲得したり危機を乗り越えたりする際の重要な基盤としても位置づけられます。

　これらの心理的ウェルビーイングの特色は，成人期のライフスタイルの心理的な意味を検討する際に，ライフサイクルにおける発達という視点から考察することを可能にしてくれると考えられます。以下では，この心理的ウェルビーイングの6次元を心理的な発達の指標として，ライフスタイルとの関連をみていくことにします。

2. これまでの研究

[1] 成人女性の心理的ウェルビーイングの年代差

　ここからは，成人女性を対象とした研究を概観していきます。

　まずは，成人女性の心理的ウェルビーイングの6次元が，年代によってどのように異なるのかを確認し，心理的な発達の様相をみてみましょう。西田（2000）は，25～65歳の成人女性を対象に，心理的ウェルビーイングの尺度を作成し，心理的ウェルビーイングの6次元の年代差を検討しています。その結果，発達と可能性の連続上にいるという感覚を表す「人格的成長」は，若い年代の女性の方が高いのですが，自己決定し，独立に行動を調整できるという「自律性」の感覚は，年代が上がるにつれて高くなっていました。また，先の人生に目標があると感じる「人生における目的」や複雑な環境を統制する有能さの

感覚を表す「環境制御力」，暖かく信頼できる他者関係を築いているという「積極的な他者関係」の得点も，高年代で高い傾向がありました。同じ時期に複数の年代を調査した横断的な検討であることに注意は必要ですが，これらの結果は，成人期にも，多様な経験と関連する心理的な発達がある可能性を示唆していると考えられます。

[2] 成人女性のライフスタイルと心理的ウェルビーイング

それでは，社会とのかかわりの深い「仕事」と「社会活動」というライフスタイルに焦点をあてて，心理的発達の指標である心理的ウェルビーイングとの関連について検討していきます。

西田（2000）では，成人女性を対象に，仕事の有無と心理的ウェルビーイングとの関連を検討しました。その結果，成人期全般にわたって，無職よりも有職の女性の「自律性」が高いことがわかりました。成人期の女性が仕事をもつことは，年齢を問わず，自分の行動は自分で決めるという自己決定力の高さと関係しているようです。また，年代に特有の特徴もみられ，成人後期の女性でのみ，仕事をもつことが，自分の成長を感じる「人格的成長」，人生に意味を見出す「人生における目的」につながる可能性が示されました（図3-6-1）。このことは，特に子どもが就職や結婚をきっかけに自立する時期の女性において，

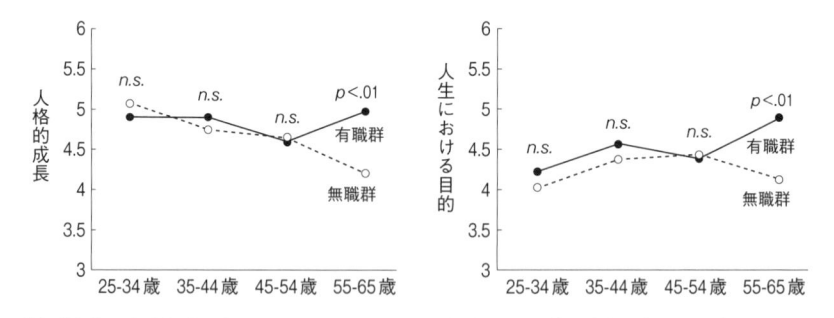

注）「人格的成長」，「人生における目的」を従属変数，年代，仕事の有無，年代×仕事の有無の交互作用を独立変数とする分散分析を行ったところ，交互作用が有意であった。年代別の単純主効果を検討した結果，55-65歳でのみ，無職群よりも有職群の方が得点が高かった。

図 3-6-1　年代・仕事の有無別の心理的ウェルビーイング（西田，2000を改変）

仕事が重要な意味をもつことを示しています。

　一方，仕事の専門性に着目した研究も行われています。酒井・矢野・羽田野・澤田（2004）は，30代の女性看護師を対象とした研究において，看護職を誇りに思うというような職業へのコミットメントが心理的ウェルビーイングと関連することを指摘しています。また，澤田・赤澤・上田（2008）は，27〜59歳の女性教諭を対象に検討を行い，職業や組織へのコミットメントや，家庭と仕事という複数の役割を重ねて担うことが，「人格的成長」や「人生における目的」に影響することを示しています。

　次に，社会活動と心理的ウェルビーイングについてみてみましょう。まず，参加している活動の内容を調べたところ，成人初期には子ども会や青少年団体など，母親役割を通じて行う活動が主であり，成人中期から後期にはボランティアや趣味のサークルのような，社会や幅広い他者とのつながりを生み出す活動が中心であることがわかりました。そして，社会活動に参加することは，成人期全般にわたってすべての心理的ウェルビーイングの次元と関連していることが示されました（西田，2000）。田熊・伊藤（2008）は，子育て期と中年期の女性を対象とした検討を行い，やはり，社会活動と心理的ウェルビーイングとの間に関連があることを明らかにしています。

　以上から，仕事をもつことや社会活動に参加することは，心理的ウェルビーイングと関連していることがわかりました。したがって，成人女性のライフスタイルに仕事や社会活動を組み込むことは，心理的な発達を支えたり，あるいは促進したりするといえるでしょう。さらに，仕事の場合には，働く年代によって心理的な影響が異なること，仕事の有無だけではなく，そのコミットの仕方や，仕事と家庭という複数の役割のバランスの取り方も重要であることがわかります。一方，社会活動は，成人期全般にわたって心理的な発達と関連しますが，活動の内容やかかわり方は，自分や家族のライフサイクルにあわせて柔軟に変化させていくことが必要だといえそうです。

3. 社会の中で自分らしく生きていくために

[1] 調和のとれたライフスタイルをめざして

　上述したように，現代の女性では，仕事をもつことや社会活動に参加することが心理的な発達の指標である心理的ウェルビーイングと関連していました。それでは，仕事や社会活動といった社会での役割と家庭における役割との調和をどのように考えたらよいでしょうか。

　もちろん，家庭における役割もまた，発達にとって重要な意味をもっています。「育児は育自」といわれるように，子どもを育てることは，親の人格発達をもたらします（柏木・若松，1994）。また，孫を育てることや老親の介護も，自分自身の発達の契機となるといわれています（西田，2006；岡本，1998）。しかしながら，そのような家庭内の役割だけでは自己を支えきれないという問題が指摘されています。たとえば，社会で働いている女性に比べて，専業主婦では「女性としての自分への満足感」が低いという報告があります（山本，1997）。また，専業主婦で社会とのかかわりが少ない場合には，子どもが家を出て自立したときに心身の不適応を起こす「空の巣症候群」の危機に直面する可能性が高いといわれています（村本，2005）。これらのことを考えると，自分あるいは家族の発達の状況を考慮しながら，長期的な展望をもって社会とかかわっていくことは，ライフサイクルにおける移行や危機を支える重要な役割を果たすといえるでしょう。

　一方，強調すべきは，男性もまた，ライフスタイルのあり方を見直す時代に来ているということです。最近まで多くの男性にとって，学校を卒業して就職すれば，定年退職までは安定した道のりでした。しかしながら，その仕組みを支える終身雇用制，年功序列制は崩壊しつつあり，企業のリストラや倒産が相次いでいます。かつてのように，仕事人生は必ずしも安定したものではなくなったのです。また，非婚を選択する男性，職業をもつ女性が増えたことにより，「男は仕事，女は家庭」という伝統的な性役割観は大きく揺らいでいます。このような状況を受けて，男性も，どのように働くか，どのように家庭を築くか，どのように役割を担っていくかという，ライフスタイルの選択を求められる時代となりました。その選択肢には，仕事が第一という生き方だけではなく，

仕事とそれ以外の生活とを組み合わせた，さまざまなライフスタイルが存在しています。

[2] 今後に向けて

ライフスタイルと心理的発達に関する研究の課題を整理してみましょう。第一に，これまでは女性を対象に多くの研究が進められてきたことです。上述したように，男性にとってもライフスタイルの調和が求められる時代となっていることから，今後は男性も対象とした研究を蓄積していく必要があります。第二に，心理的発達をどのように捉えるか，ということです。西田・齊藤（2001）は，成人期における心理的発達の指標の条件として，①長期にわたる成人各期に適用できること，②多様な役割による心理的な発達を捉えること，③成人期に直面するさまざまな危機の克服による成長を反映すること，をあげています。本節では，これらの条件を満たす心理的発達の指標として心理的ウェルビーイングを検討してきましたが，今後もさらに，どのように心理的な発達を測定するかについて，質的なアプローチも含めて考えていくことが重要でしょう。第三には，研究手法です。一時点での調査では心理的な変化を的確に捉えることが難しく，ライフスタイルの選択や移行にともなう心理的な発達を検討することに限界があることから，個人の変化を縦断的に追跡するアプローチが求められます。また，多様なライフスタイルを検討するには，多くの役割の組み合わせを考慮しなければならないことを考えると，対象者の特性に偏りのない大規模な集団を選ぶ必要があるでしょう。このような研究を個人で進めることは，かなり難しいことです。しかし国外では，複数の研究者による大きなプロジェクトが進んでいます。たとえば1994年には，中高年者の心理的な発達や直面している新たな挑戦について研究する目的で，MIDUS（Midlife Development in the United States）が立ち上げられました。25-74歳の7,000人以上のアメリカ人男女を対象とし，2002年にはその追跡調査も行われています（Brim, Ryff, & Lessler, 2005）。2008年には日本でも，「日本人のしあわせと健康調査」として，MIDUSとの日米比較プロジェクトが始まっており，研究成果の蓄積が待たれています。

現代の流動的な社会において，成人期のライフスタイルもやはり変化してい

きます。最近の日本では，一昔前よりも子育てに積極的な男性が増えているといわれています。また，高齢化に伴って，介護の役割をライフスタイルにどのように組み込んでいくか，ということが重要な課題となってきています。さらに，「仕事と生活の調和推進プロジェクト」など，行政の取り組みも活発化しています（厚生労働省，2007）。したがって，ライフスタイルが個人の心理的な発達とどのように関連するか，という問題もまた，その時点の社会的な背景を考慮しながら検討を行っていく必要があると考えられます。

コラム 3 ◆ 仮想的有能感

「よい成績をとった」「先生や親にほめられた」などの経験をしたことはありますか？ このような経験は，自分の能力への自信や満足感といったコンピテンスを高める機会となります。このコンピテンスは，本来，長い年月をかけて自分の確固たる経験や努力の結果として獲得されていくものです。

しかし現代では，他者を軽視することによって自分への満足感や自信を簡単に得ようとする偽りのコンピテンスが若者をはじめ多くの人に浸透しています。たとえば，香山（2004）は他者を「バカ」にし「負け組」であるとみなすことで，自分がそのように判断されるのを逃れようとする若者の存在を指摘しています。教育現場においても，教師が注意しても自らの非を認めないどころか，教師に対して攻撃的に反応する生徒の増加が報告されていますが（諏訪，2005），このような行動をとるのも他者を軽視することで自分を守ろうとしているためと考えられます。

このような，本来の自分の能力には目を向けず他者の存在を軽視することで得られるコンピテンスのことを速水（2006）は，仮想的有能感（assumed competence）と呼び，「自己の直接的なポジティブ経験に関係なく，他者の能力を批判的に評価・軽視する傾向に付随して習慣的に生じる有能さの感覚」と定義しています。この仮想的有能感を測定する尺度は Hayamizu, Kino, Takagi, & Tan（2004）によって作成されています（表1）。この尺度は他者軽視を測定する項目から構成されていますが，その背後にある仮想的有能感を反映するものとして位置づけられています。さらに速水（2006）では，より典型的な仮想的有能感をもつ個人を抽出するために，自尊感情と組み合わせた4つの有能感タイプに分類することを提案して

表1　仮想的有能感尺度 (Hayamizu et al., 2004)

1. 自分の周りには気のきかない人が多い
2. 他の人の仕事を見ていると，手際が悪いと感じる
3. 話し合いの場で，無意味な発言をする人が多い
4. 知識や教養がないのに偉そうにしている人が多い
5. 他の人に対して，なぜこんな簡単なことがわからないのだろうと感じる
6. 自分の代わりに大切な役目をまかせられるような有能な人は，私の周りに少ない
7. 他の人を見ていて「ダメな人だ」と思うことが多い
8. 私の意見が聞き入れてもらえなかった時，相手の理解力が足りないと感じる
9. 今の日本を動かしている人の多くは，たいした人間ではない
10. 世の中には，努力しなくても偉くなる人が少なくない
11. 世の中には，常識のない人が多すぎる

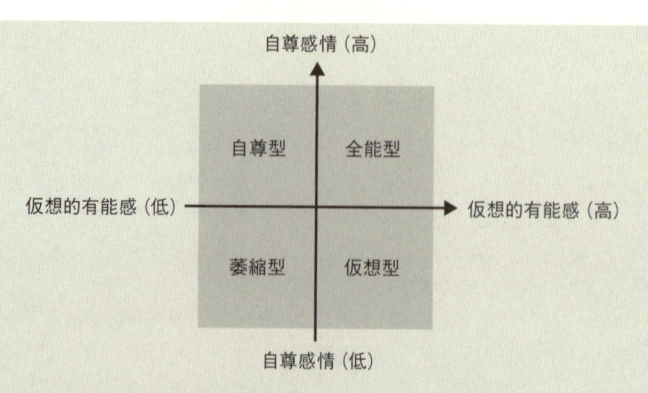

```
                自尊感情（高）
                    ↑
           ┌────────┬────────┐
           │ 自尊型 │ 全能型 │
仮想的有能感（低）──┼────────┼────────→ 仮想的有能感（高）
           │ 萎縮型 │ 仮想型 │
           └────────┴────────┘
                    ↓
                自尊感情（低）
```

図1 仮想的有能感のタイプ（速水，2006）

います（図1）。設定されたタイプは仮想的有能感と自尊感情が低い「萎縮型」，仮想的有能感が低く自尊感情が高い「自尊型」，仮想的有能感が高く自尊感情の低い「仮想型」，仮想的有能感と自尊感情が高い「全能型」です。なかでも仮想型は，他者への軽視が自信や高い自己評価に裏付けされていない個人を指し，典型的な仮想的有能感の例として最も注目すべき類型です。

　では，仮想的有能感が高い人にはどのような特徴があるのでしょうか。まず，仮想的有能感の全体像をみてみると，仮想的有能感が高い人は，情緒不安定で動揺しやすく，現実的で猜疑心や不安感が強い傾向がみられます（山田・速水，2004）。また，私的自己意識や孤独感や怒り，攻撃性が高いこと，共感性や協調性が低いこと，神経質傾向であることも特徴としてあげられます（速水・木野・高木，2004，2005；高木，2006）。人間関係では，友人関係や家族関係に不満を抱き，いじめ加害経験や被害経験が多く（速水ら，2004；松本・山本・速水，2009），学習面では，友人や教師を批評し，援助を回避する傾向があります（小平・青木・松岡・速水，2009）。さらに，より典型的な仮想的有能感をもつ「仮想型」の人は，日常の対人関係における敵意や抑うつ感情が高く，教師，親（父親），友人と良好な関係を築くことが難しいようです（小平・小塩・速水，2007；高木・山本・速水，2006）。

　このように仮想的有能感が高い人は，コンピテンスが高まっているように思われますが，上記の研究結果をみると必ずしも精神的に健康であるとは言い切れません。むしろうっ屈した感情を抱き，常に満たされない現状からストレスやさまざまな問題行動につながる可能性も考えられます。

　仮想的有能感を低減し，真のコンピテンスを獲得するためには，一部の限られた相手だけではなくより多くの他者とかかわり，相互的なコミュニケーションを深めることで，適切な自他の理解を促していくことが重要でしょう。

文　献

第 1 章第 1 節

Bandura, A.　1977　*Social learning theory*. New Jersey: Prentice Hall.
中央教育審議会　2003　初等中等教育における当面の教育課程及び指導の充実・改善方策について（答申）　文部科学省
速水敏彦　1998　自己形成の心理——自律的動機づけ　金子書房
伊藤崇達　2009　自己調整学習の成立過程——学習方略と動機づけの役割　北大路書房
伊藤崇達・神藤貴昭　2003a　中学生用自己動機づけ方略尺度の作成　心理学研究, **74**, 209-217.
伊藤崇達・神藤貴昭　2003b　自己効力感，不安，自己調整学習方略，学習の持続性に関する因果モデルの検証——認知的側面と動機づけ的側面の自己調整学習方略に着目して　日本教育工学雑誌, **27**, 377-385.
Pintrich, P. R., & De Groot, E. V.　1990　Motivational and self-regulated learning components of classroom academic performance. *Journal of Educational Psychology*, **82**, 33-40.
Pokay, P., & Blumenfeld, P. C.　1990　Predicting achievement early and late in the semester: The role of motivation and use of learning strategies. *Journal of Educational Psychology*, **82**, 41-50.
Ryan, R. M., & Deci, E. L.　2000　Self-determination theory and the facilitation of intrinsic motivation, social development, and well-being. *American Psychologist*, **55**, 68-78.
Schunk, D. H., & Zimmerman, B. J. (Eds.)　1998　*Self-regulated learning: From teaching to self-reflective practice*. New York: The Guilford Press.（塚野州一（編訳）2007　自己調整学習の実践　北大路書房）
Schunk, D. H., & Zimmerman, B. J. (Eds.)　2008　*Motivation and self-regulated learning: Theory, research, and applications*. New York: Lawrence Erlbaum Associates.（塚野州一（編訳）2009　自己調整学習と動機づけ　北大路書房）
Zimmerman, B. J.　1989　A social cognitive view of self-regulated academic learning. *Journal of Educational Psychology*, **81**, 329-339.
Zimmerman, B. J., & Martinez-Pons, M.　1990　Student differences in self-regulated learning: Relating grade, sex, and giftedness to self-efficacy and strategy use. *Journal of Educational Psychology*, **82**, 51-59.

Zimmerman, B. J., & Schunk, D. H. (Eds.), 2001 *Self-regulated learning and academic achievement: Theoretical perspectives*. New Jersey: Lawrence Erlbaum Associates. (塚野州一（編訳）2006 自己調整学習の理論 北大路書房)

第1章第2節

安藤史高 2002 教師による方略教授と方略使用との関連に自律性の及ぼす影響 名古屋大学教育発達科学研究科紀要（心理発達科学），**49**, 105-112.

安藤史高・布施光代・小平英志 2008 授業に対する動機づけが児童の積極的授業参加行動に及ぼす影響――自己決定理論に基づいて 教育心理学研究, **56**, 160-170.

Black, A. E., & Deci, E. L. 2000 The effects of instructors' autonomy support and students' autonomous motivation on learning organic chemistry: A self-determination theory perspective. *Science Education*, **84**, 740-756.

Deci, E. L., & Ryan, R. M. 1985 *Intrinsic motivation and self-determination*. New York: Plenum Press.

Grolnick, W. S., Ryan, R. M., & Deci, E. L. 1991 Inner resources for school achievement: Motivational mediators of children's perceptions of their parents. *Journal of Educational Psychology*, **83**, 508-517.

Grouzet, F. M. E., Vallerand, R. J., Thill, E. E., & Provencher, P. J. 2004 From environmental factors to outcomes: A test of an integrated motivational sequence. *Motivation and Emotion*, **28**, 331-346.

Hayamizu, T. 1997 Between intrinsic and extrinsic motivation: Examination of reasons for academic study based on the theory of interalization. *Japanese Psychological Research*, **39**, 98-108.

Miserandino, M. 1996 Children who do well in school: Individual differences in perceived competence and autonomy in above-average children. *Journal of Educational Psychology*, **88**, 203-214.

Niemiec, C. P., Lynch, M. F., Vansteenkiste, M., Bernsteina, J., Deci, E. L., & Ryan, R. M. 2006 The antecedents and consequences of autonomous self-regulation for college: A self-determination theory perspective on socialization. *Journal of Adolescence*, **29**, 761-775.

Ryan R. M., & Deci, E. L. 2000 Self-determination theory and the facilitation of intrinsic motivation, social deg. *American Psychologist*, **55**, 68-78.

大久保智生・加藤弘通 2005 青年期における個人――環境の適合の良さ仮説の検証：学校環境における心理的欲求と適応感との関連 教育心理学研究, **53**, 368-380.

Vansteenkiste, M., Simons, J., Lens, W., Sheldon, K. M., & Deci, E. L. 2004 Motivating learning, performance, and persistence: The synergistic effects of intrinsic goal contents and autonomy-supportive contexts. *Journal of Personality and Social*

Psychology, **87**, 246-260.
Williams, G. C., & Deci, E. L. 1996 Internalization of biopsychosocial values by medical students: A test of self-determination theory. *Journal of Personality and Social Psychology*, **70**, 767-779.

第1章第3節
Anderson, C. A., & Jennings, D. L. 1980 When expectancies of failure promote expectations of success: The impact of attributing failure to ineffective strategies. *Journal of Personality*, **48**, 393-407.
Bandura, A. 1977 Self-efficacy: Toward a unifying theory of behavioral change. *Psychological Review*, **84**, 191-215.
Covington, M. V., & Omelich, C. L. 1984 An empirical examination of Weiner's critique of attribution research. *Journal of Educational Psychology*, **76**, 1214-1225.
Clifford, M. M. 1986 The comparative effect of strategy and effort attributions. *British Journal of Educational Psychology*, **56**, 75-83.
Dweck, C. S. 1975 The role of expectations and attributions in the alleviation of learned helplessness. *Journal of Personality and Social Psychology*, **31**, 674-685.
Frieze, I. H. 1976 Causal attributions and information seeking to explain success and failure. *Journal of Research in Personality*, **10**, 293-305.
速水敏彦・長谷川孝 1979 学業成績の因果帰着 教育心理学研究, **27**, 197-205.
樋口一辰・鎌原雅彦・大塚雄作 1983 児童の学業達成に関する原因帰属モデルの検討 教育心理学研究, **31**, 18-27.
伊藤崇達 1996 学業達成場面における自己効力感, 原因帰属, 学習方略の関係 教育心理学研究, **44**, 340-349.
中西良文 2004a 現実の学業成績における成功/失敗の原因帰属——現実場面で方略帰属が行われているか？ 日本グループ・ダイナミックス学会第51回大会発表論文集, 184-185.
中西良文 2004b 現実場面における成功／失敗の原因帰属——サッカーW杯における日本チームの成績について 松阪大学地域社会研究所報, **16**, 41-51.
中西良文 2004c 成功／失敗の方略帰属が自己効力感に与える影響 教育心理学研究, **52**, 127-138.
Schunk, D. H., & Gunn, T. P. 1986 Self-efficacy and skill development: Influence of task strategies and attributions. *Journal of Educational Research*, **79**, 238-244.
Schunk, D. H. 2008 Attributions as motivators of self-regulated learning. In D. H. Schunk & B. J. Zimmerman (Eds.), *Motivation and self-regulated learning: Theory, research, and applications*. New Jersey: Lawrence Erlbaum Associates. 245-266.
Weiner, B. 1979 A theory of motivation for some classroom experiences. *Journal of*

Educational Psychology, **71**, 3-25.
Weiner, B. 1985 "Spontaneous" causal thinking. *Psychological Bulletin,* **97**, 74-84.
Zimmerman B. J., & Kitsantas, A. 1999 Acquiring writing revision skill: Shifting from process to outcome self-regulatory goals. *Journal of Educational Psychology,* **91**, 241-250.

第 1 章第 4 節

American Psychiatric Association 2000 *Diagnostic and statistical manual of mental disorders.* 4th ed. Text Revision: DSM-IV-TR. Washington D. C.: Author.
Bradlee, P. M., & Emmons, R. A. 1992 Locating narcissism within the interpersonal circumplex and the Five-Factor model. *Personality and Individual Differences,* **13**, 821-830.
Bradley, G. W. 1978 Self-serving biases in the attribution process: A reexamination of the fact or fiction question. *Journal of Personality and Social Psychology,* **36**, 56-71.
Bushman, B. J., & Baumeister, R. F. 1998 Threatened egotism, narcissism, self-esteem, and direct and displaced aggression: Does self-love or self-hate lead to violence? *Journal of Personality and Social Psychology,* **75**, 219-229.
Jonason, P. K., Li, N. P., Webster, G. D., & Schmitt, D. P. 2009 The dark triad: Facilitating a short-term mating strategy in men. *European Journal of Personality,* **23**, 5-19.
Leary, M. R. 2004 The sociometer, self-esteem, and the regulation of interpersonal behavior. In R. F. Baumeister & K. D. Vohs (Eds.), *Handbook of self-regulation: Research, theory, and applications.* New York: Guilford Press.
沼崎　誠・小口孝司　1990　大学生のセルフ・ハンディキャッピングの2次元　社会心理学研究, **5**, 42-49.
小塩真司　1999　高校生における自己愛傾向と友人関係のあり方との関連　性格心理学研究, **8**, 1-11.
小塩真司　2000　青年の自己愛傾向と異性関係──異性に対する態度，恋愛関係，恋愛経験に着目して　名古屋大学大学院教育発達科学研究科紀要（心理発達科学）, **47**, 103-116.
小塩真司　2009　自己愛性格　高木　修（監修）　安藤清志（編）　シリーズ21世紀の社会心理学13──自己と対人関係の社会心理学:「わたし」を巡るこころと行動　北大路書房　pp.106-115.
Rosenberg, M. 1965 *Society and the adolescent self-image.* Princeton, NJ: Princeton University Press.
桜井茂男　2000　ローゼンバーグ自尊感情尺度日本語版の検討　筑波大学発達臨床心理学研究, **12**, 65-71.

Taylor, S. E., & Brown, J. D. 1988 Illusion and well-being: A social psychological perspective on mental health. *Psychological Bulletin*, **103**, 193-210.
外山美樹　2000　自己認知と精神的健康の関係　教育心理学研究, **48**, 454-461.
上田吉一　1958　精神的に健康な人格の特性に関する考察——臨床家の見た理想的人間像　教育心理学研究, **5**, 1-10.
脇本竜太郎　2009　自尊感情のはたらき　髙木　修（監修）　安藤清志（編）　シリーズ21世紀の社会心理学13——自己と対人関係の社会心理学：「わたし」を巡るこころと行動　北大路書房　pp.34-45.
Wills, T. A. 1981 Downward comparison principles in social psychology. *Psychological Bulletin*, **90**, 245-271.

第1章第5節

足立明久　1995　職業的自己実現と職業的同一性の各概念の具体化——進路の指導と相談の実践的方法論のために　進路指導研究, **16**, 1-9.
Berzonsky, M. D. 1988 Self-theorists, identity status and social cognition. In D. K. Lapsley & F. C. Power (Eds.), *Self, ego, and identity: Integrative approaches*. New York: Springer-Verlag. pp.243-262.
Berzonsky, M. D. 1989 Identity style: Conceptualization and measurement. *Journal of Adolescent Research*, **4**, 267-281.
Bosma, H. A. 1992 Identity in adolescence: Managing commitments. In G. R. Adams, T. P. Gullotta, & R. Montemayor (Eds.), *Advances in adolescent development*. Vol.4. *Adolescent identity formation*. Newbury Park, CA: Sage. pp.91-121.
Erikson, E. H. 1950 *Childhood and society*. New York: W. W. Norton. (仁科弥生（訳）1977, 1988 幼児期と社会1・2　みすず書房）
Erikson, E. H. 1958 *Young man Luther*. (大沼　隆（訳）1974 青年ルター　みすず書房）
Erikson, E. H. 1964 *Insight and responsibility*. (鑢　幹八郎（訳）1971 洞察と責任　みすず書房）
Erikson, E. H. 1959 *Identity and the life cycle*. (小此木啓吾（訳編）1973 自我同一性　誠信書房）
Grotevant, H. D. 1987 Toward a process model of identity formation. *Journal of Adolescent Research*, **2**, 203-222.
Josselson, R. 1994 Identity and relatedness in the life cycle. In H. A. Bosma, T. L. G. Graafsma, H. D. Grotevant, & D. J. de Lavita (Eds.), *Identity and development: An interdisciplinary approach*. Thousand Oaks, CA: Sage. pp.81-102.
加藤　厚　1983　大学生における同一性の諸相とその構造　教育心理学研究, **4**, 292-302.
Kerpelman, J. K., Pittman, J. F., & Lamke, L. K. 1997 Toward a microprocess

perspective on adolescent identity development: An identity control theory approach. *Journal of Adolescent Research*, **12**, 363-371.

Marcia, J. E. 1966 Development and validation of ego-identity status. *Journal of Personality & Social Psychology*, **3**, 551-558.

無藤清子 1979 「自我同一性地位面接」の検討と大学生の自我同一性 教育心理学研究, **3**, 178-187.

小此木啓吾 1978 モラトリアム人間の時代 中央公論新社

杉村和美 2001 関係性の観点から見た女子青年のアイデンティティ探求──2年間の変化とその要因 発達心理学研究, **12**, 87-98.

杉村和美 2006 女子青年のアイデンティティ探求──関係性の観点から見た2年間の縦断研究 風間書房

Sugimura, K., & Shimizu, N. 2010 The role of peers as agents of identity formation in Japanese first-year university students. *Identity: An International Journal of Theory and Research*, **10**, 106-121.

高村和代 1997 課題探求時におけるアイデンティティの変容プロセスについて 教育心理学研究, **45**, 243-253.

高村和代 1998 進路探求とアイデンティティ探求の相互関連プロセスについて──新しいアイデンティティプロセスモデルの提案 名古屋大学教育学部紀要(心理学), **44**, 177-189.

第1章第6節

Boldero, J., & Francis, J. 2000 The relation between self-discrepancies and emotion: The moderating roles of self-guide importance, location relevance, and social self-domain centrality. *Journal of Personality & Social Psychology*, **78**, 38-52.

Bybee, J., Luthar, S., Zigler, E., & Merisca, R. 1997 The fantasy, ideal, ought selves: Content, relationship to mental health, and functions. *Social Cognition*, **15**, 37-53.

遠藤由美 2004 自己 無藤 隆・森 敏昭・遠藤由美・玉瀬耕治 心理学 New Liberal Arts Selection 有斐閣 pp.323-344.

Haaga, D. A. F., Friedman-Wheeler, D. G., McIntosh, E., & Ahrens, A. H. 2008 Assessment of individual differences in regulatory focus among cigarette smokers. *Journal of Psychopathology and Behavioral Assessment*, **30** (3), 220-228.

Higgins, E. T. 1987 Self-discrepancy: A theory relating self and affect. *Psychological Review*, **94**, 319-340.

Higgins, E. T. 1989 Self-discrepancy theory: What patterns of self-beliefs cause people to suffer? In L. Berkowitz (Ed.), *Advances in experimental social psychology*. Vol. 22. New York: Academic Press. pp.93-136.

Higgins, E. T. 1999 When do self-discrepancies have specific relations to emotions?

The second-generation question of Tangney, Niedenthal, Covert, and Barlow (1998). *Journal of Personality & Social Psychology*, **77**, 1313-1317.

Higgins, E. T. 2000 Making good decision: Value from fit. *American Psychologist*, **55**, 1214-1230.

Higgins, E. T., Bond, R. N., Klein, R., & Strauman, T. 1986 Self-discrepancies and emotional vulnerability. *Journal of Personality & Social Psychology*, **51**, 5-15.

Higgins, E. T., Idson, L. C., Freitas, A. L., Spiegel, S., & Molden, D. C. 2003 Transfer of value from fit. *Journal of Personality and Social Psychology*, **84**, 1140-1153.

Higgins, E. T., Roney, C. J. R., Crowe, E., & Hymes, C. 1994 Ideal versus ought predilections for approach and avoidance: Distinct self-regulatory systems. *Journal of Personality & Social Psychology*, **66**, 276-286.

小平英志 1999 諸自己像へのaccessibilityと不快感情との関連――Self-discrepancy theoryの枠組みから 教育心理学論集, **28**, 9-17.

小平英志 2000 日本人にとって理想自己と義務自己はどのように異なる自己なのか――日本の大学生が記述する属性語とカテゴリーの分析を通して 性格心理学研究, **8**, 113-124.

小平英志 2002 女子大学生における自己不一致と優越感・有能感, 自己嫌悪感との関連――理想自己と義務自己の相対的重要性の観点から 実験社会心理学研究, **41**, 165-174.

小平英志 2003 「あるべき」自己に関する心理学的研究――Self-discrepancy theoryの枠組みを用いた「ありたい」自己との比較を通して 名古屋大学大学院教育発達科学研究科博士学位請求論文（未公刊）

小平英志 2004 理想自己と義務自己の内在状態の差異：現実自己の参照度および関連付けられるエピソード 名古屋大学大学院教育発達科学研究科紀要. 心理発達科学, **51**, 99-105.

小平英志 2005 個性記述的視点を導入した自己不一致の測定：簡易版の信頼性, self-esteemとの関連の検討 名古屋大学大学院教育発達科学研究科紀要. 心理発達科学, **52**, 21-29.

Rogers, C. 1951 *Client-centered therapy.* Boston: Houghton.

Snyder, R. 1997 Self-discrepancy theory, standards for body evaluation, and eating disorder symptomatology among college women. *Women & Health*, **26**, 69-84.

Strauman, T. J. 1989 Self-discrepancies in clinical depression and social phobia: Cognitive structures that underlie emotional disorders? *Journal of Abnormal Psychology*, **98**, 14-22.

Tangney, J. P., Niedenthal, P. M., Covert, M. V., & Barlow, D. H. 1998 Are shame and guilt related to distinct self-discrepancies? A test of Higgins's (1987) hypotheses. *Journal of Personality & Social Psychology*, **75**, 256-268

第 1 章第 7 節

Aldwin, C. M., Spiro, A., III, Park, C. L. 2006 Helth, behavior, and optimal aging: A life span developmental perspective. In J. E. Birren & K. W. Schaie (Eds.), *Handbook of the psychology of aging.* Burlington: Elsevier Academic Press. pp.85-104.

Baltes, P. B., & Baltes, M. M. 1990 Psychological perspectives on successful aging: The model of selective optimization with compensation. In P. B. Baltes & M. M. Baltes (Eds.), *Successful aging: Perspectives from the behavioral sciences.* Cambridge: Cambridge University Press. pp.1-34.

Brandstädter, J., & Rothermund, K. 2002 The life-course dynamics of goal pursuit and goal adjustment: A two-process framework. *Developmental Review,* **22**, 117-150.

Carstensen, L. L., & Fresrickson, B. F. 1998 Influence of HIV states and age on cognitive representations of others. *Health Psychology,* **17**, 494-503.

Carstensen, L. L., Issacowitz, D. M., & Charles, S. T. 1999 Taking time seriously: A theory of socioemotional selectivity. *American Psychologist,* **54**, 165-181.

Cheng, S. 2004 Age and subjective well-being revisited: A discrepancy perspective. *Psychology and Aging,* **19**, 409-415.

Cross, S., & Markus, H. 1991 Possible selves across the life span. *Human Development,* **34**, 230-255.

Diener, E., & Suh, M. E. 1997 Subjective well-being and age: An international analysis. In K. W. Shaie & M. P. Lawton (Eds.), *Annual review of gerontology and geriatrics.* Vol.17. New York: Springer. pp.304-324.

Emmons, R. A. 1996 Striving and feeling: Personal goals and subjective well-being. In P. M. Gollwitzer & J. A. Bargh (Eds.), *The psychology of action: Linking cognition and motivation to behavior.* New York: Guilford Press. pp.313-337.

Freund, A. M., & Baltes, P. B. 2002 Life-management strategies of selection, optimization, and compensation: Measurement by self-report and construct validity. *Journal of personality and Social psychology,* **82**, 642-662.

Freund, A. M., & Riediger, M. 2006 Goals as building blocks of personality and development in adulthood. In D. K. Mroczek & T. D. Little (Eds.), *Handbook of personality development.* Mahwah, NJ: Erlbaum. pp.353-372.

Gollwitzer, P. M., & Brandstätter, V. 1997 Implementation intentions and effective goal pursuit. *Journal of Personality and Social Psychology,* **73**, 186-199.

Heckhausen, J., Dixon, R. A., & Baltes, P. B. 1989 Gain and losses in development throughout adulthood as perceived by different adult age groups. *Developmental Psychology,* **25**, 109-21.

厚生労働省 2009 平成 20 年度簡易生命表の概況について <http://www.mhlw.go.jp/toukei/saikin/hw/life/life08/dl/gaikyou01.pdf>

Lang, F. R., & Carstensen, L. L. 2002 Time counts: Future time perspective, goals, and social relationships. *Psychology and Aging*, **17**, 125-139.

松岡弥玲 2006 理想自己の生涯発達――変化の意味と調節過程を捉える 教育心理学研究, **54**, 45-54.

松岡弥玲 2008 生涯に渡る将来の獲得と喪失, 現状の維持と理想を実現することとの関係（1）――自己の諸側面に関する将来の獲得, 喪失, 現状の維持の生涯発達変化を捉える 日本発達心理学会第19回大会発表論文集, 571.

小川まどか・権藤恭之・増井幸恵・岩佐 一・河合千恵子・稲垣宏樹・長田久雄・鈴木隆雄 2008 地域高齢者を対象とした心理的・社会的・身体的側面からの類型化の試み 老年社会科学, **30**, 3-14.

長田久雄 2006 老年期のポジティブ心理学 島井哲志（編） ポジティブ心理学――21世紀の心理学の可能性 ナカニシヤ出版 pp.241-252.

Rowe, J. W., & Kahn, R. L. 1987 Human aging: Usual and successful. *Science*, **237**, 143-149.

Strawbridge, W. J., Wallhagen, M. I., & Cohen, R. D. 2002 Successful aging and well-being: Self-report compared with Rowe and Kahn. *Gerontologist*, **42**, 727-733.

鈴木 忠 2008 生涯発達のダイナミクス――知の多様性 生き方の可塑性 東京大学出版会

コラム1

Connolly, K. J., & Bruner, J. S. 1973 *The growth of competence*. London: Academic Press.（佐藤三郎（訳編） 1979 コンピテンスの発達――知的能力の考察 誠信書房）

Deci, E. L., & Ryan, R. M.（Eds.） 2002 *Handbook of self-determination research*. Rochester, NY: University of Rochester Press.

Erikson, E. H. 1964 *Insight and responsibility: Lectures on the ethical implications of psychoanalytic insight*. New York: W. W. Norton.（鑪幹八郎（訳） 1971 洞察と責任 誠信書房）

Harter, S. 1978 Effectance motivation reconsidered: Toward a developmental model. *Human Development*, **21**, 34-64.

速水敏彦 2006 他人を見下す若者たち 講談社

Rychen, D. S., & Salganik, L. H. 2003 *Key competencies for a successful life and a well-functioning society*. Hogrefe & Huber Pub.（立田慶裕（監訳） 2006 キー・コンピテンシー――国際標準の学力をめざして 明石書店）

Saarni, C. 1999 *The development of emotional competence*. New York: The Guilford Press.（佐藤 香（監訳） 2005 感情コンピテンスの発達 ナカニシヤ出版）

桜井茂男 1983 認知されたコンピテンス測定尺度（日本語版）の作成 教育心理学研究,

31, 245-249.
上村有平　2009　生涯発達的観点からみた現代教育へのエリクソン理論の示唆　心理科学, **30** (1), 20-30.
渡部雅之　1992　コンピテンス　子安増生（編）　キーワードコレクション　発達心理学　新曜社　pp.66-69.
White, R. W.　1959　Motivation reconsidered: The concept of competence. *Psychological Review*, **66**, 297-333.

第2章第1節

Ames, C.　1984　Competitive, cooperative, and individualistic goal structures: A cognitive motivational analysis. In R. E. Ames & C. Ames (Eds.), *Research on motivation in education*. Vol. 1. *Student motivation*. Academic Press. pp.177-204.
Bruner, J. S.　1966　*Toward a theory of instruction*. Belknap.（田浦武雄・水越敏行（訳）　1976　教授論の建設　改訳版　黎明書房）
陳　惠貞　1993　子どもの内発的動機づけを育てる条件について——保育者の働きかけの検討　日本教育心理学会第35回総会発表論文集, 96.
陳　惠貞　2008　保育士の動機づけについて——養成校の現場から　全国保育士養成協議会第47回研究大会研究発表論文集, 238-239.
陳　惠貞　2009　認定こども園における子どもの発達と食育——動機づけの視点から　名古屋経営短期大学子ども学科子育て環境支援研究センター『子ども学研究論集』, 創刊号, 39-49.
陳　惠貞　2010　短大生における学習動機と仮想的有能感——持続性の視座から考えて　名古屋経営短期大学子ども学科子育て環境支援研究センター『子ども学研究論集』, **2**, 25-36.
Deci, E. L.　1971　Effects of externally mediated rewards on intrinsic motivation. *Journal of Personality and Social Psychology*, **18**, 105-115.
Gong-Guy, E., & Hammen, C.　1980　Causal perception of stressful events in depressed and nondepressed outpatients. *Journal of Abnormal Psychology*, **89**, 662-669.
波多野誼余夫・稲垣佳世子　1971　発達と教育における内発的動機づけ　明治図書
波多野誼余夫・稲垣佳世子　1973　知的好奇心　中公新書
Hiroto, D. S.　1974　Locus of control and learned helplessness. *Journal of Experimental Psychology*, **102**, 187-193.
稲垣佳世子　1980　自己学習における動機づけ　波多野誼余夫（編）　自己学習能力を育てる　東京大学出版会　pp.33-95.
鎌原雅彦・亀谷秀樹・樋口一辰　1983　人間の学習性気力感（Learned Helplessness）に関する研究　教育心理学研究, **31**, 80-95.
Lepper, M. R., Greene, D., & Nisbett, R. E.　1973　Undermining children's intrinsic

interest with extrinsic reward: A test of the "overjustification" hypothesis. *Journal of Personality and Social Psychology*, **28**, 129-137.

Miller, W. R., & Seligman, M. E. P. 1975 Depression and learned helplessness in man. *Journal of Abnormal Psychology*, **84**, 228-238.

宮本美沙子 1993 ゆとりある「やる気」を育てる 大日本図書

Montessori, M. 1964 *The Montessori method*. Robert Bentley.

奈須正裕 2002 やる気はどこから来るのか——意欲の心理学理論 北大路書房

Nicholls, J. G. 1984 Conceptions of ability and achievement motivation. In R. Ames & C. Ames（Eds.）, *Research on motivation in education*. Vol.1. *Student motivation*. Academic Press. pp.39-68.

小野瀬雅人 2003 子どものやる気を引き出す条件 児童心理, **57**, 40-45.

Raps, C. S., Peterson, C., Reinhard, K. E., Abramson, L. Y., & Seligman, M. E. P. 1982 Attributional style among depressed patients. *Journal of Abnormal Psychology*, **91**, 102-108.

Seligman, M. E. P. 1975 *Helplessness: On depression, development and death*. San Francisco; W. H. Freeman.（平井 久・木村 駿（監訳） 1985 うつ病の行動学 誠信書房）

Seligman, M. E. P. 1978 Comment and integration. *Journal of Abnormal Psychology*, **87**, 165-179.

Seligman, M. E. P., Abramson, L. Y., Semmel, A., & Von Baeyer, C. 1979 Depressive attributional style. *Journal of Abnormal Psychology*, **88**, 242-247.

渋谷憲一 1992 モンテッソーリ教育ための心理学 日本モンテッソーリ教育総合研究所

私立大学情報教育協会 2008 平成19年度私立大学教員の授業改善白書 公益社団法人私立大学情報教育協会

第2章第2節

Anderson, R., Manoogian, S. T., & Reznick, J. S. 1976 The undermining and enhancing of intrinsic motivation in preschool children. *Journal of Personality and Social Psychology*, **34**, 915-922.

青木直子 2005a 子どもと保護者の報告した「ほめ」の比較 日本発達心理学会第16回大会発表論文集, 640.

青木直子 2005b 就学前後の子どもの「ほめ」の好みが動機づけに与える影響 発達心理学研究, **16**, 237-246.

青木直子 2008 子どもと保護者の報告する「ほめ」の比較——小学校入学後3年間の変化 日本発達心理学会第19回大会発表論文集, 625.

青木直子 2009 子どもの報告するほめられたエピソード・ほめられ方の発達的変化—

―小学校入学後3年間の縦断調査による検討　藤女子大学紀要第Ⅱ部, **46**, 53-59.

Brophy, J.　1981　Teacher praise: A functional analysis. *Review of Educational Research*, **51**, 5-32.

Deci, E.　1980　*The psychology of self-determination.* New York: Lexington Books.（石田梅男（訳）　1985　自己決定の心理学　誠信書房）

Delin, C., & Baumeister, R.　1994　Praise: More than just social reinforcement. *Journal for the Theory of Social Behaviour*, **24**, 219-241.

土橋　稔・戸塚　智・矢部　崇　1992　第2部　子ども調査　モノグラフ・小学生ナウ, **12**, 37-55.

Dweck, C. S.　1999　Caution: Praise can be dangerous. *American Educator*, **23**, 4-9.

Felson, R. B., & Zielinski, M. A.　1989　Children's self-esteem and parental support. *Journal of Marriage and the Family*, **51**, 727-735.

岡本夏木　1994　子どもの「自己」　岡本夏木・高橋惠子・藤永　保（シリーズ編）講座幼児の生活と教育3　個性と感情の発達　岩波書店　pp.47-77.

大河内浩人・松本明生・桑原正修・柴崎全弘・高橋美保　2006　報酬は内発的動機づけを低めるのか　大阪教育大学紀要　第Ⅳ部門, **54**, 115-123.

櫻井茂男　2009　自ら学ぶ意欲の心理学　キャリア発達の視点を加えて　有斐閣

Stipek, D. J., Recchia, S., & McClintic, S.　1992　Ⅳ. Study2: 2-5-year-olds' reactions to success and failure and the effects of praise. *Monographs of the Society for Research in Child Development*, **57**, 39-59.

高崎文子　2002　乳幼児期の達成動機づけ――社会的承認の影響について　ソーシャルモチベーション研究, **1**, 21-30.

高崎文子　2010　「ほめ」の構造とその効果4――「ほめ」関連の態度測定尺度の作成の試み　日本教育心理学会第52回総会論文集, 589.

第2章第3節

Ainsworth, M. D. S., Blehar, M. C., Waters, E., & Wall, S.　1978　*Patterns of attachment.* Hillsdale, NJ: Lawrence Erbaum.

Aspelmeier, J. E., & Kerns, K. A.　2003　Love and school: Attachment/exploration dynamics in college. *Journal of Social and Personal Relationships*, **20**, 5-30.

Bartholomew, K., & Horowitz, L. M.　1991　Attachment style among young adults: A test of a four-category model. *Journal of Personality and Social Psychology*, **61**, 226-244.

Bowlby, J.　1969　*Attachment and loss.* Vol.1. *Attachment.* New York: Basic Books.（黒田実郎・大羽　蓁・岡田洋子・黒田聖一（訳）　1991　母子関係の理論Ⅰ（新版）: 愛着行動　岩崎学術出版社）

Bowlby, J.　1973　*Attachment and loss.* Vol.2. *Seperation: Anxiety and anger.* New York:

Basic Books.（黒田実郎・岡田洋子・吉田恒子（訳） 1995 母子関係の理論Ⅱ：分離不安（新版） 岩崎学術出版社）

Bowlby, J. 1980 *Attachment and loss.* Vol.3. *Loss: Sadness and depression.* New York: Basic Books.（黒田実郎・吉田恒子・横浜恵三子（訳） 1981 母子関係の理論Ⅲ：対象喪失 岩崎学術出版社）

Brennan, K. A., Clark, C. L., & Shaver, P. R. 1998 Self-report measurement of adult attachment: An integrative overview. In J. A. Simpson & W. S. Rholes (Eds.), *Attachment theory and close relationships.* New York: Guilford press. pp.46-76.

Fraley, R. C., & Brumbaugh, C. C. 2004 A dynamical systems approach to conceptualizing and studying stability and change in attachment security. In W. S. Rholes & J. A. Simpson (Eds.), *Adult attachment: Theory research, and clinical implications.* New York: Guilford press. pp.86-132.

George, C., Kaplan, N., & Main, M. 1984 *Adult attachment interview protocol.* Unpublished manuscript, University of California at Berkeley.

Hazan, C., & Shaver, P. R. 1987 Romantic love conceptualized as an attachment process. *Journal of Personality and Social Psychology,* **52**, 511-524.

Hesse, E. 2008 The adult attachment interview: Protocol, method of analysis, and empirical studies. In J. Cassidy & P. R. Shaver (Eds.), *Handbook of attachment: Theory, research, and clinical applications.* 2nd ed. New York: Guilford press. pp.552-598.

Hollingworth, L. S. 1928 *The psychology of adolescent.* New York: Aplleton.

Kobak, R. P., Cole, H. E., Ferenz-Gillies, R., Fleming, W. S., & Gamble, W. 1993 Attachment and emotion regulation during mother-teen problem solving: A control theory analysis. *Child Development,* **64**, 231-245.

丹羽智美 2005 青年期における親への愛着と環境移行期における適応過程 パーソナリティ研究, **13**, 156-169.

Waters, E., Merrick, S. K., Treboux, D., Crowell, J. A., & Albersheim, L. 2000 Attachment security from infancy to early adulthood: A 20-year longitudinal study. *Child Development,* **71**, 684-689.

Weinfield, N., Sroufe, L. A., & Egeland, B. 2000 Attachment from infancy to early adulthood in a high risk sample: Continuity, discontinuity, and their correlates. *Child Development,* **71**, 695-702.

White, K. M., Spiesman, J. C., & Costos, D. 1983 Young adults and their parents: Individuation to mutuality. In H. D. Grotevant & C. R. Cooper (Eds.), *Adolescent development in the family.* San Francisco: Jossey-Bass.

山岸明子 1997 青年後期から成人期初期の内的作業モデル——縦断的研究 発達心理学研究, **8**, 206-217.

第2章第4節

ベネッセ教育研究開発センター　2005　第1回子ども生活実態基本調査報告書——小学生・中学生・高校生を対象に

Berndt, T. J., & Keefe, K.　1995　Friends' influence on adolescents' adjustment to school. *Child Development*, **66**, 1312-1329.

大坊郁夫　1996　対人関係のコミュニケーション　大坊郁夫・奥田秀宇（編）　親密な対人関係の科学　誠信書房　pp.205-230.

Deci, E. L., La Guardia, J. G., Moller, A. C., Scheiner, M. J., & Ryan, R. M.　2006　On the benefits of giving as well as receiving autonomy support: Mutuality in close friendships. *Personality and Social Psychology Bulletin*, **32**, 313-327.

Furman, W., & Buhrmester, D.　1985　Children's perceptions of the personal relationships in their social networks. *Developmental Psychology*, **21**, 1016-1024.

Furman, W., & Buhrmester, D.　1992　Age and sex differences in perceptions of networks of personal relationships. *Child Development*, **63**, 103-115.

Hartup, W. W., & Stevens, N.　1997　Friendships and adaptation in the life course. *Psychological Bulletin*, **121**, 355-370.

岡田　涼　2005　友人関係への動機づけ尺度の作成および妥当性・信頼性の検討——自己決定理論の枠組みから　パーソナリティ研究, **14**, 101-112.

岡田　涼　2006a　自律的な友人関係への動機づけが自己開示および適応に及ぼす影響　パーソナリティ研究, **15**, 52-54.

岡田　涼　2006b　青年期における友人関係への動機づけの発達的変化——横断的データによる検討　名古屋大学大学院教育発達科学研究科紀要（心理発達科学）, **53**, 133-140.

Okada, R.　2007　Motivational analysis of academic help-seeking: Self-determination in adolescents' friendship. *Psychological Reports*, **100**, 1000-1012.

岡田　涼　2008a　外的報酬の顕現化が親友との関係に対する内発的動機づけに及ぼす影響　日本グループ・ダイナミックス学会第55回大会発表論文, 136-137.

岡田　涼　2008b　友人関係場面における感情経験と自律的な動機づけとの関連——友人関係イベントの分類　パーソナリティ研究, **16**, 247-249.

岡田　涼・中山留美子　2011　友人関係の形成初期場面における動機づけと親和傾向, 感情との関連——自己決定理論の枠組みから　感情心理学研究, **19**, 28-33.

Oswald, D., Clark, E. M., & Kelly, C. M.　2004　Friendship maintenance: An analysis of individual and dyad behaviors. *Journal of Social and Clinical Psychology*, **23**, 413-441.

Richard, J. F., & Schneider, B. H.　2005　Assessing friendship motivation during preadolescence and early adolescence. *Journal of Early Adolescence*, **25**, 367-385.

Roseth, C. J., Johnson, D. W., & Johnson, R. T.　2008　Promoting early adolescents' achievement and peer relationships: The effects of cooperative, competitive, and individualistic goal structures. *Psychological Bulletin*, **134**, 223-246.

Soenens, B., & Vansteenkiste, M. 2005 Antecedents and outcomes of self-determination in 3 life domains: The role of parents' and teachers' autonomy support. *Journal of Youth and Adolescence*, **34**, 589-604.

Vitaro, F., Boivin, M., & Bukowski, W. M. 2009 The role of friendship in child and adolescent psychosocial development. In K. H. Rubin, W. M. Bukowski, & B. Laursen (Eds.), *Handbook of peer interactions, relationships, and groups*. New York: Guilford Press. pp.568-585.

第2章第5節

相川　充　2009　新版　人づきあいの技術―ソーシャルスキルの心理学―　サイエンス社

相川　充・佐藤正二（編）　2006　実践！ソーシャルスキル教育　図書文化

Crick, N. R., & Dodge, K. A. 1994 A review and reformation of social information-processing mechanisms in children's social adjustment. *Psychological Bulletin*, **115**, 74-101.

藤枝静暁　2006　小学校における学級を対象とした社会的スキル訓練および行動リハーサル増加手続きの試み　カウンセリング研究, **39**, 218-228.

堀毛一也　1994　恋愛関係の発展・崩壊と社会的スキル　実験社会心理学研究, **34**, 116-128.

金山元春・佐藤正二・前田健一　2004　学級単位の集団社会的スキル訓練―現状と課題―　カウンセリング研究, **37**, 270-279.

菊池章夫（編著）　2007　社会的スキルを測る：KiSS-18ハンドブック　川島書店

小林正幸・相川　充（編）　1999　ソーシャルスキル教育で子どもが変わる　図書文化

久木山健一　2005a　青年期の社会的スキルの生起過程に関する研究――アサーションの社会的情報処理に着目して　カウンセリング研究, **38**, 195-205.

久木山健一　2005b　青年期の社会的スキル改善意欲に関する検討　発達心理学研究, **16**, 59-71.

久木山健一　2007　大学生の社会的スキルと仲間からの認知度の関連　九州産業大学国際文化学部紀要, **38**, 33-42.

前田健一　1995　児童期の仲間関係と孤独感――攻撃性，引っ込み思案および社会的コンピタンスに関する仲間知覚と自己知覚　教育心理学研究, **43**, 156-166.

Merrell, K. W., & Gimpel, G. A. 1998 *Social skills of children and adolescents: Conceptualization, assessment, treatment.* Lawrence Erlbaum Associates.

小野寺正己・河村茂雄　2003　学校における対人関係能力育成プログラム研究の動向――学級単位の取り組みを中心に　カウンセリング研究, **36**, 272-281.

佐藤正二　1996　子どもの社会的スキル・トレーニング　相川　充・津村俊充（編著）対人行動学研究シリーズ1：社会的スキルと対人関係――自己表現を援助する　誠信書房　pp.173-200.

第2章第6節

Abecassis, M.　2003　I hate you just the way you are: Exploring the formation, maintenance, and need for enemies. *New directions for child and adolescent development*, **102**, 5-22.

Averill, J. R.　1983　Studies on anger and aggression: Implications for theories of emotion. *American Psychologist*, **38**, 1145-1160.

Fiske, S. T., & Depret, E.　1996　Control, interdependence and power: Understanding social cognition in its social context. *European Review of Social Psychology*, **7**, 31-61.

Huston, T. L., Surra, C. A., Fitzgerald, N. M., & Cate, R. M.　1981　From courtship to marriage: Mate selection as an interpersonal process. In S. Duck & R. Gilmour (Eds.), *Personal relationships 2: Developing personal relationships*. New York: Academic Press.

日向野智子　2008　人を苦手になる　加藤　司・谷口弘一（編著）　対人関係のダークサイド　北大路出版　pp.76-88.

日向野智子　堀毛一也　小口孝司　1998　青年期の対人関係における苦手意識　昭和女子大学生活心理研究所紀要, **1**, 43-62.

日向野智子・小口孝司　2002　対人苦手意識の実態と生起過程　心理学研究, **73**, 157-165.

金山富貴子　2002　対人嫌悪原因の構造　日本心理学会第66回大会発表論文集, 140.

金山富貴子　2003　社会的関係における嫌悪対象者への対処行動　日本心理学会第67回大会発表論文集, 191.

吉川肇子　1989　悪印象は残りやすいか　実験社会心理学研究, **29**, 45-54.

増田匡裕　2001　対人関係の「修復」の研究は有用か　対人社会心理学研究, **1**, 25-36.

齋藤　勇　1986　対人感情と対人行動と情緒との関連　心理学研究, **57**, 242-245.

齋藤　勇　1990　対人感情の心理学　誠信書房

澤田匡人　2005　児童・生徒における妬み感情の構造と発達的変化――領域との関連および学年差・性差の検討　教育心理学研究, **53**, 185-195.

高木邦子　2002a　一般的対人感情分類の試み　東海心理学会第51回大会発表論文集, 58.

高木邦子　2002b　関係初期における否定的対人感情の形成・修正要因の質的検討　日本グループダイナミックス学会第50回大会発表論文集（掲載：実験社会心理学研究, **42**, 219-221）

高木邦子　2003　不快情動経験と責任帰属が否定的対人感情の形成に及ぼす影響　実験社会心理学研究, **43**, 22-35.

高木邦子　2004a　否定的対人感情研究の諸相　名古屋大学教育発達科学研究科紀要，**51**，63-76.

高木邦子　2004b　否定的対人感情の軽減要因：対人的動機と相互作用経験の影響　社会心理学研究，**20**，124-133.

高木邦子　2005　否定的対人感情の形成・変容過程と影響要因　名古屋大学教育発達科学研究科博士学位論文

竹村和久・高木　修　1990　対人感情が援助行動ならびに非援助行動の原因帰属に及ぼす影響　実験社会心理学研究，**30**，133-146.

Taylor, S. E.　1991　Asymmetrical effects of positive and negative events: the mobilization-minimization hypothesis. *Psychological Bulletin*, **110**, 67-85.

Wilson, T. D., Dunn, D. S., Bybee, J. A., Hyman, D. B., & Rotondo, J. A.　1984　Effects of analyzing reasons on attitude-behavior consistency. *Journal of Personality and Social Psychology*, **47**, 5-16.

山中一英　1994　対人関係の親密化過程における関係性の初期分化現象に関する検討　実験社会心理学研究，**34**，105-115.

第2章第7節

阿部晋吾・高木　修　2003　自己効力と結果予期が怒り表出反応としての攻撃行動，および認知的再評価に及ぼす影響　犯罪心理学研究，**41**，15-27.

阿部晋吾・高木　修　2005　表出者と被表出者の立場が怒り経験についての回答傾向に及ぼす影響　対人社会心理学研究，**5**，15-20.

Argyle, M., Henderson, M., Bond, M., Iizuka, Y., & Contarello, A.　1986　Cross-cultural variations in relationship rules. *International Journal of Psychology*, **21**, 287-315.

Averill, J. R.　1982　*Anger and aggression*. New York: Springer-Verlag.

Baumeister, R. F., Stillwell, A., & Wotman, S. W.　1990　Victim and perpetrator accounts of interpersonal conflict: Autobiographical narratives about anger. *Journal of Personality and Social Psychology*, **59**, 994-1005.

Ekman, P., & Friesen, W. V.　1969　The repertoire of nonverbal behavior: Categories, origins, usage, and coding. *Semiotica*, **1**, 49-98.

遠藤利彦　1996　喜怒哀楽の起源――情動の進化論・文化論　岩波書店

金築智美・金築　優・根建金男　2008　大学生の怒り特性の変容に及ぼす認知行動療法の有効性――怒りの対処スタイルの個人差を考慮した認知的技法を用いて　教育心理学研究，**56**，193-205.

木野和代　2000　日本人の怒りの表出方法とその対人的影響　心理学研究，**70**，494-502.

木野和代　2003　怒り表出行動とその結果――怒りの表出が必要な場面に焦点をあてて　名古屋大学大学院教育発達科学研究科紀要（心理発達科学），**50**，185-194.

木野和代　2004　対人場面における怒りの表出方法の適切性・効果性認知とその実行と

の関連　感情心理学研究, **10**, 43-55.

木野和代　2005　怒り表出行動の対人的影響——被表出者の視点から　カウンセリング研究, **38**, 72-79.

工藤　力・マツモト, D.　1996　日本人の感情世界——ミステリアスな文化の謎を解く　誠信書房

増田智美・長江信和・根建金男　2002　怒りの表出傾向が認知行動療法の効果に及ぼす影響——行動に焦点をあてた参加者主体の社会的スキル訓練を適用して　行動療法研究, **28**, 123-135.

Matsumoto, D.　1990　Cultural similarities and differences in display rules. *Motivation and Emotion*, **14**, 195-214.

文部科学省　2010　平成21年度「児童生徒の問題行動等生徒指導上の諸問題に関する調査」について　<http://www.mext.go.jp/b_menu/houdou/22/09/__icsFiles/afieldfile/2010/09/14/1297352_01.pdf>

中井あづみ　2008　スキルトレーニング——コミュニケーションスキルを身につける——　湯川進太郎（編）　怒りの心理学　有斐閣　pp.147-166.

中村　真　1991　情動コミュニケーションにおける表示・解読規則——概念的検討と日米比較調査　大阪大学人間科学部紀要, **17**, 115-145.

大渕憲一・小倉左知男　1984　怒りの経験（1）——Averillの質問紙による成人と大学生の調査概況　犯罪心理学研究, **22**（1）, 15-35.

Saarni, C.　1999　*The development of emotional competence.* New York: Guilford Press.

Spitzberg, B. H., & Cupach, W. R.　1989　*Handbook of interpersonal competence.* New York: Springer-Verlag.

高井次郎　1994　対人コンピテンス研究と文化的要因　対人行動学研究, **12**, 1-7.

Takai, J., & Ota, H.　1994　Assessing Japanese interpersonal communication competence. *The Japanese Journal of Experimental Social Psychology*, **33**, 224-236.

戸田正直　1992　感情——人を動かしている適応プログラム（認知科学選書24）　東京大学出版会

第2章第8節

Blum, R. W.　1998　Healthy youth development as a model for youth health promotion. *Journal of Adolescent Health*, **22**, 368-375.

Davis, M. H.　1983　Measuring individual differences in empathy: Evidence for a multidimensional approach. *Journal of Personality and Social Psychology*, **44**, 113-126.

Davis, M. H.　1994　*Empathy: A social psychological approach.* Madison, WI: Brown & Benchmark.（菊池章夫（訳）　1999　共感の社会心理学　川島書店）

Diener, E.　2000　Subjective well-being: The science of happiness and a proposal for a

national index. *American Psychologist*, **55**, 34-43.
Diener, E., Suh, E. M., Lucas, R. E., & Smith, H. L. 1999 Subjective well-being: Three decades of progress. *Psychological Bulletin*, **125**, 276-302.
Duval, S., & Wicklund, R. A. 1972 *A theory of objective self-awareness*. New York: Academic Press.
Fenigstein, A., Scheier, M. F., & Buss, A. H. 1975 Public and private self-consciousness: Assessment and theory. *Journal of Consulting and Clinical Psychology*, **43**, 522-527.
Mead, G. H. 1934 *Mind, self, and society*. Chicago: University of Chicago Press.
大渕憲一・堀毛一也（編）　1996　パーソナリティと対人行動　誠信書房
大石繁宏　2006　文化とWell-Being　島井哲志（編）　ポジティブ心理学——21世紀の心理学の可能性　ナカニシヤ出版　pp.114-131.
押見輝男　1992　自分を見つめる自分——自己フォーカスの社会心理学　サイエンス社
Rutter, M. 1979 Protective factors in children's responses to stress and disadvantage. In M. W. Kent & J. E. Rolf (Eds.), *Primary prevention in psychopathology*. Vol.3. *Social competence in children*. Hanover, NH: University Press of New England. pp.49-74.
Ryan, R. M., & Deci, E. L. 2001 On happiness and human potentials: A review of research on hedonic and eudaimonic well-being. *Annual Review of Psychology*, **52**, 141-166.
坂本真士　1997　自己注目と抑うつの社会心理学　東京大学出版会
Seligmen, M. E. P., & Csikszentmihalyi, M. 2000 Positive psychology: An introduction. *American Psychologist*, **55**, 5-14.
Seligman, M. E. P., & Pawelski, J. O. 2003 Positive psychology: FAQs. *Psychological Inquiry*, **14**, 159-163.
Sheldon, K. M., & King, L. 2001 Why positive psychology is necessary. *American Psychologist*, **56**, 216-217.
島井哲志（編）　2006　ポジティブ心理学——21世紀の心理学の可能性　ナカニシヤ出版
Stotland, E., Mathews, K. E., Sherman, S. E., Hansson, R. O., & Richardson, B. E. 1978 *Empathy, fantasy, and helping*. Beverly Hills, CA: Sage.
鈴木有美　2002a　大学生の精神的健康に関わる要因の検討——自尊感情と主観的ウェルビーイングからみた共感性およびストレス対処　日本心理学会第66回大会発表論文集, 201.
鈴木有美　2002b　自尊感情と主観的ウェルビーイングからみた大学生の精神的健康——共感性およびストレス対処との関連　名古屋大学大学院教育発達科学研究科紀要（心理発達科学）, **49**, 145-155.

鈴木有美　2003　青年の精神的健康に関わる要因の検討――共感性，怒りの特性および表出傾向との関連　日本グループ・ダイナミックス学会第50回大会発表論文集，174-175.
鈴木有美　2004　現代青年の友人関係における主観的ウェルビーイング――共感性，怒りの特性および表出傾向との関連　名古屋大学大学院教育発達科学研究科紀要（心理発達科学），**51**, 207-213.
鈴木有美　2006　大学生のレジリエンスと向社会的行動との関連――主観的ウェルビーイングを精神的健康の指標として　名古屋大学大学院教育発達科学研究科紀要（心理発達科学），**53**, 29-36.
鈴木有美　2009　青年用主観的ウェルビーイング指標（AI-SWB）の作成――因子構造，信頼性，および横断的検討　ヒューマン・ケア研究，**10**, 87-100.
鈴木有美・木野和代　2008　多次元共感性尺度（MES）の作成――自己指向・他者指向の弁別に焦点を当てて　教育心理学研究，**56**, 487-497.
鈴木有美・木野和代　2009　共感性と社交性およびシャイネスとの関連――共感性の自己指向・他者指向の違いに注目して　日本ヒューマン・ケア心理学会第11回大会抄録集，26.
鈴木有美・木野和代・出口智子・遠山孝司・出口拓彦・伊田勝憲・大谷福子・谷口ゆき・野田勝子　2000　多次元共感性尺度作成の試み　名古屋大学大学院教育発達科学研究科紀要（心理発達科学），**47**, 269-279.
田中誠一・佐藤　寛・境　泉洋・坂野雄二　2007　自己注目と抑うつおよび不安との関連　心理学研究，**78**, 365-371.
和田さゆり　1996　性格特性用語を用いたBig Five尺度の作成　心理学研究，**67**, 61-67.
Wispé, L.　1986　The distinction between sympathy and empathy: To call forth a concept, a word is needed. *Journal of Personality and Social Psychology*, **50**, 314-321.
World Health Organization（WHO）　1994　*Life skills education in schools.* Geneva: Division of Mental Health, World Health Organization.（川畑徹朗・西岡伸紀・高石昌弘・石川哲也（監訳）JKYB研究会（訳）　1997　WHOライフスキル教育プログラム　大修館書店）

コラム2

Masten, A. S., Best, K. M., & Garmezy, N.　1990　Resilience and development: Contributions from the study of children who overcome adversity. *Development and Psychopathology*, **2**, 425-444.
Masten, A. S., & Reed, M. G.　2002　Resilience in development. In C. R. Snyder & S. Lopez (Eds.), *Handbook of positive psychology.* New York: Oxford University Press. pp.74-88.
Masten, A. S., Herbers, J. E., Cutuli, J. J., & Lafavor, T. L.　2008　Promoting competence

and resilience in the school context. *Professional School Counceling*, **12**, 76-84.
Masten, A. S., & Wright, M. O'D. 2009 Resilience over the lifespan: Developmental perspectives on resistance, recovery, and transformation. In J. W. Reich, A. J. Zautra, & J. S. Hall (Eds.), *Handbook of adult resilience*. New York: Guilford Press. pp.213-237.
中谷素之 2008 困難から回復する力 レジリエンスを育てる 児童心理, **63**, 65-70.
中谷素之・小塩真司・金子一史・中山留美子 2007 児童の精神的回復力および自己愛が学校適応に及ぼす影響——短期縦断データによる検討 日本心理学会第71回大会発表論文集, 1183.
小花和 Wright 尚子 2004 幼児期のレジリエンス ナカニシヤ出版
小塩真司・中谷素之・金子一史・長峰伸治 2002 ネガティブな出来事からの立ち直りを導く心理的特性——精神的回復力尺度の作成 カウンセリング研究, **35**, 57-65.
Werner, E. E., & Smith, R. S. 1982 *Vulnerable but invincible: A longitudinal study of resilient children and youth*. New York: McGraw-Hill.

第3章第1節

Ames, C., & Archer, J. 1987 Mother's belief about the role of ability and effort in school learning. *Journal of Educational Psychology*, **84**, 409-414.
Brophy, J. E., & Good, T. L. 1974 *Teacher-student relationships: Causes and consequences*. NY: Holt, Rinehart & Winston. (浜名外喜男・蘭 千尋・天根哲治 (訳) 1985 教師と生徒の人間関係 新しい教育指導の原点 北大路書房)
Dweck, C. S. 1986 Motivational process affecting learning. *American Psychologist*, **41**, 1040-1048.
Feshbach, N. D., & Feshbach, S. 1987 Affective processes and academic achievement. *Child Divelopment*, **58**, 1335-1347.
Grusec, J. E., & Hastings, P. D. (Eds.) 2007 *Handbook of socialization: Theory and research*. New York: Guilford.
石隈利紀 1999 学校心理学——教師・スクールカウンセラー・保護者のチームによる心理教育的援助サービス 誠信書房
Moskowitz, G. B., & Grant, H. 2009 *The psychology of goals*. New York: Guilford.
中谷素之 2006 社会的責任目標と学業達成課程 風間書房
中谷素之 2007 学ぶ意欲を育てる人間関係づくり —— 動機づけの教育心理学 金子書房
中谷素之 2008 学級構造形成が児童の多面的動機づけに及ぼす影響——ミックスド・メソッドによるアプローチ 日本教育心理学会第50回総会発表論文集, 457.
Ryan, A. M., & Patrick, H. 2001 The classroom social environment and changes in adolescents' motivation and engagement during middle school. *American

Educational Research Journal, **38**, 437-460.
斉藤耕二・菊池章夫（編著）　1990　社会化の心理学ハンドブック　川島書店
Wentzel, K. R.　1991　Social competence at school: Relation between social responsibility and academic achievement. *Review of Educational Research*, **61**, 1-24.
Wentzel, K. R.　1992　Motivation and achievement in adolescence: A multiple goals perspective. In D. H. Schunk & J. L. Meece (Eds.), *Student perceptions in the classroom*. NJ: Lawrence Erlbaum Associates. pp.287-306.
Wentzel, K. R., Battle, A., Russell, S. L., & Looney, L. B.　2010　Social supports from teachers and peers as predictors of academic and social motivation. *Contemporary Educational Psychology*, **35**, 193-202.

第3章第2節

Eccles, J., & Wigfield, A.　1985　Teacher expectancies and student motivation. In J. B. Dusek (Ed.), *Teacher expectancies*. Hillsdale, NJ : Lawrence Erlbaum. pp.185-226.
速水敏彦　1998　自己形成の心理――自律的動機づけ　金子書房
Heckhausen, H.　1991　*Motivation and action*. Berlin: Springer-Verlag.
堀野　緑　1994　達成動機の心理学的考察　風間書房
伊田勝憲　2001　課題価値評定尺度作成の試み　名古屋大学大学院教育発達科学研究科紀要（心理発達科学），**48**，83-95.
伊田勝憲　2003　教員養成課程学生における自律的な学習動機づけ像――自我同一性，職業レディネス，達成動機と課題価値評定の関連から　教育心理学研究，**51**，367-377.
鹿毛雅治　1994　内発的動機づけ研究の展望　教育心理学研究，**42**，345-359.
苅谷剛彦　2005　「学ぶ意味」をどう再生するか　苅谷剛彦・西　研（著）　考えあう技術――教育と社会を哲学する　筑摩書房　pp.249-266.
見田宗介　1996　価値意識の理論――欲望と道徳の社会学　弘文堂
下村英雄・堀　洋道　1994　大学生の職業選択における情報収集行動の検討　筑波大学心理学研究，**16**，209-220.
谷　冬彦　2001　青年期における同一性の感覚の構造――多次元自我同一性尺度（MEIS）の作成　教育心理学研究，**49**，265-273.

第3章第3節

新井洋輔　2004　サークル集団における対先輩行動――集団フォーマル性の概念を中心に　社会心理学研究，**20**，35-47.
Barkley, E. F., Cross, K. P., & Major, C. H.　2005　*Collaborative learning techniques: A handbook for college faculty*. John Wiley & Sons.（安永　悟（監訳）　2009　協同学習の技法　ナカニシヤ出版）

Davis, K. E., & Todd, M. J. 1985 Assessing friendship: Prototypes, paradigm cases and relationship description. In S. Duck & D. Perlman (Eds.), *Understanding personal relations: An interdisciplinary approach.* Sage Publications. pp.17-38.

Kahn, R. L., & Antonucci, T. C. 1980 Convoys over the life course: Attachment roles and social support. In P. B. Baltes & O. Brim (Eds.), *Life-span development and behavior.* Vol.3. Academic Press. pp.253-286.

森　久美子　2004　職場の人間関係と意思決定　外島　裕・田中堅一郎（編）増補改訂版　産業・組織心理学エッセンシャルズ　ナカニシヤ出版　pp.99-125.

長濱文与・安永　悟・関田一彦・甲原定房　2009　協同作業認識尺度の開発　教育心理学研究, **57**, 24-37.

内閣府　2008　平成20年版青少年白書

内閣府（子ども・若者育成支援推進本部）　2010　子ども・若者ビジョン～子ども・若者の成長を応援し，1人ひとりを包摂する社会を目指して～（子ども・若者育成支援推進大綱）

難波久美子　2005　青年にとって仲間とは何か――対人関係における位置づけと友だち・親友との比較から　発達心理学研究, **16**, 276-285.

難波久美子　2009　集団成員の集団目標・個人目標優先度が成果に与える影響について　東海心理学研究, **4**, 25-33.

落合良行・佐藤有耕　1996　青年期における友達とのつきあい方の発達的変化　教育心理学研究, **44**, 55-65.

労働政策研究・研修機構　2007　若年者の離職理由と職場定着に関する調査　JILPT調査シリーズNo.36.

第3章第4節

安達智子・室山晴美　1998　大卒女性の就労意識――理想とする就労パターン・職業価値観・職業生活満足感について　進路指導研究, **18**, 1-7.

秋葉英則　2000　価値観　久世敏雄・齋藤耕二（監修）福富　護・二宮克美・高木秀明・大野　久・白井利明（編）　青年心理学事典　福村出版　p.193.

Eccles, J. S. 1987 Gender Roles and Women's Achievement-Related Decisions. *Psychology of Women Quarterly*, **11**, 135-172.

藤本喜八　1982　職業（労働）価値観の測定について（その2）　日本進路指導学会研究紀要, **3**, 10-17.

Granovetter, M. S. 1973 The strength of weak ties. *The American Journal of Sociology*, **78**, 1360-1380.

菰田孝行　2005　大学生の職業選択行動の類型と職業価値観との関連　進路指導研究, **23**, 1-9.

松井賢二　1986　親の態度の差異からみた親と子の労働価値観の関係　進路指導研究, **7**,

26-33.

森永康子　2000　女性の就労行動と仕事に関する価値観　風間書房

中西信男・三川俊樹　1987　役割特徴の国際比較に関する研究（1）——日本成人男女の役割特徴を中心に　進路指導研究, **8**, 17-25.

Robinson, C. H., & Betz, N. E.　2008　A psychometric evaluation of Super's Work Values Inventory- Revised. *Journal of Career Assessment*, **16**, 456-473.

佐藤博樹・堀有喜衣・堀田聰子　2006　人材育成としてのインターンシップ——キャリア教育と社員教育のために　労働新聞社

新名主雪絵　2005　インターンシップ生は何を得られたか？——実習プログラムとコミュニケーションから見えてくるもの　労働社会学研究, **6**, 41-72.

杉本英晴　2007　大学生の家族・友人関係と就職イメージ——交流グループ数・会話内容からの検討　日本青年心理学会第15回大会発表論文集, 40-41.

杉本英晴　印刷中　大学生の就職に対するイメージの構造　キャリア教育研究

Super, D. E.　1970　*Work Values Inventory*. Boston: Houghton Mifflin Company.

Super, D. E.　1980　A life-span, life-space approach to career development. *Journal of Vocational Behavior*, **16**, 282-298.

Super, D. E., Savickas, M. L., & Super, C. M.　1996　The life-span, life-space approach to careers. In D. Brown, L. Brooks, & Associates (Eds.), *Career Choice and Development*. 3rd ed. San Francisco: Jossey-Bass, pp.121-178.

Young, R. A., Antal, S., Bassett, M. E., Post, A., DeVries, N., & Valach, L.　1999　The joint actions of adolescents in peer conversations about career. *Journal of Adolescence*, **22**, 527-538.

第3章第5節

Bandura, A.　1977　Self-efficacy: Toward a unifying theory of behavioral change. *Psychological Review*, **84**, 191-215.

Bandura, A.　1986　*Social foundations of thought and action: A social cognitive theory*. NJ: Prentice Hall.

Crites, J. O.　1965　Measurement of vocational maturity in adolescence: I. Attitude test of the Vocational Development Inventory. *Psychological Monographs*, **79**.（道脇正夫（訳）　1972　職業的発達インベントリーによる態度テスト　職業の発達の概念と測定　職業研究所　pp.11-98.）

古市裕一　1995　青年の職業忌避傾向とその関連要因についての検討　進路指導研究, **16**, 16-22.

花井洋子　2008　キャリア選択自己効力感尺度の構成　関西大学大学院「人間科学」, **69**, 41-60.

尾高邦雄　1941　職業社會學　岩波書店

下村英雄　2000　自己分析課題がコンピュータによる情報検索及び進路選択に対する自己効力に与える影響　進路指導研究, **20**, 9-20.
Solberg, V. S., Good, G. E., Fisher, A. R., Brown, S. D., & Nord, D.　1995　Career decision-making and career search activities: Relative effects of career search self-efficacy and human agency. *Journal of Counseling Psychology*, **42**, 448-455.
富永美佐子　2008　進路選択自己効力に関する研究の現状と課題　キャリア教育研究, **25**, 97-111.
冨安浩樹　1997　大学生における進路決定自己効力と進路決定行動との関連　発達心理学研究, **8**, 15-25.
Taylor, K. M., & Betz, N. E.　1983　Applications of self-efficacy theory to the understanding and treatment of career indecision. *Journal of Vocational Behavior*, **22**, 63-81.
浦上昌則　1991　進路決定に対する進路選択に対する自己効力測定尺度作成の試み　日本教育心理学会第33回総会発表論文集, 453-454.
浦上昌則　1995　学生の進路選択に対する自己効力に関する研究　名古屋大学教育学部紀要（教育心理学科）, **42**, 115-126.
浦上昌則　1997　就職活動の過程把握方法に関する一試案（2）　日本教育心理学会第39回総会発表論文集, 315.
浦上昌則　2009　「進路選択に対する自己効力」についての分析――自己効力感の低い学生に着目して　<http://www. dentsu-ikueikai. or. jp/research/topics/>

第3章第6節
Brim, O. G., Ryff, C. D., & Lessler, R. C.　2005　The MIDUS National Survey: An overview. In O. G. Brim, C. D. Ryff, & R. C. Kessler（Eds.）, *How healthy are we? A national study of well-being at midlife*. Chicago: University of Chicago Press. pp. 1-34.
Erikson, E. H.　1963　*Childhood and society*. 2nd ed. New York: W. W. Norton.（仁科弥生（訳）　1977/1980　幼児期と社会（1・2）　みすず書房）
Havighurst, R. J.　1961　Successful aging. *The Gerontologist*, **1**, 8-13.
Jung, C. G.　1933　*Modern man in search of a soul*. New York: Harcourt.
柏木惠子・若松素子　1994　「親」となることによる人格発達――生涯発達的視点から親を研究する試み　発達心理学研究, **5**, 73-83.
厚生省　1998　厚生白書〈平成10年度版〉少子社会を考える――子どもを産み育てることに「夢」を持てる社会を　ぎょうせい
厚生労働省　2007　労働経済白書〈平成19年度版〉――ワークライフバランスと雇用システム
Levinson, D. J.　1978　*The seasons of a man's life*. New York: Alfred A. Knopf.（南　博

文（訳） 1992 ライフサイクルの心理学（上・下） 講談社）
Levinson, D. J. 1996 *The seasons of a woman's life*. New York: Alfred A. Knopf.
Lawton, M. P. 1975 The Philadelphia Geriatric Center Morale Scale: A Revision. *Journal of Gerontology*, **30**, 85-89.
村本邦子 2005 子産み・子育てをめぐる成人の危機と援助 上里一郎（監修） 岡本祐子（編） 成人期の危機と心理臨床――壮年期に灯る危険信号とその援助 ゆまに書房 pp.135-185.
新村 出（編著） 2008 広辞苑 第6版 岩波書店
西田裕紀子 2000 成人女性の多様なライフスタイルと心理的well-beingに関する研究, 教育心理学研究, **48**, 433-443.
西田裕紀子・齊藤誠一 2001 成人女性の心理的発達に関する研究の課題と展望, 神戸大学発達科学部人間科学研究, **9**（1）, 141-150.
西田裕紀子 2006 老いを迎えるその前に 伊藤裕子（編） 現代のエスプリ ジェンダー・アイデンティティ 揺らぐ女性像 至文堂 pp.74-86.
小田利勝 2004 サクセスフル・エイジングの研究 学文社
岡本祐子 1998 高齢者介護――被介護関係における共生 岡本祐子・平田道憲・岩重博文（編著） 人間生活学 生活における共生の理念と実践 北大路書房 pp.64-86.
岡本祐子 2000 女性の生涯発達とアイデンティティ――背景と問題のありか 岡本祐子（編著） 女性の生涯発達とアイデンティティ 個としての発達・かかわりの中での成熟 北大路書房 pp.i-vii.
Ryff, C. D. 1989 Happiness is everything, or is it? Explorations on the meaning of psychological well-being. *Journal of Personality and Social Psychology*, **57**, 1069-1081.
酒井淳子・矢野紀子・羽田野花美・澤田忠幸 2004 30歳代女性看護師の専門職性と心理的well-being――組織コミットメントおよび職業コミットメントのタイプによる検討 愛媛県立医療技術大学紀要, **1**（1）, 9-15.
澤田忠幸・赤澤淳子・上田淑子 2008 小中学校教員における職業意識および仕事と家庭のSpillover――既婚有子の女性のwell-beingとの関連 日本教育心理学会総会発表論文集, **50**, 257.
杉村和美 1995 ライフサイクル――男性と女性 南博文・やまだようこ（編） 老いることの意味 金子書房 pp.117-152.
田熊昭江・伊藤裕子 2008 多重役割に従事する女性の心理的健康――子育て期と中年期を対象に 文京学院大学人間学部研究紀要, **10**（1）, 121-135.
山本真理子 1997 仕事を持つ母親 山本真理子（編著）現代の若い母親たち 新曜社 pp.109-126.

コラム3
速水敏彦　2006　他人を見下す若者たち　講談社
速水敏彦・木野和代・高木邦子　2004　仮想的有能感の構成概念妥当性の検討　名古屋大学大学院教育発達科学研究科紀要（心理発達科学），**51**, 1-7.
速水敏彦・木野和代・高木邦子　2005　他者軽視に基づく仮想的有能感——自尊感情との比較から　感情心理学研究，**12**, 43-55.
Hayamizu, T., Kino, K., Takagi, K., & Tan, E. H.　2004　Assumed-competence based on undervaluing others as a determinant of emotions: Focusing on anger and sadness. *Asia Pacific Education Review*, **5**, 127-135.
香山リカ　2004　〈私〉の愛国心　筑摩書房
小平英志・青木直子・松岡弥玲・速水敏彦　高校生における仮想的有能感と学業に関するコミュニケーション　心理学研究，**79**, 257-262.
小平英志・小塩真司・速水敏彦　2007　仮想的有能感と日常の対人関係によって生起する感情経験——抑鬱感情と敵意感情のレベルと変動性に注目して　パーソナリティ研究，**15**, 217-227.
松本麻友子・山本将士・速水敏彦　2009　高校生における仮想的有能感といじめとの関連　教育心理学研究，**57**, 432-441.
諏訪哲二　2005　オレ様化する子どもたち　中央公論社
高木邦子　2006　仮想的有能感と性格——YG性格検査と自己認識欲求からの検討　東海心理学会第55回大会発表論文集，55.
高木邦子・山本将士・速水敏彦　2006　高校生の問題行動の規定因の検討——有能感，教師・親・友人関係との関連に注目して　名古屋大学大学院教育発達科学研究科紀要（心理発達科学），**53**, 107-120.
山田奈保子・速水敏彦　2004　仮想的有能感と性格検査との関連——16PFとの関連から　日本パーソナリティ心理学会第13回大会発表論文集，100-101.

尺度集

自己動機づけ方略尺度

関連する節：第1章第1節「学びのセルフ・コントロール」
出所：伊藤崇達・神藤貴昭　2003　中学生用自己動機づけ方略尺度の作成　心理学研究, **74**, 209-217.

教示文
あなたは，勉強のやる気が出ないとき，どのようなやる気の出る工夫をしますか。1「まったくしない」，2「あまりしない」，3「どちらともいえない」，4「ときどきする」，5「いつもする」のどれかを選んで○をつけてください。

選択肢
いつもする
ときどきする
どちらともいえない
あまりしない
まったくしない

項目
I．内発的調整方略
＜整理方略＞（5項目）
　1. 色のついたペンを使って，ノートをとったり，教科書に書きこみをする
　2. ノートをきれいに，わかりやすくとる
　3. 部屋や机の上をかたづけて勉強する
　4. ノートに絵やイラストを入れる
　5. 勉強がしやすいように，部屋の温度や明るさを調節する
＜想像方略＞（4項目）
　1. 行きたい高校に受かった時のことを考える
　2. 将来に自分自身のためになると考える
　3. 前にテストなどでうまくいったことを思い出す
　4. いやなことを考えないようにする

＜めりはり方略＞（3項目）
　1. 勉強するときは思いっきり勉強して，遊ぶときは思いっきり遊ぶ
　2. 短時間に集中して勉強する
　3. "ここまではやるぞ"と，量と時間を決めて勉強する
＜内容方略＞（3項目）
　1. 自分のよく知っていることや興味のあることと関係づけて勉強する
　2. 身近なことに関係づけて勉強する
　3. ゴロあわせをしたり，歌にあわせたりしておぼえる
＜社会的方略＞（3項目）
　1. 友だちと教え合ったり，問題を出し合ったりする
　2. 友だちといっしょに勉強をする
　3. 勉強のなやみを人に相談する

Ⅱ. 外発的調整方略
＜負担軽減方略＞（5項目）
　1. 得意なところや好きなところを多く勉強する
　2. 得意なところや簡単なところから勉強を始める
　3. あきたら別の教科を勉強する
　4. 勉強の合間に休けいを入れる
　5. やる気が出るまで待って，気分が乗ったときに勉強する
＜報酬方略＞（4項目）
　1. 勉強が終わったり問題ができたら，お菓子を食べる
　2. 何かを食べたり飲んだりしながら勉強する
　3. "勉強が終わった後，遊べる"と考えて勉強する
　4. 勉強やテストがよくできたら親からごほうびをもらう

点数化等
　「いつもする」を5点，「ときどきする」を4点，「どちらともいえない」を3点，「あまりしない」を2点，「まったくしない」を1点として，自己動機づけ方略の下位カテゴリーごとに項目の平均値を算出し，各下位尺度の得点とする。

児童用学習動機づけ尺度

　関連する節：第1章第2節「自律的な学びを目指して」
　出所：安藤史高・布施光代・小平英志　2008　授業に対する動機づけが児童の積極的授業参加行動に及ぼす影響——自己決定理論に基づいて　教育心理学研究，**56**，160-170.

教示文
　あなたが（教科名）の勉強をするのはどうしてですか。下の文を読んで，「ちがう」「少しちがう」「少しそう」「そう」のうち，あてはまる数字に○をつけてください。

選択肢
　ちがう
　少しちがう
　少しそう
　そう

項目
　1. 勉強はわたしにとって大切なことだと思うから
　2. 親や先生にしかられたくないから
　3. 大人になってから，はじをかきたくないから
　4. 新しいことを学ぶことがすきだから
　5. 今している勉強は，中学校へ行くためのじゅんびになると思うから
　6. 勉強をしなかったら，おこられるから
　7. 勉強をしなかったら，あとでこまることがおこると思うから
　8. 今まで知らなかったことがわかるようになると，うれしいから
　9. 「勉強しよう」と自分で決めていることだから
　10. 子どもが勉強することは，社会の決まりだから
　11. 他の子にかしこいと思われたいから
　12. 勉強をして，色んなことを知ることがおもしろいから
　13. 今している勉強は，しょうらい，役に立つと思うから
　14. ごほうびがもらえたり，ほめてもらえたりするから
　15. 先生や親に，よい子であると思ってほしいから
　16. 勉強がおもしろいから
　17. 生きていくのに，勉強することはひつようだと思うから
　18. 「勉強しなさい」と言われているから
　19. 勉強しなかったら，ふあんになるから
　20. 勉強が楽しいから

点数化等
　特定の教科を示して，その教科に対する動機づけを測定する。
　「そう」を4点，「少しそう」を3点，「少しちがう」を2点，「ちがう」を1点として得点化する。

安藤・布施・小平（2008）の分析においては，項目 2, 3, 6, 10, 11, 14, 15, 18 が「低自律的外発的動機づけ」，項目 4, 8, 12, 16, 20 が「内発的動機づけ」，項目 1, 5, 7, 9, 13, 17, 19 が「高自律的外発的動機づけ」の各因子を構成する項目とされている。項目の平均得点をもって，それぞれの下位尺度得点とする。

自己愛人格目録短縮版（NPI-S）

関連する節：第 1 章第 4 節「自分を好きになる」
出所：小塩真司　1998　自己愛傾向に関する一研究——性役割観との関連　名古屋大学教育学部紀要（心理学），**45**, 45-53.
　　　小塩真司　1999　高校生における自己愛傾向と友人関係のあり方との関連　性格心理学研究, **8**, 1-11.

教示文

それぞれの質問が「自分にどれだけ当てはまるか」考えて，1 から 5 の数字のいずれか 1 つに○をつけてください。質問は 1. から 30. まであります。すべての質問に答えてください。

選択肢

1. 全く当てはまらない
2. どちらかというと当てはまらない
3. どちらともいえない
4. どちらかというと当てはまる
5. とてもよく当てはまる

項目

1. 私は，才能に恵まれた人間であると思う
2. 私には，みんなの注目を集めてみたいという気持ちがある
3. 私は，自分の意見をはっきり言う人間だと思う
4. 私は，周りの人達より優れた才能をもっていると思う
5. 私は，みんなからほめられたいと思っている
6. 私は，控えめな人間とは正反対の人間だと思う
7. 私は，周りの人達より有能な人間であると思う
8. 私は，どちらかといえば注目される人間になりたい
9. 私はどんな時でも，周りを気にせず自分の好きなように振る舞っている
10. 私は，周りの人が学ぶだけの値打ちのある長所をもっている

11. 周りの人が私のことを良く思ってくれないと，落ちつかない気分になる
12. 私は，自分で責任をもって決断するのが好きだ
13. 周りの人々は，私の才能を認めてくれる
14. 私は，多くの人から尊敬される人間になりたい
15. 私は，どんなことにも挑戦していくほうだと思う
16. 私は，周りの人に影響を与えることができるような才能をもっている
17. 私は，人々を従わせられるような偉い人間になりたい
18. これまで私は自分の思う通りに生きてきたし，今後もそうしたいと思う
19. 私が言えば，どんなことでもみんな信用してくれる
20. 機会があれば，私は人目につくことを進んでやってみたい
21. いつも私は話しているうちに話の中心になってしまう
22. 私に接する人はみんな，私という人間を気に入ってくれるようだ
23. 私は，みんなの人気者になりたいと思っている
24. 私は，自己主張が強いほうだと思う
25. 私は，どんなことでも上手くこなせる人間だと思う
26. 私は，人々の話題になるような人間になりたい
27. 私は，自分独自のやり方を通すほうだ
28. 周りの人達が自分のことを良い人間だと言ってくれるので，自分でもそうなんだと思う
29. 人が私に注意を向けてくれないと，落ちつかない気分になる
30. 私は，個性の強い人間だと思う

点数化等

「全く当てはまらない」を1点，「どちらかというと当てはまらない」を2点，「どちらともいえない」を3点，「どちらかというと当てはまる」を4点，「とてもよく当てはまる」を5点とし，30項目すべての合計得点を算出することで自己愛得点とする。また，項目番号1, 4, 7, 10, 13, 16, 19, 22, 25, 28の得点を合計することで「優越感・有能感」得点，項目番号2, 5, 8, 11, 14, 17, 20, 23, 26, 29の得点を合計することで「注目・賞賛欲求」得点，項目番号3, 6, 9, 12, 15, 18, 21, 24, 27, 30の得点を合計することで「自己主張性」得点とする。

自己不一致測定票

関連する節：第1章第6節「自己のイメージと上手に付き合う」
出所：小平英志　2002　女子大学生における自己不一致と優越感・有能感，自己嫌悪感との関連——理想自己と義務自己の相対的重要性の観点から　実験社会心理学研究, **41**, 165-174.

小平英志　2005　個性記述的視点を導入した自己不一致の測定——簡易版の信頼性，self-esteem との関連の検討　名古屋大学教育発達科学研究科紀要（心理発達科学），**52**, 21-29.

教示文
あなたが「こうありたい」と考えているあなたの状態を思い浮かべてください。
(1)「こうありたい」自分の状態を，言葉で表すとどのような言葉になりますか。思いつく順番に5つあげてください。ただし，答える際には，「～な人間」「～の人間」の様に，最後に「人間」という言葉につながるように答えてください。
　例）　__人に好かれる__　人間（でありたい）

(2) それぞれの「こうありたい」状態について，実際の自分はどの程度あてはまりますか。「全くあてはまらない」から「非常にあてはまる」までのどれかに○をつけてください。

> 理想－現実不一致を測定する場合は，上の通りである。義務－現実不一致を測定する場合には，「こうありたい」，「でありたい」の部分を，それぞれ「こうあるべき」，「であるべき」に変えて実施する。

選択肢
全くあてはまらない
あまりあてはまらない
どちらともいえない
あてはまる
非常にあてはまる

項目
1. _____ 人間（でありたい）
2. _____ 人間（でありたい）
3. _____ 人間（でありたい）
4. _____ 人間（でありたい）
5. _____ 人間（でありたい）

点数化等
「全くあてはまらない」を1点，「あてはまらない」を2点，「どちらともいえない」を3点，「あてはまる」を4点，「非常にあてはまる」を5点として合計得点を算出する（一致得点）。一致得点を回答数（5つ全てに記入・評定をしている

場合は5）で割り，その値を6から引くと自己不一致得点となる。なお，大学生（n=920）を対象とした調査（小平，2005）では，理想－現実不一致得点が平均3.06（標準偏差0.74），義務－現実不一致得点が平均2.94（標準偏差0.65）であったことが報告されている。

自己不一致測定票は，研究者の用意した項目に評定を求める形式をとらず，個々の自己のイメージに即した自己不一致を測定するという個性記述的立場を重視した測定法である。このため，ずれの程度だけでなく，理想自己，義務自己に関する記述部分も分析の対象とすることが可能である。

友人関係への動機づけ尺度

関連する節：第2章第4節「友人とかかわる」
出所：岡田　涼　2005　友人関係への動機づけ尺度の作成および妥当性・信頼性の検討——自己決定理論の枠組みから　パーソナリティ研究, **14**, 101-112.

教示文

あなたの友人関係についてお尋ねします。特定の友人ではなく，全般的な友人関係を想定してお答えください。あなたは，なぜ友人と親しくしたり，一緒に時間を過ごしたりしますか？　その理由について，それぞれもっともあてはまるもの1つに○をつけてください。

選択肢
あてはまらない
あまりあてはまらない
どちらともいえない
ややあてはまる
あてはまる

項目
1. 親しくしていないと，友人ががっかりするから
2. 友人がいないと，後で困るから
3. 友人のことをよく知るのは，価値のあることだから
4. 友人と一緒にいるのは楽しいから
5. 友人関係を作っておくように，まわりから言われるから
6. 友人とは親しくしておくべきだから

7. 友人関係は，自分にとって意味のあるものだから
8. 友人と親しくなるのは，うれしいことだから
9. 一緒にいないと，友人が怒るから
10. 友人がいないのは，恥ずかしいことだから
11. 友人といることで，幸せになれるから
12. 友人と話すのは，おもしろいから
13. 友人の方から話しかけてくるから
14. 友人がいないと不安だから
15. 友人と一緒に時間を過ごすのは，重要なことだから
16. 友人と一緒にいると，楽しい時間が多いから

点数化等

この尺度は，外的調整，取り入れ的調整，同一化的調整，内発的動機づけの4下位尺度からなる。下位尺度を構成する項目は以下の通りである。

外的調整：1, 5, 9, 13
取り入れ的調整：2, 6, 10, 14
同一化的調整：3, 7, 11, 15
内発的動機づけ：4, 8, 12, 16

「あてはまらない」を1点，「あまりあてはまらない」を2点，「どちらともいえない」を3点，「ややあてはまる」を4点，「あてはまる」を5点とする。下位尺度得点は，項目の合計もしくは加算平均を用いて定義する。また，以下の式で動機づけの自律性の指標であるRelative Autonomy Index（RAI）を算出して用いることができる。

RAI＝（-2×外的調整）＋（-1×取り入れ的調整）＋（1×同一化的調整）＋（2×内発的動機づけ）

多次元共感性尺度

関連する節：第2章第8節「他者に共感する」
出所：鈴木有美・木野和代　2008　多次元共感性尺度（MES）の作成——自己指向・他者指向の弁別に焦点を当てて　教育心理学研究, **56**, 487-497.

教示文

あなたの対人関係における考え方についてお聞きします。以下の各項目は，どのくらいあなた自身にあてはまりますか？　それぞれ最もあてはまると思う数字

を，○印で囲んでください。

選択肢
1. 全くあてはまらない
2. あまりあてはまらない
3. どちらともいえない
4. ややあてはまる
5. とてもよくあてはまる

項目
1. 物事を，まわりの人の影響を受けずに自分一人で決めるのが苦手だ。
2. まわりの人がそうだといえば，自分もそうだと思えてくる。
3. 悩んでいる友達がいても，その悩みを分かち合うことができない。
4. 常に人の立場に立って，相手を理解するようにしている。
5. 空想することが好きだ。
6. 他人の成功を素直に喜べないことがある。
7. まわりに困っている人がいると，その人の問題が早く解決するといいなあと思う。
8. 自分の感情はまわりの人の影響を受けやすい。
9. 自分と違う考え方の人と話しているとき，その人がどうしてそのように考えているのかをわかろうとする。
10. 相手を批判するときは，相手の立場を考えることができない。
11. 面白い物語や小説を読んだ際には，話の中の出来事がもしも自分に起きたらと想像する。
12. 悲しんでいる人を見ると，なぐさめてあげたくなる。
13. 他人の失敗する姿をみると，自分はそうなりたくないと思う。
14. 他人が失敗しても同情することはない。
15. 小説の中の出来事が，自分のことのように感じることはない。
16. 自分の信念や意見は，友人の意見によって左右されることはない。
17. 人と対立しても，相手の立場に立つ努力をする。
18. 感動的な映画を見た後は，その気分にいつまでも浸ってしまう。
19. 苦しい立場に追い込まれた人を見ると，それが自分の身に起こったことでなくてよかったと心の中で思う。
20. 人が頑張っているのを見たり聞いたりすると，自分には関係なくても応援したくなる。
21. 他人の成功を見聞きしているうちに，焦りを感じることが多い。
22. 他人の感情に流されてしまうことはない。

23. 人の話を聞くときは，その人が何を言いたいのかを考えながら話を聞く。
24. 自分に起こることについて，繰り返し，夢見たり想像したりする。

点数化等
「全くあてはまらない」を 1 点，「あまりあてはまらない」を 2 点，「どちらともいえない」を 3 点，「ややあてはまる」を 4 点，「とてもよくあてはまる」を 5 点とする。以下に従い，各下位尺度ごと項目平均値をもって下位尺度得点とする。
視点取得（他者指向的認知）：4, 9, 10*, 17, 23
想像性（自己指向的認知）：5, 11, 15*, 18, 24
他者指向的反応：3*, 7, 12, 14*, 20
自己指向的反応：6, 13, 19, 21
被影響性：1, 2, 8, 16*, 22*
* 印のついている項目は，得点化の際に 1 → 5, 2 → 4, 3 → 3, 4 → 2, 5 → 1 と逆転させて算出。

社会的責任目標尺度

関連する節：第 3 章第 1 節「社会的な意欲を育てる」
出所：中谷素之　1996　児童の社会的責任目標が学業達成に影響を及ぼすプロセス　教育心理学研究, **44**(4), 389-399.

教示文
つぎのページには，みなさんの学校や友だち，先生などに感じる気持ちについて書かれた，いろいろな文があります。
それぞれの文について，みなさんは自分にどのくらいあてはまると思いますか。「いつもあてはまる」から「どんなときもあてはまらない」までの 5 つのうちから，もっとも合うと思うものひとつにマルをつけてください。これはテストではありませんので，みなさんが思ったままをすなおに答えてください。

選択肢
どんなときもあてはまらない
あまりあてはまらない
どちらともいえない
ときどきあてはまる
いつもあてはまる

項目
社会的責任目標は，向社会的目標と規範遵守目標の2下位尺度から構成される。

＜向社会的目標＞
1. がっかりしている人がいたら，なぐさめたり，はげましてあげようと思います
2. けがをしたり，ぐあいの悪い人がいたら，保健室につれていこうと思います
3. 友だちが何かにこまっていたら，手助けしようと思います
4. えんぴつや消しゴムをわすれた人には，自分のものをかしてあげようとおもいます
5. 自分が前にといたことがある問題がわからない友だちがいたら，その問題をとく手助けをしてあげようと思います
6. 勉強のわからない人には，教えてあげようと思います
7. 教科書をわすれた人がいたら，自分のものを見せてあげようと思います
8. 友だちから何かをたのまれたら，それをやってあげようと思います

＜規範遵守目標＞
1. 友だちとしゃべりたくなったときも，授業中はがまんするようにします
2. 授業中につかれてきても，授業の終わりまでは先生の話をよく聞くようにします
3. めんどうだと思うときでも，当番の仕事があるときには，それをちゃんとやるようにします
4. 授業中は，他の人のじゃまにならないようにします
5. 宿題をやらずに学校にいくことがあってもよい，と思います（R）
6. 授業で先生にやるようにいわれたことは，めんどうでもちゃんとやるようにします
7. 自習時間ならば，友達とおしゃべりしてもいいと思います（R）
8. クラスで自分が受け持ったことは，ちゃんとやるようにします
9. 人の悪口を言わないように気をつけます
10. 学校のきまりは，すこしくらいなら守らなくてよい，と思います（R）

点数化等
「いつもあてはまる」を5点，「ときどきあてはまる」を4点，「どちらともいえない」を3点，「あまりあてはまらない」を2点，「どんなときもあてはまらない」を1点として，逆転項目（R）は得点を逆転する。すべての項目の合計を算出して，社会的責任目標得点とする。

課題価値測定尺度（課題価値希求尺度／課題価値評定尺度）

関連する節：第3章第2節「学習意欲と職業」
出所：伊田勝憲　2001　課題価値評定尺度作成の試み　名古屋大学大学院教育発達科学研究科紀要（心理発達科学），**48**, 83-95.

教示文
【課題価値希求尺度（学期始め等）として用いる場合】
　以下には，授業内容の性質について記述した30の項目があります。あなたが，この授業を履修するにあたり，学びたいと思っている内容，講義の中で扱われることを期待している内容について，各項目の性質がどの程度あてはまるかを7段階で評定してください。

【課題価値評定尺度（学期末等）として用いる場合】
　以下には，授業内容の性質について記述した30の項目があります。あなたが，この授業を履修する中で学んできた内容，講義の中で扱われたと思う内容について，各項目の性質がどの程度あてはまるかを7段階で評定してください。

選択肢
　非常にあてはまる
　だいぶあてはまる
　どちらかと言えばあてはまる
　どちらとも言えない
　どちらかと言えばあてはまらない
　あまりあてはまらない
　まったくあてはまらない

項目
　1. 学んでいて，おもしろいと感じられる内容。
　2. 就職や進学の試験突破にとって大切な内容。
　3. 学ぶことによって，より自分らしい自分に近づくことができる内容。
　4. 身につけているとカッコイイと思える内容。
　5. 将来の仕事に関わる社会的な問題を理解するのに役立つ内容。
　6. 就職または進学できる可能性が高まる内容。
　7. 学んだことが他の人に自慢できるような内容。
　8. 将来，社会人として活動する上で大切な内容。
　9. 学ぶと，自分自身のことがよりよく理解できるようになる内容。

10. 学んでいて満足感が得られる内容。
11. 今まで気づかなかった自分の一面を発見できるような内容。
12. 職業を通して社会に貢献しようとするときに役立つ内容。
13. 興味をもって学ぶことができるような内容。
14. 詳しく知っていると他者から尊敬されるような内容。
15. 希望する職業に就くための試験に必要な内容。
16. 将来，仕事における実践で生かすことができる内容。
17. 学ぶと人よりかしこくなると思えるような内容。
18. 学んでいて好奇心がわいてくるような内容。
19. 自分の個性を活かすのに役立つような内容。
20. 就職または進学する際に要求されると思う内容。
21. 自分という人間に対して興味・関心をもつような内容。
22. 自分の進路目標を実現するのに必要な内容。
23. 知っていると周囲からできる人として見られるような内容。
24. 学んでいて楽しいと感じられる内容。
25. 将来，仕事の中で直面する課題を解決するのに役立つ内容。
26. 学んでいて知的な刺激が感じられる内容。
27. 自分の希望する職業の中身に関係するような内容。
28. 学んでいることに誇りが感じられる内容。
29. 就職や進学をしようとする際に役に立つ内容。
30. 学ぶことで人間的に成長すると思えるような内容。

点数化等
「非常にあてはまる」を7点，「だいぶあてはまる」を6点，「どちらかと言えばあてはまる」を5点，「どちらとも言えない」を4点，「どちらかと言えばあてはまらない」を3点，「あまりあてはまらない」を2点，「まったくあてはまらない」を1点とし，下位尺度ごとに合計点を算出して項目数で除した値を用いる。

　興味価値：1, 10, 13, 18, 24, 26
　私的獲得価値：3, 9, 11, 19, 21, 30
　公的獲得価値：4, 7, 14, 17, 23, 28
　制度的利用価値：2, 6, 15, 20, 22, 25
　実践的利用価値：5, 8, 12, 16, 25, 27

進路選択に対する自己効力尺度

関連する節：第3章第5節「社会へのかかわりとしての就職活動」

出所：浦上昌則　1995　学生の進路選択に対する自己効力に関する研究　名古屋大学教育学部紀要（教育心理学科），**42**, 115-126.

教示文
下記に 30 のことがらがあります。あなたはそれぞれのことがらを行うことに対して，どの程度の自信がありますか。

選択肢
非常に自信がある
少しは自信がある
あまり自信がない
まったく自信がない

項目
1. 自分の能力を正確に評価すること
2. 自分が従事したい職業（職種）の仕事内容を知ること
3. 一度進路を決定したならば，「正しかったのだろうか」と悩まないこと
4. 5 年先の目標を設定し，それにしたがって計画を立てること
5. もし望んでいた職業に就けなかった場合，それにうまく対処すること
6. 人間相手の仕事か，情報相手の仕事か，どちらが自分に適しているか決めること
7. 自分の望むライフスタイルにあった職業を探すこと
8. 何かの理由で卒業を延期しなければならなくなった場合，それに対処すること
9. 将来の仕事において役に立つと思われる免許・資格取得の計画を立てること
10. 本当に好きな職業に進むために，両親と話し合いをすること
11. 自分の理想の仕事を思い浮かべること
12. ある職業についている人々の年間所得について知ること
13. 就職したい産業分野が，先行き不安定であるとわかった場合，それに対処すること
14. 将来のために，在学中にやっておくべきことの計画を立てること
15. 欲求不満を感じても，自分の勉強または仕事の成就まで粘り強く続けること
16. 自分の才能を，最も活かせると思う職業的分野を決めること
17. 自分の興味をもっている分野で働いている人と話す機会をもつこと
18. 現在考えているいくつかの職業のなかから，一つの職業に絞り込むこと
19. 自分の将来の目標と，アルバイトなどでの経験を関連させて考えること

20. 両親や友達が勧める職業であっても，自分の適性や能力にあっていないと感じるものであれば断ること
21. いくつかの職業に，興味をもっていること
22. 今年の雇用傾向について，ある程度の見通しをもつこと
23. 自分の将来設計にあった職業を探すこと
24. 就職時の面接でうまく対応すること
25. 学校の就職係や職業安定所を探し，利用すること
26. 将来どのような生活をしたいか，はっきりさせること
27. 自分の職業選択に必要な情報を得るために，新聞・テレビなどのマスメディアを利用すること
28. 自分の興味・能力に合うと思われる職業を選ぶこと
29. 卒業後さらに，大学，大学院や専門学校に行くことが必要なのかどうか決定すること
30. 望んでいた職業が，自分の考えていたものと異なっていた場合，もう一度検討し直すこと

点数化等

「非常に自信がある」を4点,「少しは自信がある」を3点,「あまり自信がない」を2点,「まったく自信がない」を1点としてすべての項目の合計を算出し，進路選択に対する自己効力得点とする。

事項索引

A-Z
DSM-Ⅳ-TR　31
RIT（Retrospective Interview Technique）　122
SOC モデル　63

あ
愛着　90
　──回避　94
　──不安　94
アイデンティティ　38-40, 67
　──・ステイタス・パラダイム　41
　──拡散　40, 41
　──形成のプロセスモデル　43
　──達成　41
　──の感覚　40
アタッチメント軽視型　93
安全基地　92
安定型　91
安定自律型　93
安定性　21
怒り　129-138
　──の経験　129, 130
　──のスキルトレーニング　135
　──の制御　129, 135, 138
　──表出傾向　132-134, 136
　──表出行動　129, 132-137
　──抑制傾向　136
インターンシップ　187
インフォーマル集団　174
インフォーマルな関係性　175
ウェルビーイング　204
後ろめたさ　24

うつ病　52
恐れ・回避型　93

か
快感情　143
外向性　143
外的帰属　21
外的調整　14, 101
外発的調整方略　7
回避　50
　──型　91
外部搬入方式　78
学業達成過程　157
学業的援助要請　105
学業的目標　160
学習性無力感　72
学習の持続性　7
獲得　56
　──価値　164, 166
学力低下　162
過剰な正当性効果　83
仮想的有能感　211
家族あるいは他の関係内の要因　149
課題価値　163
学級づくり　160
学校の人間関係　155
家庭内要因　149
カテゴリー・モデル　95
可能自己（possible self）　59
下方比較　33
空の巣症候群　208
環境移行　182
環境制御力　204

関係価　35
関係性支援　17
関係性への欲求　15
感情　84
　──移入　140
　──コンピテンス　136
　──調整　150
　──の制御　129
　──表出　84, 130, 131
キー・コンピテンシー　67
危機　42, 205
帰属因　21
帰属次元　20
機能的な障害　32
規範遵守目標　154
基本的な欲求　14
義務 - 現実不一致　48
義務自己　48
虐待　150
キャリア発達　184
教育的価値　155
強化子　82
　言語的──　82
　社会的──　82
　物質的──　82
共感性　139
　──の欠如　31
教師行動　158
教師と生徒の人間関係　155
協同学習　178
協同次元　158
興味価値　164
拒絶・回避型　93
屈辱感　24
クラス構造　158
形式的操作期　39
原因帰属　20
　──と動機づけ　21
原因の位置　21
原始反射　57

建設的　129, 130, 132, 135-138
効果性　133
攻撃行動　132
　──群　131, 132
向社会的行動　102, 104, 146
向社会的目標　153
肯定的感情　59
肯定的対人感情　120
肯定的な未来志向　150
公的獲得価値　166
公的自己意識　145
個人 - 環境の適合の良さ仮説　18
個人的目標　59
個人内要因　149
個別性　65
コミュニティ　150
　──内の要因　150
コントロール感　22
コンピテンス　66, 149, 211
　──への欲求　14
　認知された──　66

さ
最適化　63
サクセスフルエイジング　58
自園方式　78
自我同一性　168
叱る頻度　84
自己愛（ナルシシズム）　31
　──人格目録（NPI-S）　35
　──性パーソナリティ障害　31
思考力　8
自己開示　102, 104
自己形成　55
自己決定理論　7, 12, 100
自己高揚動機　33
自己効力感　4, 9, 25, 135, 136, 192
　進路選択に関する──　194
自己指向的反応　141
自己指針　49

自己充実的達成動機　168
自己受容　204
自己制御　49
自己注目　146
自己調整学習（self-regulated learning）　3
　　——方略　4, 9
　　認知的側面の——　5
　　——力　9
仕事　206
自己動機づけ方略　6
自己不一致理論　48
自己奉仕バイアス　33
自己没入　145
自己本位性脅威モデル　34
自己モニタリング　5
自尊感情（self-esteem）　30, 60, 67, 84, 145, 211
自尊心　22
実行可能性　136
実践的利用価値　167
私的獲得価値　166
視点取得　140
自分自身に対する誇大な感覚　31
市民　183
社会化　131, 154
社会活動　206
社会情動的選択理論　62
社会性　153
社会的コンピテンス　109
社会的コンボイ・モデル　173
社会的情報処理理論　111
社会的スキル　109
　　——・トレーニング　115
　　——不足　115
社会的責任目標　154
社会的な意欲　153
社会的ネットワーク　173, 177, 187
社会的・文化的　130, 131
社会的目標　154

社会的欲求　82
就職活動　192
集団の凝集性　177
集団フォーマル性　177
主観的ウェルビーイング　142
寿命　56
生涯学習　80
賞賛されたいという欲求　31
衝動的処理過程　121, 125
承認欲求　81
情報伝達　130, 135
職業レディネス　168
自律性（自己決定性）　12, 13, 168, 204
　　——支援　16, 106
　　——への欲求　14
自律的行動　94
人格的成長　204
新奇性追求　150
人生における目的　204
親友　175
心理・社会的危機　40
心理社会的発達　40
心理的ウェルビーイング　204
心理的発達　209
心理的離乳　90
進路不決断　195
進路未決定　195
親和次元　158
スキル　67, 129, 131, 135
　　——教育　138
ストレンジ・シチュエーション法　91
ずれ　48
生活構造　202
生活満足感　143
制御　129, 131
成人愛着面接　93
成人期　202
精神疾患の分類と診断の手引き　→　DSM-Ⅳ-TR
精神的回復力　150

精神的健康　32, 141
正当化　137
制度的利用価値　167
生理的な反応　131
生理的欲求　82
責任帰属　125
積極的関与　42
積極的な他者関係　204
接近　50
説得次元　158
セルフ・コントロール　3
セルフ・ハンディキャッピング　33
漸成説　40
選択　63
相互理解　135
喪失　56
　　──に基づく選択　63
　　──を見越しての選択　63
送信スキル　135
想像性　140
ソシオメーター理論　35

た
対人関係　129, 131, 133, 138
対人感情　119
対人恐怖症　52
対人コンピテンス　133
対人不安　145
体制化　5
他者軽視　211
他者・自己指向性　140
他者指向的反応　141
達成動機　72, 168
多面的目標　154
探索行動　93
地位関係　133, 134
知恵（wisdom）　56
知的好奇心　73
抵抗／アンビバレント型　91
適切性　129, 133, 134, 136

同一化的調整　14, 101
動因低減説　66
動機づけ　6, 12, 72, 83
　　エフェクタンス──　66
　　外発的──　7, 13, 73, 166
　　自律的──　8, 170
　　──的側面の自己調整学習方略　8
　　内発的──　7, 13, 66, 73, 101, 166
　　子どもの特性的──傾向　76
　　非──　13
道具的反応　131
統合的調整　14
統制可能性　21
統制可能な理由　34
統制次元　159
統制不可能な理由　34
トークン　82
とらわれ型　93
取り入れ的調整　14, 101
努力帰属　23
トレーニング効果　135, 136

な
内的帰属　21
内的作業モデル　92
内発的調整方略　7, 10
内面的情報　121, 126
内容同質性　166
苦手な人　119
二重処理モデル（dual process model）
　　121, 125
認知的処理過程　121, 125
認知的方略　5
認定こども園　78
ネットワークメンバー　173
能力帰属　24

は
「働くこと」に対する価値観　184
発達　202

——段階　202
ハーディネス（hardiness）　149
パーソナリティ障害　32
般化　92
半構造化面接　42
否定的対人感情　119, 120, 126
　　——の形成要因　123
　　——の修正要因　123
表示規則　129-131, 134
表出傾向　136
表面的情報　121, 126
不安感　7
フィードバック　82
フォークロージャー　41
フォーマル集団　174
フォーマルな関係性　174
不快感情　143
普遍性　65
プランニング　5
プロテクト要因　149
文化　129-131, 134
報酬　83
方略　25
　　——帰属　25
ポジティブ心理学　142
ポジティブ・イリュージョン　36
補償　63
ボディ・イメージ　51
ほめ　81
　　——手　86
「——」の意図　88
「——」の効果　88
ほめられ方　84
ほめられたことがら　84
ほめる頻度　84
本能理論　66

ま
自らの資源　56
自ら学ぶ力　3, 11
ミックス法　161
未来への時間的展望　62
メタ認知的方略　5
目標（goal）　59, 154
　　——への関与　5
モラトリアム　40, 41
　　——人間　41

や
役割　203
　　——特徴（Role Salience）　183
友人関係　155, 176
　　——に対する動機づけ　101
有能感タイプ　211
予期　136
欲求　81

ら
ライフ・キャリア　190
　　——・レインボー　183
ライフサイクル　202
　　——論　202
ライフスキル　148
ライフスタイル　203
リスク要因　149
理想 - 現実不一致　48
理想自己（ideal self）　48, 59
理想の自分と現実の自分とのずれ　60
リハーサル　5
利用価値　164, 166
レジリエンス（resilience）　80, 146, 149
恋愛　113

人名索引

A
Abecassis, M.　128
Abramson, L. Y.　73
Ahrens, A. H.　54
Ainsworth, M. D. S.　91
Albersheim, L.　97
Ames, C.　75, 154
Anderson, C. A.　25, 27, 28
Anderson, R.　84
Antal, S.　187
Antonucci, T. C　173, 174
Archer, J.　154
Argyle, M.　131
Aspelmeier, J . E.　94
Averill, J. R.　127, 130-132

B
Baltes, M. M.　58
Baltes, P. B.　57, 58, 63, 64
Bandura, A.　4, 25, 192, 193, 197, 200
Barkley, E. F.　178
Barlow, D. H.　50
Bartholomew, K.　93, 95
Bassett, M. E.　188
Battle, A.　160
Baumeister, R. F.　34, 89, 137
Berndt, T. J.　102

Bernsteina, J.　17
Berzonsky, M. D.　43, 46
Best, K. M.　149
Betz, N. E.　190, 193, 195
Black, A. E.　17
Blehar, M. C.　91
Blum, R. W.　146
Blumenfeld, P. C.　8
Boivin, M.　102
Boldero, J.　52
Bond, M.　131
Bond, R. N.　51
Bosma, H. A.　43
Bowlby, J.　91, 97-99
Bradlee, P. M.　35
Bradley, G. W.　33
Brandstätter, V.　59
Brennan, K. A.　94
Brim, O. G.　209
Brophy, J. E.　85, 155
Brown, J. D.　36
Brown, S. D.　196
Brumbaugh, C. C.　97, 98
Bruner, J. S.　66, 73
Buhrmester, D.　102
Bukowski, W. M.　102
Bushman, B. J.　34
Buss, A. H.　145
Bybee, J. A.　50, 121

C
Carstensen, L. L.　62
Cate, R. M.　122
Charles, S. T.　62
Cheng, S.　59
Clark, C. L.　94
Clark, E. M.　104
Clifford, M. M.　27
Cohen, R. D.　60
Cole, H. E.　94
Connolly, K. J.　66
Contarello, A.　131
Costos, D.　99
Covert, M. V.　50
Covington, M. V.　24
Crick, N. R.　111, 112
Crites, J. O.　194
Cross, K. P.　178
Cross, S.　60
Crowe, E.　49
Crowell, J. A.　97
Csikszentmihalyi, M.　142
Cupach, W. R.　133

D
Davis, K. E.　176
Davis, M. H.　140
De Groot, E. V.　8
DeVries, N.　187
Deci, E. L.　7, 8, 12, 14-17, 66, 75, 83, 107, 141
Delin, C.　89

Depret, E. 126	Garmezy, N. 149	I
Diener, E. 59, 142	George, C. 93	Iizuka, Y. 131
Dixon, R. A. 57	Gimpel, G. A. 115	Issacowitz, D. M. 62
Dodge, K. A. 111, 112	Gollwitzer, P. M. 59	
Dunn, D. S. 121	Gong-Guy, E. 73	J
Duval, S. 146	Good, G. E. 195	Jennings, D. L. 25, 27, 28
Dweck, C. S. 24, 27, 81, 154	Good, T. L. 155	
	Granovetter, M. S. 188	Johnson, D. W. 105
	Greene, D. 75	Johnson, R. T. 105
E	Grolnick, W. S. 17	Jonason, P. K. 36
Eccles, J. 163, 164, 166, 185	Grotevant, H. D. 43, 44, 46	Josselson, R. 42
		Jung, C. G. 204
Egeland, B. 97	Grouzet, F. M. E. 16	
Ekman, P. 131	Grusec, J. E. 154	K
Emmons, R. A. 35, 59	Gunn, T. P. 25, 28	Kahn, R. L. 58, 173, 174
Erikson, E. H. 40-42, 67, 202, 204		Kaplan, N. 93
	H	Keefe, K. 102
	Hagga, D. A. F. 54	Kelly, C. M. 104
F	Hammen, C. 73	Kerns, K. A. 94
Felson, R. B. 84	Hansson, R. O. 140	Kerpelman, J. K. 43, 46
Fenigstein, A. 145	Harter, S. 66	King, L. 142
Ferenz-Gillies, R. 94	Hartup, W. W. 103	Kitsantas, A. 27
Feshback, N. D. 157	Hastings, P. D. 154	Klein, R. 51
Feshback, S. 157	Havighurst, R. J. 204	Kobak, R. P. 94
Fisher, A. R. 196	Hayamizu, T. 16	
Fiske, S. T. 126	Hazan, C. 93, 95	L
Fitzgerald, N. M. 122	Heckhausen, H. 165	La Guardia, J. G. 107
Fleming, W. S. 94	Heckhausen, J. 57, 59	Lamke, L. K. 42
Fraley, R. C. 97, 98	Henderson, M. 131	Lang, F. R. 62
Francis, J. 52	Higgins, E. T. 48, 49, 51-54	Lawton, M. P. 204
Freund, A. M. 59, 63, 64		Leary, M. R. 35
	Hiroto, D. S. 72	Lens, W. 15
Friedman-Wheeler, D. G. 54	Hollingworth, L. S. 90	Lepper, M. R. 75
	Horowitz, L. M. 93, 95	Lessler, R. C. 209
Friesen, W. V. 131	Huston, T. L. 122	Levinson, D. J. 202
Frieze, I. H. 25	Hyman, D. B. 121	Li, N. P. 36
Furman, W. 102	Hymes, C. 49	Looney, L. B. 159
		Lucas, R. E. 142
G		Luthar, S. 50
Gamble, W. 94		Lynch, M. F. 17

M

Main, M. 93
Major, C. H. 178
Manoogian, S. T. 84
Marcia, J. E. 41, 42
Markus, H. 60
Martinz-Pons, M. 4, 5
Masten, A. S. 149, 150
Mathews, K. E. 140
Matsumoto, D. 131, 134
McClintic, S. 84
McIntosh, E. 54
Mead, G. H. 140
Merisca, R. 50
Merrel, K. W. 115
Merrick, S. K. 97
Miller, W. R. 72
Miserandino, M. 15
Molden, D. C. 54
Moller, A. C. 107
Montessori, M. 75

N

Nicholls, J. G. 75
Niedenthal, P. M. 50
Niemiec, C. P. 17
Nisbett, R. E. 75
Nord, D. 195

O

Omelich, C. L. 24
Oswald, D. 104
Ota, H. 133

P

Patrick, H. 160
Pawelski, J. O. 142
Peterson, C. 73
Piaget, J. 39
Pintrich, P. R. 187

Pittman, J. F. 43
Pokey, P. 8
Post, A. 187
Provencher, P. J. 16

R

Raps, C. S. 73
Recchia, S. 84
Reed, M. G. 149
Reinhard, K. E. 73
Reznick, J. S. 84
Richardson, B. E. 140
Richard, J. F. 104
Riediger, M. 59
Robinson, C. H. 190
Rogers, C. 48, 51, 53
Roney, C. J. 49
Rosenberg, M. 30
Roseth, C. J. 105
Rotondo, J. A. 121
Rowe, J. W. 58
Russell, S. L. 159
Rutter, M. 146
Ryan, A. M. 160
Ryan, R. M. 7, 8, 12, 14, 17, 66, 107, 141
Rychen, D. S. 67
Ryff, C. D. 204, 205, 209

S

Saarni, C. 67, 137
Salganik, L. H. 67
Savickas, M. L. 183
Scheier, M. F. 145
Scheiner, M. J. 107
Schmitt, D. P. 36
Schneider, B. H. 104
Schunk, D. H. 4, 11, 22, 25, 28
Seligman, M. E. P. 72,

73, 79, 142
Semmel, A. 73
Shaver, P. R. 93-95
Sheldow, K. M. 15, 142
Sherman, S. E. 140
Shimizu, N. 43
Simons, J. 15
Smith, H. L. 142
Smith, R. S. 149
Snyder, R. 51
Soenens, B. 106
Solberg, V. S. 195
Spiegel, S. 54
Spiesman, J. C. 99
Spitzberg, B. H. 133
Sroufe, L. A. 97
Stevens, N. 103
Stillwell, A. 137
Stipek, D. J. 84
Stotland, E. 140
Strauman, T. J. 51
Strawbridge, W. J. 60
Sugimura, K. 43
Suh, E. M. 142
Suh, M. E. 59
Super, C. M. 183
Super, D. E. 183, 184
Surra, C. A. 122

T

Takagi, K. 211
Takai, J. 133
Tan, E. 211
Tangney, J. P. 50
Taylor, K. M. 193-195
Taylor, S. E. 36, 120
Thill, E. E. 16
Todd, M. J. 176
Treboux, D. 97

索　引　**265**

V
Valach, L.　187
Vallerand, R. J.　16
Vansteenkiste, M.　15, 17, 106
Vitaro, F.　102
Von Baeyer, C.　73

W
Wall, S.　91
Wallhagen, M. I.　60
Waters, E.　91, 97
Webster, G. D.　36
Weiner, B.　20-23, 25, 26
Weinfield, N.　97, 98
Wentzel, K. R.　154, 156, 159
Werner, E. E.　149
White, K. M.　99
White, R. W.　66
Wicklund, R. A.　146
Wigfield, A.　163, 164, 166
Williams, G. C.　16
Wills, T. A.　33
Wilson, T. D.　121
Wispé、L.　140
Wotman, S. W.　137
Wright, M. O'D.　150

Y
Young, R. A.　187

Z
Zielinski, M. A.　84
Zigler, E.　50
Zimmerman, B. J.　4, 5, 9-11, 27

あ
相川　充　109-111, 116, 117
青木直子　85-87, 212
赤澤淳子　207
秋葉英則　184
足立明久　43
安達智子　189
阿部晋吾　136, 137
新井洋輔　177
アリストテレス　26
安藤史高　16, 18
石隈利紀　155
伊田勝憲　139, 166, 167
伊藤崇達　4-9, 25, 28
伊藤裕子　207
稲垣佳世子　73
稲垣宏樹　60
岩佐　一　60
上田吉一　33
上田淑子　207
上村有平　67
浦上昌則　194, 196, 198
遠藤利彦　130
遠藤由美　50
大石繁宏　142
大久保智生　15, 18
大河内浩人　83
大谷福子　139
大塚雄作　24
大渕憲一　130, 143
岡田　涼　101, 103-105, 107, 108
岡本夏木　81
岡本祐子　201, 208
小川まどか　60
小口孝司　33, 34, 119, 120
小倉左知男　130
小此木啓吾　41

長田久雄　60
小塩真司　31, 32, 35, 150, 212
押見輝男　146
尾高邦雄　192
小田利勝　204
落合良行　176
小野瀬雅人　72
小野寺正己　115
小花和Wright尚子　149

か
鹿毛雅治　165
柏木惠子　208
加藤　厚　42
加藤弘通　15, 18
金山富貴子　120, 124
金山元春　116
金子一史　150
金築智美　136
鎌原雅彦　24, 73
香山リカ　211
苅谷剛彦　171
河井千恵子　60
河村茂雄　115
菊池章夫　113, 154
吉川肇子　120
木野和代　132-136, 139, 140, 143, 145, 211, 212
久木山健一　112-114, 116
工藤　力　131
桑原正修　83
甲原定房　178
菰田孝行　185
小林正幸　116
小平英志　16, 50, 52, 54, 55, 212
権藤恭之　60

さ

齋藤　勇	120, 127
斉藤耕二	154
齋藤誠一	209
境　泉洋	146
酒井淳子	207
坂野雄二	146
坂本真士	146
桜井茂男	30, 66
櫻井茂男	82
佐藤　寛	146
佐藤正二	116, 117
佐藤博樹	186
佐藤有耕	176
澤田忠幸	207
澤田匡人	120
柴崎全弘	83
渋谷憲一	75
島井哲志	142
下村英雄	168, 198
神藤貴昭	6, 7, 9
新名主雪絵	186
杉村和美	42, 43, 46, 202
杉本英晴	187, 191
鈴木隆雄	60
鈴木　忠	56, 63, 64
鈴木有美	139, 140, 143-147
諏訪哲二	211
関田一彦	178

た

大坊郁夫	104
髙井次郎	133
高木　修	120, 127, 136, 137
高木邦子	120-125, 211, 212
髙崎文子	81, 88
高橋美保	83
高村和代	43-46
田熊昭江	207
竹村和久	120, 127
田中誠一	146
谷　冬彦	168
谷口ゆき	139
陳　惠貞	76-79
出口拓彦	139
出口智子	139
戸田正直	130
戸塚　智	85
遠山孝司	139
土橋　稔	85
富永美佐子	200
冨安浩樹	195
外山美樹	36

な

中井あづみ	135
長江信和	135
中谷素之	149, 150, 154, 157, 158, 160
中西信男	190
中西良文	25, 26, 28
長濱文与	178
長峰伸治	150
中村　真	131
中山留美子	103, 150
奈須正裕	72
難波久美子	176, 178
西田裕紀子	204-209
丹羽智美	96
沼崎　誠	33
根建金男	135, 136
野田勝子	139

は

長谷川孝	23
波多野誼余夫	73
羽田野花美	207
花井洋子	194
速水敏彦	7, 16, 23, 67, 170, 211, 212
樋口一辰	24
日向野智子	119, 120, 124, 127
藤枝静暁	116
藤本喜八	184, 185
布施光代	16
古市裕一	194
堀田聰子	186
堀有喜衣	186
堀　洋道	168
堀毛一也	114, 143
堀野　緑	168

ま

前田健一	113, 116
増井幸恵	60
増田匡裕	127
増田智美	135
松井賢二	187
松岡弥玲	57, 60, 61, 212
松本明生	83
松本麻友子	212
三川俊樹	190
見田宗介	164
宮本美沙子	72
無藤清子	42
村本邦子	208
室山晴美	189
森久美子	174
森永康子	189

や

安永　悟	178
矢野紀子	207

山岸明子　98	矢部　崇　85	和田さゆり　143
山田奈保子　212		渡部雅之　66
山中一英　127	**わ**	
山本将士　212	若松素子　208	
山本真理子　208	脇本竜太郎　35	

【著者一覧】（執筆順，*は監修者，**は編者）

伊藤崇達（いとう　たかみち）
京都教育大学教育学部准教授
担当：第1章第1節

陳　惠貞（チェン　ホェイヂェン）**
名古屋経営短期大学子ども学科教授
担当：第2章第1節

安藤史高（あんどう　ふみたか）
岐阜聖徳学園大学教育学部准教授
担当：第1章第2節

青木直子（あおき　なおこ）
藤女子大学人間生活学部保育学科講師
担当：第2章第2節

中西良文（なかにし　よしふみ）
三重大学教育学部准教授
担当：第1章第3節

丹羽智美（にわ　ともみ）
梅光学院大学子ども学部講師
担当：第2章第3節

小塩真司（おしお　あつし）
中部大学人文学部准教授
担当：第1章第4節

岡田　涼（おかだ　りょう）
香川大学教育学部講師
担当：第2章第4節

高村和代（たかむら　かずよ）**
岐阜聖徳学園大学教育学部准教授
担当：第1章第5節

久木山健一（くきやま　けんいち）
九州産業大学国際文化学部准教授
担当：第2章第5節

小平英志（こだいら　ひでし）
日本福祉大学こども発達学部准教授
担当：第1第6節

高木邦子（たかぎ　くにこ）
静岡文化芸術大学文化政策学部准教授
担当：第2章第6節

松岡弥玲（まつおか　みれい）
浜松医科大学非常勤講師
担当：第1章第7節

木野和代（きの　かずよ）
宮城学院女子大学学芸学部准教授
担当：第2章第7節

鈴木有美（すずき　ゆみ）
名古屋大学非常勤講師
担当：第2章第8節

中谷素之（なかや　もとゆき）**
名古屋大学大学院教育発達科学研究科准教授
担当：第3章第1節

伊田勝憲（いだ　かつのり）
北海道教育大学教育学部准教授（釧路校）
担当：第3章第2節

難波久美子（なんば　くみこ）
武庫川女子大学教育研究所子ども発達科学研究センター助手
担当：第3章第3節

杉本英晴（すぎもと　ひではる）
早稲田大学人間科学学術院助手
担当：第3章第4節

浦上昌則（うらかみ　まさのり）**
南山大学人文学部教授
担当：第3章第5節

西田裕紀子（にした　ゆきこ）
（独）国立長寿医療研究センター予防開発部研究員
担当：第3章第6節

速水敏彦（はやみず　としひこ）*
名古屋大学大学院教育発達科学研究科教授

上村有平（うえむら　ゆうへい）
山口芸術短期大学保育学科講師
担当：コラム1

中島奈保子（なかしま　なおこ）
名古屋大学大学院教育発達科学研究科大学院研究生
担当：コラム2

松本麻友子（まつもと　まゆこ）
南山大学人文学部嘱託講師
担当：コラム3

【監修者】
速水敏彦（はやみず・としひこ）
名古屋大学大学院教育発達科学研究科教授
教育学博士
最終学歴：名古屋大学大学院教育学研究科博士課程満期退学（1975）
著書：
わかる授業の心理学　1981　有斐閣　（北尾倫彦と共著）
動機づけの発達心理学　1995　有斐閣　（共編著）
自己形成の心理―自律的動機づけ―　1998　金子書房
生きる力をつける教育心理学　2001　ナカニシヤ出版　（共編著）
レジャーの社会心理学　2004　世界思想社　（監訳）
他人を見下す若者たち　2006　講談社
社会的動機づけの心理学―他者を裁く心と道徳的感情―　2007　北大路書房　（共監訳）
仮想的有能感の心理学―他人を見下す若者を検証する―　2012　北大路書房　（編著）

コンピテンス
　個人の発達とよりよい社会形成のために
2012年3月24日　初版第1刷発行　（定価はカヴァーに表示してあります）

　　　　　　　監　修　速水敏彦
　　　　　　　編　者　陳　惠貞
　　　　　　　　　　　浦上昌則
　　　　　　　　　　　高村和代
　　　　　　　　　　　中谷素之
　　　　　　　発行者　中西健夫
　　　　　　　発行所　株式会社ナカニシヤ出版
　　　〒606-8161　京都市左京区一乗寺木ノ本町15番地
　　　　　　　　　　　Telephone　　075-723-0111
　　　　　　　　　　　Facsimile　　075-723-0095
　　　　　　　　Website　http://www.nakanishiya.co.jp/
　　　　　　　　E-mail　iihon-ippai@nakanishiya.co.jp
　　　　　　　　　　　郵便振替　01030-0-13128

装幀＝白沢　正／印刷・製本＝ファインワークス
Copyright © 2012 by T. Hayamizu et al.
Printed in Japan.
ISBN978-4-7795-0509-6

本書のコピー，スキャン，デジタル化等の無断複製は著作権法上での例外を除き禁じられています。
本書を代行業者等の第三者に依頼してスキャンやデジタル化することはたとえ個人や家庭内の利用であっても著作権法上認められておりません。